Sportbootführerschein

Binnen — Segel + Motor

Übungsbogen 1

Pro Frage ist nur eine Antwort richtig. Für jede richtige Antwort gibt es einen Punkt.
Um die theoretische Prüfung zu bestehen, benötigen Sie mindestens
5 Punkte in den Basisfragen (wenn Sie nicht befreit sind),
18 Punkte in den spezifischen Fragen Binnen und
5 Punkte in den spezifischen Fragen Segeln.
Bearbeitungszeit: 60 Minuten (45 Minuten ohne Basisfragen)

Datum

Vor- / Nachname

Basisfragen

1. Welche Seite wird als Luvseite bezeichnet?

- ☐ A Die Seite in Fahrtrichtung rechts.
- ☐ B Die Seite in Fahrtrichtung links.
- ☐ C Die dem Wind zugekehrte Seite.
- ☐ D Die dem Wind abgewandte Seite.

2. Welche Bedeutung hat folgendes Schallsignal: (• — • — • — • — • —)?

- ☐ A Manövrierbehinderter Schleppverband über 200 m Länge.
- ☐ B Bleib-weg-Signal, Gefahrenbereich sofort verlassen.
- ☐ C Allgemeines Gefahr- und Warnsignal.
- ☐ D Ankerlieger über 100 m Länge.

3. Welche Bedeutung hat folgendes Tafelzeichen?

- ☐ A Überholverbot für Fahrzeuge unter 20 m Länge.
- ☐ B Begegnungsverbot für Fahrzeuge über 20 m Länge.
- ☐ C Überholverbot.
- ☐ D Begegnungsverbot.

4. Wie kann mitgeholfen werden, die Lebensmöglichkeiten der Pflanzen- und Tierwelt in Gewässern und Feuchtgebieten zu bewahren und zu fördern?

- ☐ A Durch umweltbewusstes Verhalten und Beachtung der „Zehn goldenen Regeln für das Verhalten von Wassersportlern in der Natur".
- ☐ B Durch umweltbewusstes Verhalten und Beachtung der „Zehn Grundregeln für den Wassersport".
- ☐ C Durch umsichtiges Verhalten und Beachtung der Verkehrsvorschriften.
- ☐ D Durch vorausschauendes Fahren und Ausweichen entsprechend der Verkehrsvorschriften.

5. Weshalb ist die Kenntnis der Propellerdrehrichtung von Bedeutung?

- ☐ A Sie hilft beim Begegnen.
- ☐ B Sie hilft beim Manövrieren.
- ☐ C Sie hilft beim Kurshalten.
- ☐ D Sie hilft beim Überholen.

6. Welche Vorkehrungen sind für das längere Verlassen des Fahrzeugs zu treffen?

- ☐ A Kraftstoff- und Wassertank auffüllen und das Bordnetz aufladen.
- ☐ B Tagestank schließen und Kraftstofffilter entwässern.
- ☐ C Fahrzeug seefest hinterlassen und den Hafenmeister verständigen.
- ☐ D Alle Seeventile schließen und den Hauptschalter des Bordnetzes ausschalten.

7. Warum sind die Flüssiggase Propan und Butan an Bord besonders gefährlich?

- ☐ A Beide Gase sind leichter als Luft und bilden mit Luft ein explosives Gemisch.
- ☐ B Beide Gase sind schwerer als Wasser und bilden mit Wasser ein explosives Gemisch.
- ☐ C Beide Gase sind schwerer als Luft und bilden mit Wasser ein explosives Gemisch.
- ☐ D Beide Gase sind schwerer als Luft und bilden mit Luft ein explosives Gemisch.

Spezifische Fragen Binnen

8. Unter welchen Umständen darf von den geltenden Bestimmungen über das Verhalten im Verkehr auf den Binnenschifffahrtsstraßen abgewichen werden?

- ☐ A Bei mittelbar drohender Gefahr für sich oder andere.
- ☐ B Bei unmittelbar drohender Gefahr für sich oder andere.
- ☐ C Bei unmittelbar bevorstehender Begegnung.
- ☐ D Bei unmittelbar bevorstehendem Überholvorgang.

9. Wo findet man die allgemeinen Verkehrsregeln für die Binnenschifffahrtsstraßen und den Rhein?

- ☐ A Binnenschiffsuntersuchungs-Ordnung, Rheinschifffahrtspolizeiverordnung.
- ☐ B Moselschifffahrtspolizeiverordnung, Donauschifffahrtspolizeiverordnung.
- ☐ C Wassermotorräderverordnung, Wasserskiverordnung.
- ☐ D Binnenschifffahrtsstraßen-Ordnung, Rheinschifffahrtspolizeiverordnung.

10. Wo findet man Regeln für den Verkehr von Wassermotorrädern und für das Wasserskilaufen?

- ☐ A Wassermotorräderverordnung, Wasserskiverordnung.
- ☐ B Moselschifffahrtspolizeiverordnung, Donauschifffahrtspolizeiverordnung.
- ☐ C Binnenschifffahrtsstraßen-Ordnung, Rheinschifffahrtspolizeiverordnung.
- ☐ D Moselschifffahrtspolizeiverordnung, Binnenschiffsuntersuchungs-Ordnung.

11. Was versteht man unter „Fahrwasser"?

- ☐ A Es ist der Teil der Wasserstraße, deren Tiefe bei 2,50 m und mehr beginnt.
- ☐ B Den Teil der Wasserstraße, der den örtlichen Umständen nach vom durchgehenden Schiffsverkehr benutzt wird.
- ☐ C Es ist der Teil der Wasserstraße, der durch die Ufer begrenzt ist.
- ☐ D Den Teil der Wasserstraße, in dem für den durchgehenden Schiffsverkehr bestimmte Breiten und Tiefen vorgehalten bzw. angestrebt werden.

12. Welche Auswirkungen kann das Erreichen der Hochwassermarke I für die Sportschifffahrt haben?

- ☐ A Einstellung der Schifffahrt.
- ☐ B Verbot der Schifffahrt bei Nacht und unsichtigem Wetter.
- ☐ C Überholverbot und Fahrverbot für Fahrzeuge ohne Sprechfunk.
- ☐ D Geschwindigkeitsbeschränkung und Fahrverbot für Fahrzeuge ohne Sprechfunk.

13. Welche Fahrrinnenseite hat ein Bergfahrer an seiner Steuerbordseite und wie ist diese gekennzeichnet?

- ☐ A Die linke Fahrrinnenseite, gekennzeichnet durch rote Stumpftonnen oder Schwimmstangen.
- ☐ B Die rechte Fahrrinnenseite, gekennzeichnet durch grüne Spitztonnen oder Schwimmstangen.
- ☐ C Die linke Fahrrinnenseite, gekennzeichnet durch grüne Spitztonnen oder Schwimmstangen.
- ☐ D Die rechte Fahrrinnenseite, gekennzeichnet durch rote Stumpftonnen oder Schwimmstangen.

14. Was kennzeichnet eine grün-weiß gestreifte Schwimmstange mit grünem Kegel, Spitze nach oben, oder eine grüne Tonne mit grünweiß gestreiftem Aufsatz mit grünem Kegel, Spitze nach oben?

- ☐ A Fahrrinnenrand an der rechten Seite der Wasserstraße.
- ☐ B Hindernis an der linken Seite der Wasserstraße.
- ☐ C Fahrrinnenrand an der linken Seite der Wasserstraße.
- ☐ D Hindernis an der rechten Seite der Wasserstraße.

15. Was bedeuten diese Tafelzeichen an Brücken?

- [ ] A Empfohlene Durchfahrt mit Gegenverkehr.
- [ ] B Empfohlene Durchfahrt in beide Richtungen.
- [ ] C Durchfahrt nur außerhalb der beiden Tafeln erlaubt.
- [ ] D Empfohlene Durchfahrt ohne Gegenverkehr.

16. In welcher Reihenfolge fahren Fahrzeuge, die nicht Kleinfahrzeuge sind, und Kleinfahrzeuge, die gemeinsam geschleust werden sollen, in die Schleuse ein?

- [ ] A Kleinfahrzeuge fahren vor den Fahrzeugen, die nicht Kleinfahrzeuge sind und vor Aufforderung durch die Schleusenaufsicht in die Schleuse ein.
- [ ] B Kleinfahrzeuge fahren vor den Fahrzeugen, die nicht Kleinfahrzeuge sind und ohne Aufforderung durch die Schleusenaufsicht in die Schleuse ein.
- [ ] C Kleinfahrzeuge fahren nach den Fahrzeugen, die nicht Kleinfahrzeuge sind und ohne Aufforderung durch die Schleusenaufsicht in die Schleuse ein.
- [ ] D Kleinfahrzeuge fahren erst nach den Fahrzeugen, die nicht Kleinfahrzeuge sind und nach Aufforderung durch die Schleusenaufsicht in die Schleuse ein.

17. Was bedeutet dieses Sichtzeichen?

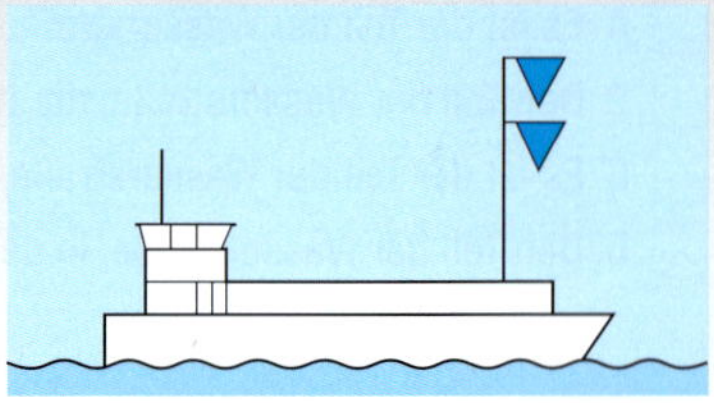

- [ ] A Fahrzeug der Überwachungsbehörden im Einsatz.
- [ ] B Fahrzeug hat gesundheitsschädliche Stoffe geladen, Abstand beim Stillliegen 50 m.
- [ ] C Fahrzeug hat explosive Stoffe geladen, Abstand beim Stillliegen 100 m.
- [ ] D Fahrzeug hat brennbare Stoffe geladen, Abstand beim Stillliegen 10 m.

18. Wann gilt ein Sportboot auf den Binnenschifffahrtsstraßen nicht mehr als Kleinfahrzeug?

- [ ] A Wenn es 20 m oder länger ist.
- [ ] B Wenn es 15 m oder länger ist.
- [ ] C Wenn es 10 m oder länger ist.
- [ ] D Wenn es 18 m oder länger ist.

19. Welches Licht muss ein Kleinfahrzeug ohne Maschinenantrieb mindestens führen?

- [ ] A Seitenlichter.
- [ ] B Topp- und Hecklicht.
- [ ] C Ein von allen Seiten sichtbares weißes Licht.
- [ ] D Dreifarbenlaterne im Topp.

20. Was bedeuten diese Lichter?

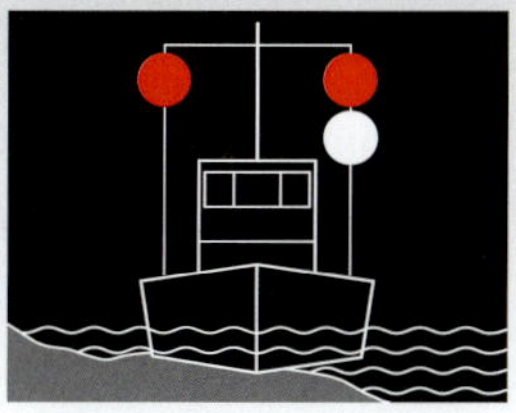

- [ ] A Festgefahrenes oder gesunkenes Fahrzeug. Vorbeifahrt an der rot-weißen Seite gestattet; rote Seite gesperrt. Sog und Wellenschlag vermeiden.
- [ ] B Festgefahrenes oder gesunkenes Fahrzeug. Vorbeifahrt an der rot-weißen Seite gestattet; rote Seite gesperrt. Vorbeifahrt mit unverminderter Geschwindigkeit möglich.
- [ ] C Festgefahrenes oder gesunkenes Fahrzeug. Vorbeifahrt an der roten Seite gestattet; rot-weiße Seite gesperrt. Vorbeifahrt mit unverminderter Geschwindigkeit möglich.
- [ ] D Festgefahrenes oder gesunkenes Fahrzeug. Vorbeifahrt an der roten Seite gestattet; rot-weiße Seite gesperrt. Sog und Wellenschlag vermeiden.

21. Was bedeutet dieses Schallsignal (— •)?

- [ ] A Kursänderung über Steuerbord.
- [ ] B Kursänderung nach Backbord.
- [ ] C Wenden über Backbord.
- [ ] D Wenden über Steuerbord.

22. Was ist eine Folge sehr kurzer Töne?

- [ ] A Eine Folge von mindestens 6 Tönen von je etwa einer viertel Sekunde Dauer und mit je einer viertel Sekunde Pause.
- [ ] B Eine Folge von mindestens 4 Tönen von je etwa einer viertel Sekunde Dauer und mit je einer viertel Sekunde Pause.
- [ ] C Eine Folge von mindestens 2 Tönen von je etwa einer viertel Sekunde Dauer und mit je einer viertel Sekunde Pause.
- [ ] D Eine Folge von mindestens 8 Tönen von je etwa einer viertel Sekunde Dauer und mit je einer viertel Sekunde Pause.

23. Zwei Kleinfahrzeuge unter Segel A und B liegen auf Kollisionskurs; A führt einen schwarzen Kegel. Wer ist ausweichpflichtig?

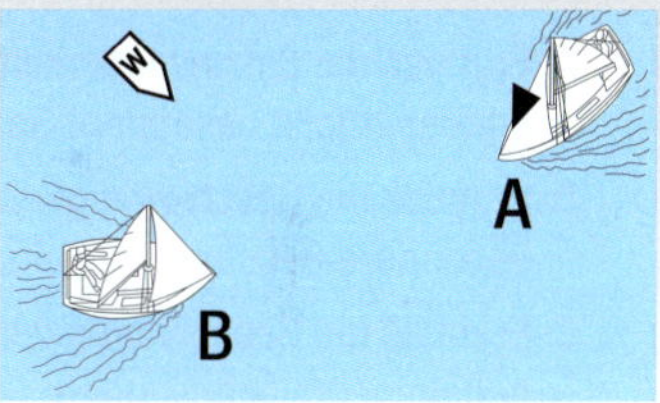

- [ ] A Fahrzeug A ist ausweichpflichtig.
- [ ] B Fahrzeug B ist ausweichpflichtig.
- [ ] C Ausweichpflichtig ist das Fahrzeug, welches das Andere an seiner Backbordseite sieht.
- [ ] D Ausweichpflichtig ist das Fahrzeug, welches den Wind von Backbord hat.

24. Ein Segelboot gerät in das Feld einer Segelregatta, ohne selbst Teilnehmer zu sein. Welche Ausweichregeln sind zu beachten?

- [ ] A Gegenüber Regattateilnehmern, die der Wettfahrtregeln, gegenüber anderen Fahrzeugen die der Binnenschifffahrtsstraßenordnung.
- [ ] B Fahrzeuge, die an einer Regatta teilnehmen, müssen unbeteiligten Fahrzeugen ausweichen.
- [ ] C Die der Binnenschifffahrtsstraßen-Ordnung.
- [ ] D Die der Wettsegelbestimmungen.

25. Was ist zu beachten, wenn während der Fahrt unsichtiges Wetter eintritt?

- ☐ A Auf bestimmten Wasserstraßen ist ohne Radar und AIS die Fahrt unverzüglich einzustellen.
- ☐ B Auf allen Wasserstraßen ist ohne Radar und ECDIS die Fahrt unverzüglich einzustellen.
- ☐ C Auf bestimmten Wasserstraßen ist ohne Radar und Sprechfunk die Fahrt unverzüglich einzustellen.
- ☐ D Auf allen Wasserstraßen ist ohne Radar und Sprechfunk die Fahrt unverzüglich einzustellen.

26. Wem darf der Schiffsführer das Ruder eines motorisierten Sportbootes überlassen?

- ☐ A Einer Person, die mindestens 18 Jahre alt, sowie körperlich und geistig geeignet ist.
- ☐ B Einer Person, die mindestens 14 Jahre alt, sowie körperlich und geistig geeignet ist.
- ☐ C Einer Person jeden Alters, die körperlich und geistig geeignet ist.
- ☐ D Einer Person, die mindestens 16 Jahre alt, sowie körperlich und geistig geeignet ist.

27. Zu welcher Tageszeit und bei welchen Sichtweiten darf auf den erlaubten Gewässerabschnitten Wasserski gelaufen werden?

- ☐ A Sonnenaufgang bis -untergang, Sicht 300 m und mehr.
- ☐ B Sonnenaufgang bis -untergang, Sicht 1000 m und mehr.
- ☐ C Sonnenaufgang bis -untergang, Sicht 1500 m und mehr.
- ☐ D Sonnenaufgang bis -untergang, Sicht 500 m und mehr.

28. Wie hat sich ein Schiffsführer bei Hochwasser zu verhalten?

- ☐ A Er muss die Geschwindigkeit anpassen und soweit wie möglich in seiner Fahrtrichtung links fahren, egebenenfalls besondere Geschwindigkeitsbegrenzungen und Fahrtbeschränkungen beachten.
- ☐ B Er muss die Geschwindigkeit anpassen und soweit wie möglich in der Fahrwassermitte bleiben, besondere Geschwindigkeitsbegrenzungen und Fahrtbeschränkungen sind nicht zu beachten.
- ☐ C Er muss die Geschwindigkeit anpassen und soweit wie möglich in der Fahrwassermitte bleiben, gegebenenfalls besondere Geschwindigkeitsbegrenzungen und Fahrtbeschränkungen beachten.
- ☐ D Er muss die Geschwindigkeit anpassen und soweit wie möglich in seiner Fahrtrichtung rechts fahren, gegebenenfalls besondere Geschwindigkeitsbegrenzungen und Fahrtbeschränkungen beachten.

29. Was bedeutet dieses Tafelzeichen an einer Brückendurchfahrt?

- ☐ A Gesperrte Durchfahrt, jedoch für Kleinfahrzeuge ohne Antriebsmaschine befahrbar.
- ☐ B Schutzbedürftige Anlage.
- ☐ C Verbot der Durchfahrt und Sperrung der Schifffahrt.
- ☐ D Gesperrte Durchfahrt, jedoch für Kleinfahrzeuge mit Antriebsmaschine befahrbar.

30. Welches optische Zeichen kann in der Nacht oder bei verminderter Sicht anstelle von vier kurzen Tönen gegeben werden?

- ☐ A Ein rotes Licht im unteren Halbkreis schwenken.
- ☐ B Ein rotes Licht im oberen Halbkreis schwenken.
- ☐ C Ein rotes Licht im Kreis schwenken.
- ☐ D Ein rotes Licht zeigen.

31. Was wird unter einem „Kimmkieler“ verstanden?

- [ ] A Eine Yacht mit zwei Kielen hintereinander.
- [ ] B Eine Yacht mit zwei Seitenkielen.
- [ ] C Eine Yacht mit zwei Seitenschwertern.
- [ ] D Eine Yacht mit einem Kielschwert.

32. Wie verändert sich das aufrichtende Kraftmoment einer Kielyacht bei stetig zunehmender Krängung?

- [ ] A Es nimmt bis zum Erreichen des kritischen Winkels zu, der bei etwa 70° liegt.
- [ ] B Es nimmt bis zum Erreichen des kritischen Winkels von 90° ab.
- [ ] C Es nimmt bis 90° Krängung ab und dann stetig zu.
- [ ] D Es nimmt zu und erreicht nach Überschreitung des Maximums seinen kritischen Winkel erst bei über 90°.

33. Wie heißen die Ecken eines Segels?

- [ ] A Kopf, Hals, Nock.
- [ ] B Vorliek, Unterliek, Achterliek.
- [ ] C Vorstag, Unterwant, Achterstag.
- [ ] D Kopf, Hals, Schothorn.

34. Auf einem Amwindkurs wurde gerefft. Ein entgegenkommendes Boot gleichen Typs segelt ungerefft. Wie lässt sich das erklären?

- [ ] A Der scheinbare Wind ist auf Amwindkursen stärker, auf Raumschot- und Vorwindkursen schwächer als der wahre Wind.
- [ ] B Boote sind stabiler, wenn der Wind achterlicher einfällt.
- [ ] C Der wahre Wind staut sich am Segel bei Raumschotkurs und ist deshalb schwächer.
- [ ] D Bei Amwindkurs streicht der Wind am tragflächenartig gewölbten Segel entlang und wird dadurch beschleunigt.

35. Mit welcher Krängung sollte eine Jolle üblicherweise gesegelt werden und weshalb?

- [ ] A Möglichst aufrecht, da sonst Abdrift und Luvgierigkeit zunehmen.
- [ ] B Möglichst aufrecht, weil sonst Abdrift und Leegierigkeit zunehmen.
- [ ] C Leicht nach Lee geneigt, da sonst die Segel leicht nach Luv überkommen können.
- [ ] D Möglichst nach Luv geneigt, weil dadurch die Abdrift und die Luvgierigkeit abnehmen.

36. Welchen Einfluss hat zunehmende Krängung auf den Trimm des Bootes?

- ☐ A Bis 45° Krängung nimmt die Luvgierigkeit zu, dann wieder ab.
- ☐ B Die Luvgierigkeit nimmt zu.
- ☐ C Die Leegierigkeit nimmt zu.
- ☐ D Keinen.

37. Ein Segelboot segelt bei starkem Wind nur unter Großsegel auf Amwindkurs. Plötzlich bricht das Vorstag. Was ist sofort zu unternehmen?

- ☐ A Eine Halse fahren.
- ☐ B Abfallen auf Vorwindkurs.
- ☐ C Dichtholen und Anluven.
- ☐ D Einen Aufschießer fahren.

Sportbootführerschein Binnen – Segel + Motor

Übungsbogen 2

Pro Frage ist nur eine Antwort richtig. Für jede richtige Antwort gibt es einen Punkt.
Um die theoretische Prüfung zu bestehen, benötigen Sie mindestens
5 Punkte in den Basisfragen (wenn Sie nicht befreit sind),
18 Punkte in den spezifischen Fragen Binnen und
5 Punkte in den spezifischen Fragen Segeln.
Bearbeitungszeit: 60 Minuten (45 Minuten ohne Basisfragen)

Datum

Vor- / Nachname

Basisfragen

1. Welches Signal führt ein Fahrzeug unter Segel, das als Maschinenfahrzeug gilt, zusätzlich am Tage?

- [ ] A Einen schwarzen Kegel, Spitze unten.
- [ ] B Einen schwarzen Kegel, Spitze oben.
- [ ] C Einen schwarzen Rhombus.
- [ ] D Zwei schwarze Bälle senkrecht übereinander.

2. Zwei Motorboote nähern sich auf kreuzenden Kursen. Es besteht die Gefahr eines Zusammenstoßes. Wer ist ausweichpflichtig?

- [ ] A Es muss das leewärtige Fahrzeug dem luvwärtigen Fahrzeug ausweichen.
- [ ] B Dasjenige Fahrzeug muss ausweichen, welches das Andere an seiner Steuerbordseite hat.
- [ ] C Dasjenige Fahrzeug muss ausweichen, welches das Andere an seiner Backbordseite hat.
- [ ] D Es muss das luvwärtige Fahrzeug dem leewärtigen Fahrzeug ausweichen.

3. Welche Bedeutung hat folgendes Tafelzeichen?

- [ ] A Verbot der Durchfahrt und Sperrung für Kleinfahrzeuge.
- [ ] B Verbot der Durchfahrt, jedoch für Kleinfahrzeuge ohne laufende Antriebsmaschine befahrbar.
- [ ] C Verbot der Durchfahrt, jedoch für Kleinfahrzeuge ohne Antriebsmaschine befahrbar.
- [ ] D Verbot der Durchfahrt und Sperrung der Schifffahrt.

4. Woran kann man erkennen, ob der Anker hält?

- ☐ A Wenn Ankerkette oder -leine nicht vibrieren und sich der anliegende Magnetkompasskurs nicht verändert.
- ☐ B Wenn beim Handauflegen auf die Ankerkette oder -leine kein Rucken zu verspüren ist und das Fahrzeug nicht schwojt.
- ☐ C Wenn beim Handauflegen auf die Ankerkette oder -leine kein Rucken zu verspüren ist und sich die Ankerpeilung ändert.
- ☐ D Wenn beim Handauflegen auf die Ankerkette oder -leine kein Rucken zu verspüren ist und sich die Ankerpeilung nicht ändert.

5. Welche Anlegeseite ist mit rechtsdrehendem Propeller empfehlenswert und warum?

- ☐ A Es gibt keine empfehlenswerte Anlegeseite.
- ☐ B Die Backbordseite – der Radeffekt zieht das Fahrzeug an die Pier.
- ☐ C Die Steuerbordseite – der Radeffekt zieht das Fahrzeug an die Pier.
- ☐ D Die Steuerbord- oder Backbordseite je nach Ruderlage.

6. Wie oft muss man aufblasbare Rettungsmittel warten lassen?

- ☐ A Jährlich, jeweils vor Beginn der Wassersportsaison.
- ☐ B Entsprechend der Herstellerangabe, mindestens alle 2 Jahre.
- ☐ C Jährlich und nach jedem Einsatz oder Übungsgebrauch.
- ☐ D Entsprechend der Herstellerangabe, mindestens alle 3 Jahre.

7. Welche Faktoren sind hauptsächlich für das Wettergeschehen, also für Wind und Niederschläge, ausschlaggebend?

- ☐ A Luftdruckänderung, Luftfeuchtigkeit und Jahreszeit.
- ☐ B Luftdruckänderung, Tageszeit und Temperatur.
- ☐ C Luftdruckänderung, Luftfeuchtigkeit und Temperatur.
- ☐ D Luftdruckänderung, Sonneneinstrahlung und Höhenlage.

Spezifische Fragen Binnen

8. Bis zu welcher Schiffslänge berechtigt der Sportbootführerschein mit dem Geltungsbereich Binnenschifffahrtsstraße zum Führen eines Sportbootes auf Binnenschifffahrtsstraßen?

- ☐ A Bis zu einer Länge von weniger als 25 m (mit Ruder und Bugspriet).
- ☐ B Bis zu einer Länge von weniger als 25 m (ohne Ruder und Bugspriet).
- ☐ C Bis zu einer Länge von weniger als 20 m (ohne Ruder und Bugspriet).
- ☐ D Bis zu einer Länge von weniger als 15 m (mit Ruder und Bugspriet).

9. Welche Maßnahmen sind zu treffen, wenn das Fahrzeug innerhalb des Fahrwassers bzw. der Fahrrinne Grundberührung hat?

- ☐ A Die Wasserstraßen- und Schifffahrtsverwaltung oder die Wasserschutzpolizei ist mit genauer Angabe der Hindernisstelle zu benachrichtigen.
- ☐ B Die Wasserschutzpolizei oder die Wasserstraßen- und Schifffahrtsverwaltung ist mit genauer Angabe der Schiffsdaten zu informieren.
- ☐ C Das Fahrzeug verbleibt vor Ort bis die Wasserschutzpolizei eintrifft.
- ☐ D Ein Baggerunternehmen ist zu verständigen, damit das Hindernis beseitigt wird.

10. Was versteht man unter „Fahrwasser"?

- ☐ A Es ist der Teil der Wasserstraße, der durch die Ufer begrenzt ist.
- ☐ B Den Teil der Wasserstraße, in dem für den durchgehenden Schiffsverkehr bestimmte Breiten und Tiefen vorgehalten bzw. angestrebt werden.
- ☐ C Es ist der Teil der Wasserstraße, deren Tiefe bei 2,50 m und mehr beginnt.
- ☐ D Den Teil der Wasserstraße, der den örtlichen Umständen nach vom durchgehenden Schiffsverkehr benutzt wird.

11. Wie wird die Schifffahrt vom Erreichen bestimmter Wasserstände und Hochwassermarken informiert?

- ☐ A Durch Bekanntgaben der Hochwasserschutzzentrale.
- ☐ B Durch Nautischen Informationsfunk, Information im Rundfunk, im Fernsehen und im Internet.
- ☐ C Durch Aushang bei Hafenämtern und Schleusen.
- ☐ D Durch Aushang bei Wasserschutzpolizei-Stationen.

12. Welche Zeichen begrenzen die Fahrrinne zum linken Ufer?

- ☐ A Grüne Spierentonnen oder Schwimmstangen.
- ☐ B Grüne Spitztonnen oder Schwimmstangen.
- ☐ C Rote Stumpftonnen oder Schwimmstangen.
- ☐ D Rote Spierentonnen oder Schwimmstangen.

13. Mit welchen Zeichen werden Hindernisse wie zum Beispiel Buhnen und Kribben an der rechten Seite der Wasserstraße bezeichnet?

- ☐ A Stangen mit Toppzeichen: roter Kegel, Spitze nach unten, oder rot-weiß gestreifte Schwimmstange mit rotem Zylinder.
- ☐ B Stangen mit Toppzeichen: grüner Kegel, Spitze nach oben, oder grün-weiß gestreifte Schwimmstange mit grünem Kegel.
- ☐ C Stangen mit Toppzeichen: roter Kegel, Spitze nach oben, oder rot-weiß gestreifte Schwimmstange mit rotem Zylinder.
- ☐ D Stangen mit Toppzeichen: grüner Kegel, Spitze nach unten, oder grün-weiß gestreifte Schwimmstange mit grünem Kegel.

14. Wie sind Anker am Tage bezeichnet, die die Schifffahrt behindern können?

- ☐ A Mit einem weißen Döpper.
- ☐ B Mit einem grünen Döpper.
- ☐ C Mit einem roten Döpper.
- ☐ D Mit einem gelben Döpper.

15. Welche Bedeutung haben die nachstehenden Tafelzeichen?

- [ ] A Die Durchfahrt ist nur durch diese Brückenöffnung und nur in eine Richtung gestattet.
- [ ] B Empfohlene Durchfahrt, Durchfahrt in Gegenrichtung verboten.
- [ ] C Empfohlene Durchfahrtsöffnung, Durchfahrt in beide Richtungen erlaubt.
- [ ] D Die Durchfahrt ist nur durch diese Brückenöffnung und in beide Richtungen gestattet.

16. Welche Bedeutung haben vor einer Schleuse ein rotes oder ein rotes und ein grünes Licht?

- [ ] A Ausfahrt verboten, Schließen der Schleuse wird vorbereitet.
- [ ] B Einfahrt verboten, Öffnen der Schleuse wird vorbereitet.
- [ ] C Einfahrt verboten, Schließen der Schleuse wird vorbereitet.
- [ ] D Ausfahrt verboten, Öffnen der Schleuse wird vorbereitet.

17. Was bedeutet dieses Sichtzeichen?

- [ ] A Schleppfahrzeug an der Spitze eines Schleppverbandes.
- [ ] B Fahrzeug, das vor Anker liegt.
- [ ] C Fahrzeuge mit Vorrang an einer Schleuse.
- [ ] D Fahrzeug eines Schleppverbandes.

18. Was bedeuten auf einem Fahrzeug drei blaue Lichter übereinander?

- [ ] A Fahrzeug hat brennbare Stoffe geladen, Abstand beim Stillliegen 10 m.
- [ ] B Fahrzeug der Überwachungsbehörden im Einsatz.
- [ ] C Fahrzeug hat explosive Stoffe geladen, Abstand beim Stillliegen 100 m.
- [ ] D Fahrzeug hat gesundheitsschädliche Stoffe geladen, Abstand beim Stillliegen 50 m.

19. Was bedeuten diese Sichtzeichen?

- [ ] A Schwimmendes Gerät bei der Arbeit. Vorbeifahrt nicht gestattet.
- [ ] B Festgefahrenes oder gesunkenes Fahrzeug. Vorbeifahrt an der Steuerbordseite gestattet. Sog und Wellenschlag vermeiden.
- [ ] C Festgefahrenes oder gesunkenes Fahrzeug. Vorbeifahrt nicht gestattet.
- [ ] D Schwimmendes Gerät bei der Arbeit. Vorbeifahrt an jeder Seite gestattet. Sog und Wellenschlag vermeiden.

20. Was bedeutet dieses Schallsignal (— •)?

- [ ] A Wenden über Steuerbord.
- [ ] B Kursänderung über Steuerbord.
- [ ] C Kursänderung nach Backbord.
- [ ] D Wenden über Backbord.

21. Wie müssen Ausweichmanöver durchgeführt werden?

- ☐ A Rechtzeitig, klar erkennbar und nach Backbord.
- ☐ B Rechtzeitig, klar erkennbar und vorsichtig.
- ☐ C Rechtzeitig, klar erkennbar und entschlossen.
- ☐ D Rechtzeitig, klar erkennbar und nach Steuerbord.

22. Ein Kleinfahrzeug unter Segel kreuzt nachts das Fahrwasser. An Backbord tauchen die nachstehenden Lichter eines Fahrzeugs auf, das in spitzem Winkel den Kurs des Kleinfahrzeugs unter Segel kreuzen will. Was bedeuten diese Lichter?

- ☐ A Schubverband von vorne.
- ☐ B Geschlepptes Kleinfahrzeug.
- ☐ C Kleinfahrzeug mit Maschinenantrieb.
- ☐ D Frei fahrende Fähre.

23. Wie muss ein Fahrzeug ausgerüstet sein, um bei unsichtigem Wetter zu fahren?

- ☐ A Mit einer für die Binnenschifffahrt zugelassenen funktionsfähigen Radaranlage und einer Sprechfunkanlage ohne ATIS.
- ☐ B Mit einer für die Binnenschifffahrt zugelassenen funktionsfähigen Radaranlage und einer Sprechfunkanlage für den Seefunkdienst.
- ☐ C Mit einer Radaranlage ohne Wendeanzeiger und einer Sprechfunkanlage für den Binnenschifffahrtsfunk.
- ☐ D Mit einer für die Binnenschifffahrt zugelassenen funktionsfähigen Radaranlage und einer Sprechfunkanlage für den Binnenschifffahrtsfunk.

24. Welches Schallsignal ist zu geben, wenn in einer Notsituation Hilfe gebraucht wird?

- ☐ A Wiederholte lange Töne geben oder Gruppen von Glockenschlägen.
- ☐ B Wiederholte kurze Töne geben, keine Glockenschläge.
- ☐ C Einen langen Ton geben, vereinzelt Glockenschläge.
- ☐ D Drei kurze Töne geben, keine Glockenschläge.

25. Wo darf auf Binnenschifffahrtsstraßen Wasserski gelaufen werden?

- ☐ A Nur in durch Tafelzeichen freigegebenen Bereichen.
- ☐ B Außerhalb des Fahrwassers.
- ☐ C Außerhalb der Fahrrinne.
- ☐ D Überall, ohne die Schifffahrt zu gefährden.

26. Was ist bei der Ausübung des Wassersports auf Gewässern außerhalb der Bundeswasserstraßen (z. B. Landeswasserstraßen, kommunale und private Gewässer) zu beachten?

- ☐ A Es ist immer die Genehmigung des Wasserstraßen- und Schifffahrtsamtes einzuholen sowie die jeweilige Befahrensordnung zu beachten.
- ☐ B Es ist gegebenenfalls die Genehmigung des Eigentümers einzuholen sowie die Binnenschifffahrtsstraßen-Ordnung zu beachten.
- ☐ C Es ist gegebenenfalls die Genehmigung des Eigentümers einzuholen sowie die jeweilige Befahrensordnung zu beachten.
- ☐ D Es ist immer die Genehmigung des Eigentümers einzuholen sowie die jeweilige Befahrensordnung zu beachten.

27. Wann muss ein Wassersportfahrzeug in das Binnenschiffsregister eingetragen werden?

- [ ] A Ab 15 cbm Wasserverdrängung.
- [ ] B Ab 10 m Schiffslänge.
- [ ] C Ab 15 m Schiffslänge.
- [ ] D Ab 10 cbm Wasserverdrängung.

28. Ein Fahrzeug fährt in der Fahrrinne gegen den Strom. Voraus liegt eine grüne Tonne. Auf welcher Fahrrinnenseite befindet sich diese Tonne und an welcher Schiffsseite muss diese Tonne passiert werden?

- [ ] A Sie befindet sich auf der linken Fahrrinnenseite und muss an der Backbordseite des Schiffes passiert werden.
- [ ] B Sie befindet sich auf der rechten Fahrrinnenseite und muss an der Backbordseite des Schiffes passiert werden.
- [ ] C Sie befindet sich auf der linken Fahrrinnenseite und muss an der Steuerbordseite des Schiffes passiert werden.
- [ ] D Sie befindet sich auf der rechten Fahrrinnenseite und muss an der Steuerbordseite des Schiffes passiert werden.

29. Wann gilt ein Sportboot auf den Binnenschifffahrtsstraßen als Kleinfahrzeug?

- [ ] A Wenn das Fahrzeug eine Länge von mehr als 20 m hat.
- [ ] B Wenn das Fahrzeug eine Länge von weniger als 20 m hat.
- [ ] C Wenn das Fahrzeug eine Länge von 20 m hat.
- [ ] D Wenn das Fahrzeug eine Länge von 25 m hat.

30. Was bedeutet Radarfahrt?

- [ ] A Eine Fahrt mit Radar.
- [ ] B Eine Fahrt am Tage mit Radar.
- [ ] C Eine Fahrt bei unsichtigem Wetter mit Radar.
- [ ] D Eine Fahrt bei Nacht mit Radar.

31. Worin besteht der Vorteil eines Kimmkielers gegenüber anderen Kielbooten?

- [ ] A Sein Tiefgang ist größer.
- [ ] B Die Abdrift ist geringer als bei anderen Kielbooten.
- [ ] C Der Kiel lässt sich aufholen.
- [ ] D Er kann problemlos aufrecht trocken fallen.

32. Welche Maßnahme ist bei Ruderbruch auf einer Jolle zu treffen?

- [ ] A Rote Flagge kreisförmig schwenken, Schleppleine bereithalten.
- [ ] B Segel bergen, Motor starten und in Rückwärtsfahrt das Ufer ansteuern.
- [ ] C Notruder oder Paddel als Ersatz nehmen, Fahrwasser verlassen, sich als manövrierunfähig zu erkennen geben.
- [ ] D Sofort ankern und einen Notruf absetzen, Signalkörper (blauer Kegel) setzen.

33. Wie heißen die Kanten eines Segels?

- [ ] A Kopf, Hals, Schothorn.
- [ ] B Vorliek, Unterliek, Achterliek.
- [ ] C Kopf, Hals, Nock.
- [ ] D Vorstag, Unterwant, Achterstag.

34. Warum raumt beim Einfallen einer Bö auf Amwindkurs der scheinbare Wind?

- [ ] A Da der Fahrtwind zunächst gleich bleibt, der wahre Wind jedoch zunimmt, kommt der daraus resultierende scheinbare Wind raumer.
- [ ] B Da durch die Koreoliskraft der Wind auch seine Richtung ändert, wenn er stärker wird.
- [ ] C Da durch den Trimm des Bootes sich der Kurs automatisch ändert, wenn der Wind zunimmt.
- [ ] D Da die Windrichtung durch die Segelstellung beeinflusst wird, verändert sich auch der scheinbare Wind.

35. Wie wirkt sich auf einem Halbwindkurs ein zu dicht geholtes Großsegel auf die Geschwindigkeit des Bootes aus?

- [ ] A Die Krängung und die Geschwindigkeit nehmen bis zum kritischen Punkt zu, darüber hinaus schnell ab.
- [ ] B Die Geschwindigkeit nimmt zu, da dadurch die Windkräfte optimaler genutzt werden.
- [ ] C Das Boot bleibt stehen, da die Strömung abreißt.
- [ ] D Die Krängung nimmt zu, die Geschwindigkeit nimmt ab.

36. Welche Manöver hat das Boot auf dem eingezeichneten Kurs an den Punkten 1, 2 und 3 gefahren?

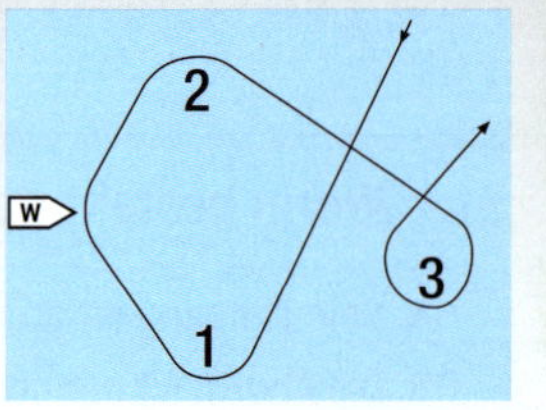

- [ ] A 1 Wende, 2 Halse, 3 Q-Wende.
- [ ] B 1 Q-Wende, 2 Halse, 3 Wende.
- [ ] C 1 Halse, 2 Wende, 3 Q-Wende.
- [ ] D 1 Wende, 2 Q-Wende, 3 Halse.

37. Ein Segelboot segelt bei starkem Wind nur unter Großsegel auf Amwindkurs. Plötzlich bricht das Vorstag. Womit kann das gebrochene Vorstag schnell provisorisch ersetzt werden?

- [ ] A Durch die Vor- oder die Achterleine.
- [ ] B Durch die Fockschot oder eine Reffleine.
- [ ] C Durch die Fock oder ein Fall.
- [ ] D Durch die Fockschot oder das Großfall.

Sportbootführerschein

Binnen – Segel + Motor

Übungsbogen 3

Pro Frage ist nur eine Antwort richtig. Für jede richtige Antwort gibt es einen Punkt.
Um die theoretische Prüfung zu bestehen, benötigen Sie mindestens
5 Punkte in den Basisfragen (wenn Sie nicht befreit sind),
18 Punkte in den spezifischen Fragen Binnen und
5 Punkte in den spezifischen Fragen Segeln.
Bearbeitungszeit: 60 Minuten (45 Minuten ohne Basisfragen)

Datum

Vor- / Nachname

Basisfragen

1. Wann gilt ein Fahrzeug unter Segel als Maschinenfahrzeug?

- ☐ A Wenn es durch das Segeln keine Fahrt durchs Wasser macht.
- ☐ B Wenn es durch das Segeln keine Fahrt über Grund macht.
- ☐ C Wenn es gleichzeitig mit Maschinenkraft fährt.
- ☐ D Wenn es mit einer Antriebsmaschine ausgerüstet ist.

2. Welche Bedeutung hat folgendes Tafelzeichen?

- ☐ A Begegnungsverbot für Fahrzeuge über 12 m Länge.
- ☐ B Überholverbot; mit Gegenverkehr muss gerechnet werden.
- ☐ C Überholverbot für alle Fahrzeuge.
- ☐ D Begegnungsverbot an einer Engstelle.

3. Welches Merkblatt enthält Hinweise für das Verhalten zum Schutz seltener Tiere und Pflanzen sowie zur Reinhaltung der Gewässer?

- ☐ A Die 10 Grundregeln für Wassersportler.
- ☐ B Die 15 Verhaltensregeln für Wassersportler.
- ☐ C Die 10 goldenen Regeln für Wassersportler.
- ☐ D Die 15 goldenen Regeln für Wassersportler.

4. Welche Gefahren können entstehen, wenn ein kleines von einem größeren Fahrzeug überholt wird?

- ☐ A Das kleinere Fahrzeug kann durch Stau, Sog oder Schwell aus dem Kurs laufen und kollidieren oder kentern, in flachen Gewässern extrem versetzt werden.
- ☐ B Das größere Fahrzeug kann durch Wellenbildung aus dem Kurs laufen und kollidieren oder querschlagen, in flachen Gewässern auf Grund laufen.
- ☐ C Das kleinere Fahrzeug kann durch Stau, Sog oder Schwell aus dem Kurs laufen und kollidieren oder querschlagen, in flachen Gewässern auf Grund laufen.
- ☐ D Das größere Fahrzeug kann durch Stau, Sog oder Schwell aus dem Kurs laufen und kollidieren oder querschlagen, in flachen Gewässern auf Grund laufen.

5. Welches ist der günstigste Anlaufwinkel beim Anlegen?

- ☐ A Ein möglichst spitzer Winkel.
- ☐ B Ein Winkel von 90° bis 100°.
- ☐ C Ein möglichst stumpfer Winkel.
- ☐ D Ein Winkel von 60° bis 70°.

6. Die Temperatur der Antriebsmaschine überschreitet die zulässigen Grenzwerte. Was könnte die mögliche Ursache sein?

- ☐ A Defektes Thermostat, defekte Impellerpumpe, geschlossenes Seeventil, zu niedriger Kühlwasserstand.
- ☐ B Zu viel Motoröl, defekte Impellerpumpe, geschlossenes Seeventil, zu niedriger Kühlwasserstand.
- ☐ C Defektes Thermostat, defekte Impellerpumpe, geschlossenes Seeventil, zu hohe Batteriespannung.
- ☐ D Defektes Thermostat, defekte Kupplung, geschlossenes Seeventil, zu niedriger Kühlwasserstand.

7. Wie ist ein enges Gewässer zu befahren, wenn man sich am Ufer festgemachten Fahrzeugen nähert?

- ☐ A Auf Höhe der festgemachten Fahrzeuge aufstoppen und überprüfen, dass kein Dritter behindert oder geschädigt wird.
- ☐ B Verringerung der Geschwindigkeit, um schädlichen Sog und Wellenschlag zu vermeiden.
- ☐ C Beibehaltung der Geschwindigkeit, um durch Gleitfahrt schädlichen Sog und Wellenschlag auszuschließen.
- ☐ D Verringerung der Geschwindigkeit und nötigenfalls vom Rechtsfahrgebot abweichen.

Spezifische Fragen Binnen

8. Für welche Sportboote ist der Sportbootführerschein mit dem Geltungsbereich Binnenschifffahrtsstraßen vorgeschrieben?

- ☐ A Für Sportboote von mehr als 11,03 kW (15 PS) Nutzleistung bei Verwendung eines Verbrennungsmotors bzw. 7,5 kW bei Verwendung eines Elektromotors Betriebsart S1 (Dauerbetrieb) und weniger als 20 m Länge.
- ☐ B Für Sportboote von weniger als 11,03 kW (15 PS) Nutzleistung bei Verwendung eines Verbrennungsmotors bzw. 7,5 kW bei Verwendung eines Elektromotors Betriebsart S1 (Dauerbetrieb) und mehr als 20 m Länge.
- ☐ C Für Sportboote von mehr als 11,03 kW (15 PS) Nutzleistung bei Verwendung eines Verbrennungsmotors bzw. 7,5 kW bei Verwendung eines Elektromotors Betriebsart S1 (Dauerbetrieb) und mehr als 20 m Länge.
- ☐ D Für Sportboote von weniger als 11,03 kW (15 PS) Nutzleistung bei Verwendung eines Verbrennungsmotors bzw. 7,5 kW bei Verwendung eines Elektromotors Betriebsart S1 (Dauerbetrieb) und weniger als 20 m Länge.

9. Wo findet man Regeln für den Verkehr von Wassermotorrädern und für das Wasserskilaufen?

- [ ] A Moselschifffahrtspolizeiverordnung, Donauschifffahrtspolizeiverordnung.
- [ ] B Binnenschifffahrtsstraßen-Ordnung, Rheinschifffahrtspolizeiverordnung.
- [ ] C Moselschifffahrtspolizeiverordnung, Binnenschiffsuntersuchungs-Ordnung.
- [ ] D Wassermotorräderverordnung, Wasserskiverordnung.

10. Was versteht man unter „Fahrrinne“?

- [ ] A Es ist der Teil der Wasserstraße, deren Breite mindestens 150 m und deren Tiefe mindestens 3,00 m beträgt.
- [ ] B Es ist der Teil der Wasserstraße, deren Breite mindestens 88 m und deren Tiefe mindestens 2,50 m beträgt.
- [ ] C Es ist der Teil der Wasserstraße, in dem für den durchgehenden Schiffsverkehr bestimmte Breiten und Tiefen vorgehalten bzw. angestrebt werden.
- [ ] D Den Teil der Wasserstraße, der den örtlichen Umständen nach vom durchgehenden Schiffsverkehr benutzt wird.

11. Mit welchen Zeichen werden Hindernisse wie zum Beispiel Buhnen und Kribben an der rechten Seite der Wasserstraße bezeichnet?

- [ ] A Stangen mit Toppzeichen: grüner Kegel, Spitze nach oben, oder grün-weiß gestreifte Schwimmstange mit grünem Kegel.
- [ ] B Stangen mit Toppzeichen: roter Kegel, Spitze nach oben, oder rot-weiß gestreifte Schwimmstange mit rotem Zylinder.
- [ ] C Stangen mit Toppzeichen: grüner Kegel, Spitze nach unten, oder grün-weiß gestreifte Schwimmstange mit grünem Kegel.
- [ ] D Stangen mit Toppzeichen: roter Kegel, Spitze nach unten, oder rot-weiß gestreifte Schwimmstange mit rotem Zylinder.

12. Was bedeuten auf einem stillliegenden Fahrzeug zwei weiße Lichter übereinander?

- [ ] A Ein Fahrzeug über 135 m.
- [ ] B Ein Ankerlieger, dessen Anker die Schifffahrt gefährden kann.
- [ ] C Ein stillliegender Schubverband.
- [ ] D Ein Ankerlieger, der zwei Anker ausgelegt hat.

13. Wie sind Anker am Tage bezeichnet, die die Schifffahrt behindern können?

- [ ] A Mit einem grünen Döpper.
- [ ] B Mit einem roten Döpper.
- [ ] C Mit einem gelben Döpper.
- [ ] D Mit einem weißen Döpper.

14. Was bedeutet dieses Tafelzeichen im Bereich eines Wehres?

- [ ] A Verbot der Durchfahrt und Sperrung der Schifffahrt.
- [ ] B Gesperrte Wasserfläche, jedoch für Kleinfahrzeuge mit Antriebsmaschine befahrbar.
- [ ] C Gesperrte Wasserfläche, jedoch für Kleinfahrzeuge ohne Antriebsmaschine befahrbar.
- [ ] D Schutzbedürftige Anlage.

15. Was bedeutet dieses Sichtzeichen?

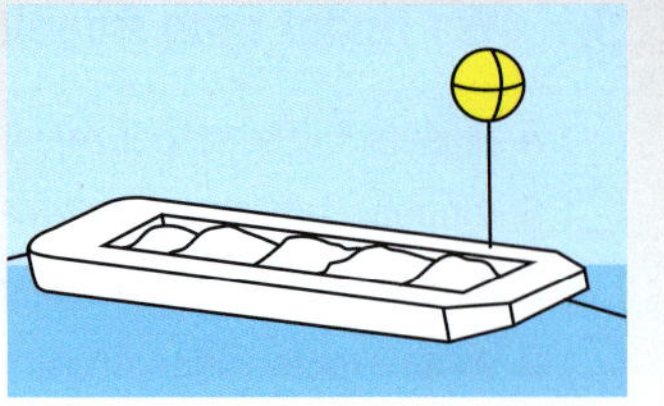

- [ ] A Fahrzeug, das vor Anker liegt.
- [ ] B Fahrzeuge mit Vorrang an einer Schleuse.
- [ ] C Schleppfahrzeug an der Spitze eines Schleppverbandes.
- [ ] D Fahrzeug eines Schleppverbandes.

16. Was bedeuten diese Lichter?

- [ ] A Nicht frei fahrende Fähre.
- [ ] B Schubverband von achtern.
- [ ] C Schubverband von Steuerbordseite.
- [ ] D Frei fahrende Fähre.

17. Was bedeuten auf einem Fahrzeug drei blaue Lichter übereinander?

- [ ] A Fahrzeug hat brennbare Stoffe geladen, Abstand beim Stillliegen 10 m.
- [ ] B Fahrzeug der Überwachungsbehörden im Einsatz.
- [ ] C Fahrzeug hat explosive Stoffe geladen, Abstand beim Stillliegen 100 m.
- [ ] D Fahrzeug hat gesundheitsschädliche Stoffe geladen, Abstand beim Stillliegen 50 m.

18. Was bedeuten diese Lichter?

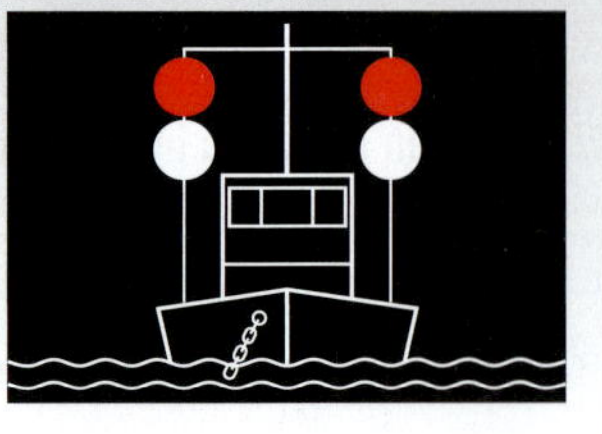

- [ ] A Festgefahrenes oder gesunkenes Fahrzeug. Vorbeifahrt nicht gestattet.
- [ ] B Schwimmendes Gerät bei der Arbeit. Vorbeifahrt an jeder Seite gestattet. Sog und Wellenschlag vermeiden.
- [ ] C Schwimmendes Gerät bei der Arbeit. Vorbeifahrt nicht gestattet.
- [ ] D Festgefahrenes oder gesunkenes Fahrzeug. Vorbeifahrt an der Steuerbordseite gestattet. Sog und Wellenschlag vermeiden.

19. Was bedeuten vier kurze Töne?

- [ ] A Maschine geht rückwärts.
- [ ] B Achtung!
- [ ] C Überholen nicht möglich.
- [ ] D Fahrzeug ist manövrierunfähig.

20. Wann besteht die Gefahr eines Zusammenstoßes?

- [ ] A Wenn sich zwei Fahrzeuge einander nähern und sich der Kurs eines Fahrzeuges ändert.
- [ ] B Wenn sich zwei Fahrzeuge einander nähern und beide Fahrzeuge ihren Kurs nach steuerbord ändern.
- [ ] C Wenn sich zwei Fahrzeuge bei gleichbleibender Peilung einander nähern.
- [ ] D Wenn sich zwei Fahrzeuge einander nähern und sich der Kurs der Fahrzeuge nicht ändert.

21. Ein Kleinfahrzeug und ein Fahrzeug über 20 m Länge nähern sich auf kreuzenden Kursen. Es besteht die Gefahr eines Zusammenstoßes. Wer ist ausweichpflichtig?

- [ ] A Ausweichpflichtig ist das Fahrzeug, welches das andere an seiner Steuerbordseite sieht.
- [ ] B Ausweichpflichtig ist das Fahrzeug, welches das andere an seiner Backbordseite sieht.
- [ ] C Ausweichpflichtig ist das Kleinfahrzeug.
- [ ] D Ausweichpflichtig ist das Fahrzeug über 20 m Länge.

22. Zwei Kleinfahrzeuge A und B unter Segel liegen auf Kollisionskurs (Skizze). Wer ist ausweichpflichtig?

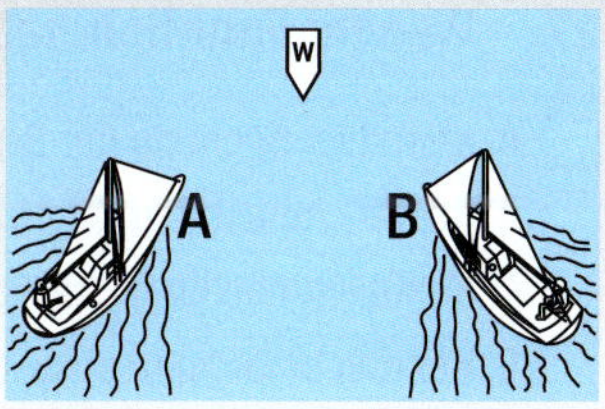

- [ ] A A ist ausweichpflichtig. Segelfahrzeuge mit Wind von Backbord müssen Segelfahrzeugen mit Wind von Steuerbord ausweichen.
- [ ] B B ist ausweichpflichtig. Segelfahrzeuge mit Wind von Backbord müssen Segelfahrzeugen mit Wind von Steuerbord ausweichen.
- [ ] C A ist ausweichpflichtig. Segelfahrzeuge mit Wind von Steuerbord müssen Segelfahrzeugen mit Wind von Backbord ausweichen.
- [ ] D B ist ausweichpflichtig. Segelfahrzeuge mit Wind von Steuerbord müssen Segelfahrzeugen mit Wind von Backbord ausweichen.

23. Was ist vorrangig zu beachten, wenn eine Jolle gekentert ist und sie nicht wieder aufgerichtet werden kann?

- [ ] A Vollständigkeit der Crew überprüfen, gegebenenfalls Hilfe leisten. Am Boot festhalten oder gegebenenfalls aufs Boot legen, Hilfe abwarten.
- [ ] B Sofort vorgeschriebene Notsignale geben, mit allen Mitteln versuchen, das Fahrzeug aus dem Fahrwasser zu bringen.
- [ ] C Auf das gekenterte Boot steigen und sich ruhig verhalten, um Wärmeverlust zu minimieren. Sollte das nicht möglich sein, ans benachbarte Ufer schwimmen und Hilfe holen.
- [ ] D Rettungswesten anlegen und mit geeigneten Mitteln Hilfe herbeiholen. Gegebenenfalls Segel bergen.

24. Welche Sichtbeeinträchtigungen führen zu unsichtigem Wetter?

- [ ] A Dämmerung, Nebel, Schneefall, starker Regen.
- [ ] B Nebel, Schneefall, starker Regen.
- [ ] C Dunkelheit, Nebel, Schneefall, starker Regen.
- [ ] D Nacht, Schneefall, starker Regen.

25. Welches Wetter ist zu erwarten, wenn der Luftdruck langsam, aber stetig steigt?

- [ ] A Schlechtes Wetter ist nicht zu erwarten.
- [ ] B Schlechtes Wetter, Starkwind oder Sturm.
- [ ] C Besseres Wetter, Sonne.
- [ ] D Besseres Wetter, steigende Temperatur.

26. Ein Fahrzeug fährt zu Berg. Voraus liegt eine rote Tonne. Auf welcher Fahrrinnenseite befindet sich diese Tonne und an welcher Schiffsseite muss diese Tonne passiert werden?

- ☐ A Sie befindet sich auf der rechten Fahrrinnenseite und muss an der Steuerbordseite des Schiffes passiert werden.
- ☐ B Sie befindet sich auf der linken Fahrrinnenseite und muss an der Backbordseite des Schiffes passiert werden.
- ☐ C Sie befindet sich auf der linken Fahrrinnenseite und muss an der Steuerbordseite des Schiffes passiert werden.
- ☐ D Sie befindet sich auf der rechten Fahrrinnenseite und muss an der Backbordseite des Schiffes passiert werden.

27. Welche Funktion haben gelbe Tonnen mit einem Radarreflektor vor Brückenpfeiler?

- ☐ A Kenntlichmachung der Brückenpfeiler auf dem Radarschirm.
- ☐ B Kenntlichmachung der Höhe der Brückenpfeiler.
- ☐ C Kenntlichmachung einer gesperrten Brückendurchfahrt.
- ☐ D Kenntlichmachung einer Untiefe im Brückenbereich.

28. Welche Bedeutung haben diese Tafeln an der nachstehenden gekennzeichneten Brücke?

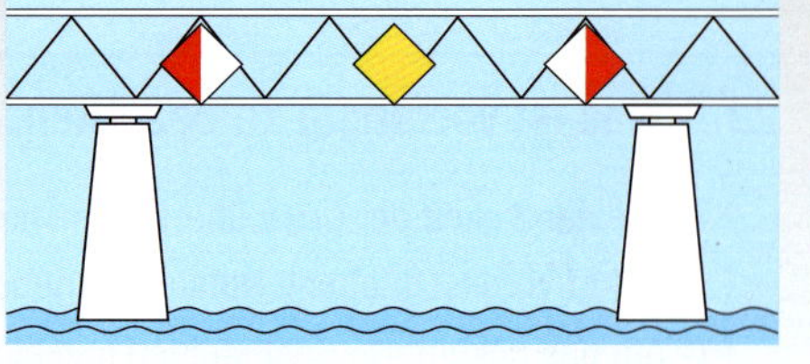

- ☐ A Empfohlene Durchfahrt mit Gegenverkehr und seitlicher Begrenzung der erlaubten Brückendurchfahrt.
- ☐ B Empfohlene Durchfahrt ohne Gegenverkehr und seitlicher Begrenzung der erlaubten Brückendurchfahrt.
- ☐ C Vorgeschriebene Durchfahrt mit Gegenverkehr und seitlicher Begrenzung der erlaubten Brückendurchfahrt.
- ☐ D Empfohlene Durchfahrt mit Gegenverkehr ohne seitliche Begrenzung der erlaubten Brückendurchfahrt.

29. Welche Bedeutung hat die Bezeichnung eines Fahrzeuges mit einer rot-weißen Flagge und was ist zu beachten?

- ☐ A Schutzbedürftiges Fahrzeug, Sog und Wellenschlag vermeiden.
- ☐ B Schutzbedürftiges Fahrzeug, Geschwindigkeit vermindern und Sog und Wellenschlag vermeiden.
- ☐ C Schutzbedürftiges Fahrzeug, Geschwindigkeit beibehalten und Sog und Wellenschlag vermeiden.
- ☐ D Schutzbedürftiges Fahrzeug, Geschwindigkeit vermindern.

30. Welches optische Zeichen kann am Tage anstelle von vier kurzen Tönen gegeben werden?

- ☐ A Eine rote Flagge zeigen.
- ☐ B Eine rote Flagge im unteren Halbkreis schwenken.
- ☐ C Eine rote Flagge im oberen Halbkreis schwenken.
- ☐ D Eine rote Flagge im Kreis schwenken.

31. Was wird unter einer „Kielschwertyacht“ verstanden?

- [ ] A Eine Yacht mit einem Ballastkiel und einem zusätzlichem Schwert.
- [ ] B Ein Yacht mit einem aufholbaren Ballastkiel.
- [ ] C Eine Yacht mit zwei Seitenkielen.
- [ ] D Eine Yacht mit flach gehendem Ballastkiel und zusätzlichem aufholbarem Schwert.

32. Warum sollte Tauwerk an Bord stets ordentlich aufgeschossen werden?

- [ ] A Damit es nicht durch UV-Strahlung beschädigt wird.
- [ ] B Damit es im Gebrauchsfall klar liegt.
- [ ] C Damit es trocknen kann und nicht verrottet.
- [ ] D Damit die Reißfestigkeit erhalten bleibt.

33. Wozu dienen Segellatten?

- [ ] A Der Formgebung und Aussteifung des Segels.
- [ ] B Der Erleichterung des Reffens.
- [ ] C Der Verhinderung des Killens von Segeln.
- [ ] D Der Möglichkeit das Segel auch bei Starkwind nutzen zu können.

34. Wie sollte das Schwert einer Jolle auf Vorwindkurs gefahren werden und warum?

- [ ] A Es sollte aufgeholt werden. Dadurch vermindert sich der Reibungswiderstand, aber auch die Gefahr der Kenterung bei einer unfreiwilligen Halse.
- [ ] B Es sollte gefiert werden. Dadurch wird das Boot stabiler und die Gefahr der Kenterung bei einer unfreiwilligen Halse reduziert.
- [ ] C Es sollte nie ganz aufgeholt werden, da es sonst bei einer Kenterung zum Aufrichten der Jolle nicht mehr greifbar ist.
- [ ] D Es sollte bei stärkerem Wind ganz aufgeholt werden, um die Steuerfähigkeit der Jolle zu verbessern.

35. Wie wirkt sich ein Holepunkt, der zu weit vorne liegt, auf Stand und Beanspruchung des Vorsegels aus?

- [ ] A Das Vorliek killt, das Achterliek wird übermäßig gereckt.
- [ ] B Das Unterliek killt, das Achterliek wird übermäßig gereckt.
- [ ] C Das Achterliek killt, das Vorliek wird übermäßig gereckt
- [ ] D Das Vorliek killt, das Unterliek wird übermäßig gereckt.

36. Warum ist eine Patenthalse gefährlich?

- [ ] A Es kann zur plötzlichen Änderung der Ausweichpflicht kommen.
- [ ] B Es kann zum Verlust der Steuerfähigkeit des Fahrzeuges führen.
- [ ] C Es kann erneut eine Patenthalse folgen, wenn nicht sofort abgefallen wird.
- [ ] D Es kann zu Verletzungen der Crew, zu Riggschäden und zur Kenterung führen.

37. Ein Segelboot segelt bei starkem Wind nur unter Großsegel auf Amwindkurs. Plötzlich bricht das Vorstag. Womit kann das gebrochene Vorstag schnell provisorisch ersetzt werden?

- [ ] A Durch die Fock oder ein Fall.
- [ ] B Durch die Fockschot oder das Großfall.
- [ ] C Durch die Vor- oder die Achterleine.
- [ ] D Durch die Fockschot oder eine Reffleine.

Sportbootführerschein

Binnen – Segel + Motor

Übungsbogen 4

Pro Frage ist nur eine Antwort richtig. Für jede richtige Antwort gibt es einen Punkt.
Um die theoretische Prüfung zu bestehen, benötigen Sie mindestens
5 Punkte in den Basisfragen (wenn Sie nicht befreit sind),
18 Punkte in den spezifischen Fragen Binnen und
5 Punkte in den spezifischen Fragen Segeln.
Bearbeitungszeit: 60 Minuten (45 Minuten ohne Basisfragen)

Datum

Vor- / Nachname

Basisfragen

1. Wie lang ist die Dauer eines langen Tons (—)?

- ☐ A Etwa 4–6 Sekunden.
- ☐ B Etwa 2–6 Sekunden.
- ☐ C Etwa 1–2 Sekunden.
- ☐ D Etwa 6–8 Sekunden.

2. Welche Bedeutung hat folgendes Tafelzeichen?

- ☐ A Weiterfahrt für Sportfahrzeuge verboten.
- ☐ B Haltegebot vor beweglichen Brücken, Sperrwerken und Schleusen.
- ☐ C Dauernde Sperrung einer Teilstrecke der Wasserstraße.
- ☐ D Gebot zur Abgabe eines langen Signaltons.

3. Wie kann mitgeholfen werden, die Lebensmöglichkeiten der Pflanzen- und Tierwelt in Gewässern und Feuchtgebieten zu bewahren und zu fördern?

- ☐ A Durch umweltbewusstes Verhalten und Beachtung der „Zehn goldenen Regeln für das Verhalten von Wassersportlern in der Natur".
- ☐ B Durch umweltbewusstes Verhalten und Beachtung der „Zehn Grundregeln für den Wassersport".
- ☐ C Durch umsichtiges Verhalten und Beachtung der Verkehrsvorschriften.
- ☐ D Durch vorausschauendes Fahren und Ausweichen entsprechend der Verkehrsvorschriften.

4. Wo finden Sie Informationen über umweltfreundliche Farben, Lacke und Antifouling-Beschichtungen für Ihr Boot?

- ☐ A Beim Bundesministerium für Digitales und Verkehr.
- ☐ B Beim Umweltbundesamt.
- ☐ C In der Sportbootführerscheinverordnung.
- ☐ D In der Sportbootvermietungsverordnung.

5. Die Ladekontrolllampe erlischt nach dem Starten nicht. Was könnte die mögliche Ursache sein?

- ☐ A Anlasser ist nach dem Starten ausgefallen.
- ☐ B Lichtmaschine bzw. Regler der Lichtmaschine defekt.
- ☐ C Zu hohe Motordrehzahl.
- ☐ D Keilriemen gerissen und hoher Stromverbrauch.

6. Unter welchen Voraussetzungen darf ein Sportboot mit Elektromotor ohne Fahrerlaubnis geführt werden?

- ☐ A Es darf immer ohne Fahrerlaubnis geführt werden, unabhängig von der Antriebsleistung.
- ☐ B Bis zu einer Antriebsleistung von 11,03 Kilowatt Betriebsart S1 (Dauerbetrieb).
- ☐ C Es darf nie ohne Fahrerlaubnis geführt werden, unabhängig von der Antriebsleistung.
- ☐ D Die Antriebsleistung beträgt höchstens 7,5 Kilowatt Betriebsart S1 (Dauerbetrieb).

7. Welcher Feuerlöscher ist für Sportboote zweckmäßig und wie oft muss man einen Feuerlöscher überprüfen lassen?

- ☐ A ABC-Pulver- und Schaumlöscher, mindestens alle 2 Jahre.
- ☐ B Feuerlöscher mit Löschschaum, mindestens einmal pro Jahr.
- ☐ C CO_2-Feuerlöscher, mindestens alle zwei Jahre.
- ☐ D ABC-Pulverlöscher, mindestens einmal pro Jahr.

Spezifische Fragen Binnen

8. Was beinhaltet die allgemeine Sorgfaltspflicht?

- ☐ A Es ist alles zu tun, was zur Vermeidung von Beschädigungen an Fahrzeugen, Anlagen oder Ufern, Behinderung der Schifffahrt und Beeinträchtigung der Umwelt nötig ist.
- ☐ B Vermeidung der Gefährdung von Menschenleben, von Beschädigungen an Fahrzeugen, Anlagen oder Ufern, Behinderung der Schifffahrt und Beeinträchtigung der Umwelt.
- ☐ C Gefährdung von Menschenleben, Beschädigungen an Fahrzeugen, Anlagen oder Ufern und Beeinträchtigung der Umwelt.
- ☐ D Es ist alles zu tun, was zur Vermeidung der Gefährdung von Menschenleben, Behinderung der Schifffahrt und Beeinträchtigung der Umwelt nötig ist.

9. Wozu muss der Rudergänger eines Sportbootes zur sicheren Steuerung in der Lage sein?

- [ ] A Alle Informationen und Weisungen zu empfangen und zu geben und nach allen Seiten genügend freie Sicht zu haben.
- [ ] B Alle Informationen und Weisungen zu empfangen und zu geben, alle Schallzeichen wahrzunehmen und nach allen Seiten genügend freie Sicht zu haben.
- [ ] C Alle Informationen und Weisungen zu empfangen und zu geben.
- [ ] D Alle Schallzeichen wahrnehmen zu können und nach allen Seiten genügend freie Sicht zu haben.

10. Welche Zeichen begrenzen die Fahrrinne zum rechten Ufer?

- [ ] A Rote Spierentonnen oder Schwimmstangen.
- [ ] B Grüne Spierentonnen oder Schwimmstangen.
- [ ] C Rote Stumpftonnen oder Schwimmstangen.
- [ ] D Grüne Spitztonnen oder Schwimmstangen.

11. Was ist in Kanälen verboten?

- [ ] A Begegnen.
- [ ] B Ankern.
- [ ] C Wenden.
- [ ] D Überholen.

12. Was bedeutet dieses Tafelzeichen an Brücken?

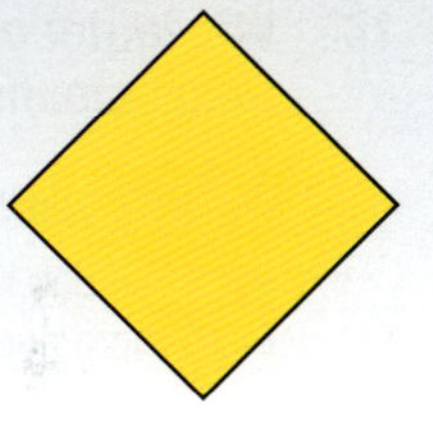

- [ ] A Durchfahrt nur neben der Tafel erlaubt.
- [ ] B Empfohlene Durchfahrt mit Gegenverkehr.
- [ ] C Empfohlene Durchfahrt ohne Gegenverkehr.
- [ ] D Empfohlene Durchfahrt nur in eine Richtung.

13. Welche Bedeutung haben vor einer Schleuse ein rotes oder ein rotes und ein grünes Licht?

- [ ] A Ausfahrt verboten, Öffnen der Schleuse wird vorbereitet.
- [ ] B Ausfahrt verboten, Schließen der Schleuse wird vorbereitet.
- [ ] C Einfahrt verboten, Öffnen der Schleuse wird vorbereitet.
- [ ] D Einfahrt verboten, Schließen der Schleuse wird vorbereitet.

14. Was bedeuten diese Lichter?

- [ ] A Fahrzeug mit Maschinenantrieb länger als 110 m.
- [ ] B Schubverband kürzer als 110 m.
- [ ] C Schubverband länger als 110 m.
- [ ] D Fahrzeug ohne Maschinenantrieb länger als 110 m.

15. Was bedeutet dieses Sichtzeichen?

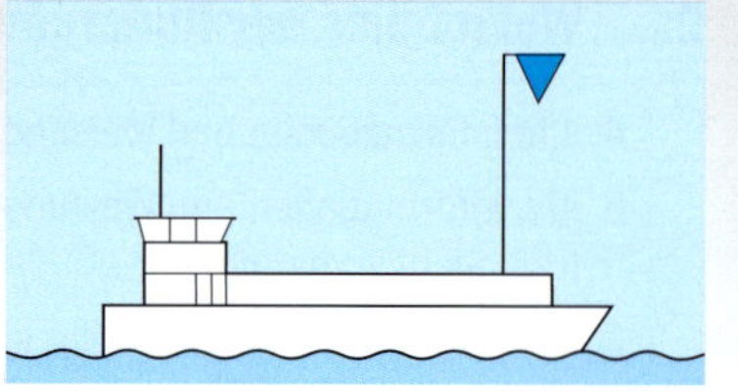

- [ ] A Fahrzeug hat gesundheitsschädliche Stoffe geladen, Abstand beim Stillliegen 50 m.
- [ ] B Fahrzeug hat explosive Stoffe geladen, Abstand beim Stillliegen 100 m.
- [ ] C Fahrzeug der Überwachungsbehörden im Einsatz.
- [ ] D Fahrzeug hat brennbare Stoffe geladen, Abstand beim Stillliegen 10 m.

16. Ein Kleinfahrzeug unter Segel fährt nachts auf einer Binnenschifffahrtsstraße und führt ein weißes Rundumlicht im Topp. Wie wird zweckmäßigerweise die weiße Handlampe, die bei Annäherung anderer Fahrzeuge gezeigt werden muss, benutzt?

- [ ] A Das heranfahrende Fahrzeug anleuchten.
- [ ] B Die Handlampe nach oben halten.
- [ ] C Die eigenen Segel anleuchten.
- [ ] D Das Wasser anleuchten.

17. Welche Lichter muss ein geschlepptes Kleinfahrzeug führen?

- [ ] A Lichter eines Kleinfahrzeugs mit Maschinenantrieb.
- [ ] B Zwei weiße Lichter übereinander.
- [ ] C Weißes Funkellicht.
- [ ] D Weißes Rundumlicht.

18. Wie lautet eine der drei Grundregeln der Binnenschifffahrtsstraßen-Ordnung, nach denen Kleinfahrzeuge unter Segel einander ausweichen?

- [ ] A Wenn sie den Wind von derselben Seite haben, müssen beide Fahrzeuge ausweichen.
- [ ] B Wenn sie den Wind nicht von derselben Seite haben, muss das Segelfahrzeug mit Wind von Backbord dem Segelfahrzeug mit Wind von Steuerbord ausweichen.
- [ ] C Wenn sie den Wind nicht von derselben Seite haben, muss das Segelfahrzeug mit Wind von Steuerbord dem Segelfahrzeug mit Wind von Backbord ausweichen.
- [ ] D Wenn sie den Wind von derselben Seite haben, muss das leeseitige dem luvseitigen ausweichen.

19. Was bedeutet ein langer Ton?

- [ ] A Fahrzeug ist manövrierunfähig.
- [ ] B Überholen nicht möglich.
- [ ] C Achtung!
- [ ] D Maschine geht rückwärts.

20. Was bedeutet dieses Schallsignal (— — •)?

- [ ] A Überholen an der Steuerbordseite des Vorausfahrenden.
- [ ] B Überholen an der Backbordseite des Vorausfahrenden.
- [ ] C Hafen oder Nebenwasserstraße; Ein- oder Ausfahrt mit Kursänderung nach Steuerbord.
- [ ] D Hafen oder Nebenwasserstraße; Ein- oder Ausfahrt mit Kursänderung nach Backbord.

21. Wie ist ein Überholmanöver durchzuführen?

- ☐ A Zügig überholen. Dicht am Ufer entlang fahren, eventuelle Schallzeichen müssen von Kleinfahrzeugen beachtet werden.
- ☐ B Zügig überholen. Beteiligte Fahrzeuge nicht behindern. Verkehrslage und eventuelle Schallzeichen beachten. Ausreichend Abstand halten.
- ☐ C Zügig überholen. Gegebenenfalls das Fahrzeug stark beschleunigen, um schnell passieren zu können.
- ☐ D Zügig überholen; überholen nur auf der Steuerbordseite erlaubt, ausreichend Abstand halten.

22. Der seitliche Abstand zwischen den Booten A, B und C verringert sich ständig. Welches Boot kann seinen Kurs beibehalten?

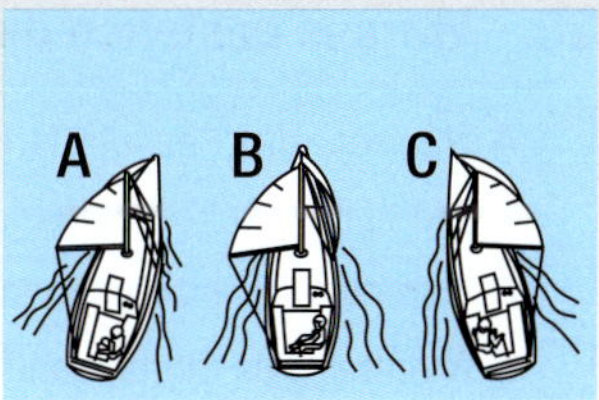

- ☐ A Boot A, weil luvseitig.
- ☐ B Boot B, weil leeseitig.
- ☐ C Boot C, weil leeseitig.
- ☐ D Boot A, weil leeseitig.

23. Was bedeutet dieses Tafelzeichen?

- ☐ A Wehr.
- ☐ B Hubbrücke.
- ☐ C Schleuse.
- ☐ D Sicherheitstor.

24. Mit welcher Wetterentwicklung ist bei schnellem und stetig fallendem Luftdruck zu rechnen?

- ☐ A Besseres Wetter, steigende Temperatur.
- ☐ B Schlechtes Wetter ist nicht zu erwarten.
- ☐ C Besseres Wetter, Sonne.
- ☐ D Schlechtes Wetter, Starkwind oder Sturm.

25. Wie hat sich der Führer eines Wassermotorrades außerhalb der ausgewiesenen Strecken/Wasserflächen zu verhalten?

- ☐ A Im Abstand von 10 m zum Ufer fahren.
- ☐ B Im Abstand von 10 m außerhalb des Tonnenstrichs fahren.
- ☐ C Am Rande der Fahrrinne fahren.
- ☐ D Klaren Geradeauskurs fahren.

26. Weshalb muss sich der Schiffsführer vor dem Befahren fremder Gewässer über die dort geltenden Vorschriften informieren?

- ☐ A Weil die jeweils geltenden Vorschriften wichtige Informationen über die Brückendurchfahrtshöhen enthalten.
- ☐ B Um die jeweils geltenden Vorschriften einhalten zu können.
- ☐ C Da diese auf Landesgewässern grundsätzlich inhaltlich abweichen.
- ☐ D Da diese auf Bundesgewässern grundsätzlich inhaltlich abweichen.

27. Welcher Befähigungsnachweis berechtigt zum Führen eines Sportbootes bis zu einer Länge von 25 m auf dem Rhein?

- ☐ A Der Sportbootführerschein mit dem Geltungsbereich Binnenschifffahrtsstraßen.
- ☐ B Der Sportbootführerschein mit dem Geltungsbereich Seeschifffahrtsstraßen.
- ☐ C Das Sportpatent.
- ☐ D Das Sportschifferzeugnis.

28. Woraus bestehen die amtlich anerkannten Kennzeichen?

- ☐ A Nummer des Seeschiffsregisters, gefolgt vom Kennbuchstaben für die ausstellende Organisation.
- ☐ B Die europäische Schiffsnummer, gefolgt vom Kennbuchstaben für die ausstellende Organisation.
- ☐ C Nummer des Internationalen Bootsscheins, gefolgt vom Kennbuchstaben für die ausstellende Organisation.
- ☐ D Nummer des Binnenschiffsregisters, gefolgt vom Kennbuchstaben für die ausstellende Organisation.

29. Wie hat sich ein Schiffsführer bei Erreichen der Hochwassermarke II zu verhalten?

- ☐ A Er hat die Geschwindigkeit anzupassen.
- ☐ B Er hat das Fahrverbot für Fahrzeuge ohne Sprechfunk zu beachten.
- ☐ C Er hat das Verbot der Schifffahrt bei Nacht zu beachten.
- ☐ D Er hat die Fahrt unverzüglich einzustellen.

30. Welche Lichter führt ein Schubverband?

- ☐ A Drei weiße Topplichter senkrecht untereinander angebracht, die Seitenlichter und drei weiße Hecklichter waagerecht nebeneinander.
- ☐ B Drei weiße Topplichter in einem Dreieck angebracht, die Seitenlichter und zwei weiße Hecklichter waagerecht nebeneinander.
- ☐ C Drei weiße Topplichter waagerecht nebeneinander, die Seitenlichter und drei weiße Hecklichter waagerecht nebeneinander.
- ☐ D Drei weiße Topplichter in einem Dreieck angebracht, die Seitenlichter und drei weiße Hecklichter waagerecht nebeneinander.

31. Wodurch wirken die Bodenlenzventile einer Jolle, die unterhalb der Wasserlinie liegen?

- [ ] A Durch den Sog, der bei Fahrt durchs Wasser entsteht.
- [ ] B Durch die Schwerkraft fließt das Wasser außenbords.
- [ ] C Durch die Massenträgheit, die das Boot besitzt.
- [ ] D Durch das Druckgefälle zwischen Luft- und Wasserdruck.

32. Was wird unter „Gewichtsstabilität" verstanden?

- [ ] A Die Möglichkeit durch ein hohes Crewgewicht der Krängung entgegenzuwirken.
- [ ] B Die Fähigkeit eines Schiffes, durch seine Rumpfform der Krängung entgegenzuwirken.
- [ ] C Die Fähigkeit eines Schiffes, durch seinen tief liegenden Ballast der Krängung entgegenzuwirken.
- [ ] D Die Möglichkeit durch zusätzlichen Innenballast die Krängung zu verringern.

33. Wodurch kann eine Pinnensteuerung auch bei Krängung des Bootes sicher erreicht und bedient werden?

- [ ] A Durch einen Pinnenausleger.
- [ ] B Durch Verstellen des Travellers.
- [ ] C Durch das Ausreiten mit Hilfe des Trapezes.
- [ ] D Durch Ersetzen der Pinne durch ein Rad.

34. Weshalb dürfen Segel nicht über einen längeren Zeitraum killen?

- [ ] A Killen lässt das Boot bei stärkerem Wind kentern.
- [ ] B Killen führt zu Verletzungen der Besatzung.
- [ ] C Killen führt zu Beschädigungen an nebeneinander liegenden Schiffen.
- [ ] D Killen schädigt das Tuch und lässt Nähte aufgehen.

35. Beim Einfallen einer Bö auf Amwindkurs raumt der scheinbare Wind. Welchen Nutzen kann auf der Kreuz daraus gezogen werden?

- [ ] A Segel etwas fieren, um die Bö in Krängung umzusetzen.
- [ ] B Ein Spinnacker kann gesetzt werden.
- [ ] C Mitluven, um weitere Höhe zu gewinnen.
- [ ] D Abfallen, um maximale Höhe zu segeln.

36. Wie wirkt sich ein Holepunkt, der zu weit achtern liegt, auf Stand und Beanspruchung des Vorsegels aus?

- [ ] A Das Vorliek killt, das Unterliek wird übermäßig gereckt.
- [ ] B Das Unterliek killt, das Achterliek wird übermäßig gereckt.
- [ ] C Das Achterliek killt, das Vorliek wird übermäßig gereckt.
- [ ] D Das Achterliek killt, das Unterliek wird übermäßig gereckt.

37. Was ist mit Schwert und Ruder einer Jolle zu tun, wenn das Boot an einer Boje liegen gelassen wird?

- [ ] A Schwert und Ruderblatt aufholen, damit das Boot frei schwojen kann.
- [ ] B Schwert absenken, Ruder aufholen, damit das Boot frei schwojen kann.
- [ ] C Schwert aufholen, Ruder absenken, damit das Boot frei schwojen kann.
- [ ] D Schwert und Ruder absenken, damit das Boot frei schwojen kann.

Sportbootführerschein
Binnen – Segel + Motor
Übungsbogen 5

Pro Frage ist nur eine Antwort richtig. Für jede richtige Antwort gibt es einen Punkt.
Um die theoretische Prüfung zu bestehen, benötigen Sie mindestens
5 Punkte in den Basisfragen (wenn Sie nicht befreit sind),
18 Punkte in den spezifischen Fragen Binnen und
5 Punkte in den spezifischen Fragen Segeln.
Bearbeitungszeit: 60 Minuten (45 Minuten ohne Basisfragen)

Datum

Vor- / Nachname

Basisfragen

1. Wie lang ist die Dauer eines kurzen Tons (•)?

- ☐ A Etwa 1 Sekunde.
- ☐ B Etwa 2 Sekunden.
- ☐ C Weniger als 1 Sekunde.
- ☐ D Weniger als 4 Sekunden.

2. Welche Bedeutung haben folgende Tafelzeichen?

- ☐ A Festmache- und Liegeverbot für Sportboote über 12 m Länge.
- ☐ B Festmache- und Liegeverbot für gewerbliche Schiffe.
- ☐ C Festmache- und Liegeverbot.
- ☐ D Festmache- und Liegeverbot für Sportboote.

3. Welches Merkblatt enthält Hinweise für das Verhalten zum Schutz seltener Tiere und Pflanzen sowie zur Reinhaltung der Gewässer?

- ☐ A Die 10 goldenen Regeln für Wassersportler.
- ☐ B Die 15 goldenen Regeln für Wassersportler.
- ☐ C Die 10 Grundregeln für Wassersportler.
- ☐ D Die 15 Verhaltensregeln für Wassersportler.

4. Was ist unter einem rechtsdrehenden Propeller zu verstehen?

- ☐ A Von achtern gesehen in Vorausfahrt Drehung des Propellers im Uhrzeigersinn.
- ☐ B Von vorne gesehen in Vorausfahrt Drehung des Propellers im Uhrzeigersinn.
- ☐ C Von achtern gesehen in Vorausfahrt Drehung des Propellers gegen den Uhrzeigersinn.
- ☐ D Von vorne gesehen in Rückwärtsfahrt Drehung des Propellers gegen den Uhrzeigersinn.

5. Welche Veröffentlichungen enthalten wichtige Regeln und Tipps für Wassersportler, Empfehlungen zur Ausrüstung von Sportbooten sowie Hinweise zu umweltgerechtem Verhalten auf dem Wasser?

- ☐ A Nautische Publikationen wie „Sicherheit auf dem Wasser“ und „Sicher auf See“.
- ☐ B Verordnung über die Sicherung der Seefahrt und nautische Publikationen wie „Sicher auf See“.
- ☐ C Nautische Publikation wie „Sicherheit auf dem Wasser“ und Internationales Signalbuch.
- ☐ D Internationales Signalbuch und Verordnung über die Sicherung der Seefahrt.

6. Was ist vor Inbetriebnahme einer Flüssiggasanlage zu prüfen?

- ☐ A Die Anlage muss abgenommen sein und jährlich überprüft werden. Die Inbetriebnahme darf nur durch eine besonders geprüfte Person erfolgen.
- ☐ B Die Abnahme der Anlage darf nicht länger als drei Jahre zurückliegen. Haupthahn und andere Absperrventile sind zu öffnen.
- ☐ C Die Anlage muss abgenommen sein, Leitungen und Anschlüsse müssen dicht sein. Haupthahn und andere Absperrventile sind zu öffnen.
- ☐ D Die Anlage muss abgenommen sein, die Inbetriebnahme darf nur durch eine besonders geprüfte Person erfolgen.

7. In welcher Situation dürfen Notsignale gegeben werden?

- ☐ A Wenn Gefahr für Leib oder Leben von Personen, erhebliche Sachwerte oder die maritime Umwelt besteht.
- ☐ B Wenn Gefahr für Leib oder Leben von Personen besteht und daher Hilfe benötigt wird.
- ☐ C Wenn Gefahr für Leib oder Leben von Personen besteht oder das Schiff nicht mehr sicher manövriert werden kann.
- ☐ D Wenn Gefahr für Leib oder Leben von Personen oder erhebliche Sachwerte besteht und daher Hilfe benötigt wird.

Spezifische Fragen Binnen

8. Welche Anforderungen neben der körperlichen und geistigen Tauglichkeit und fachlichen Eignung muss der Führer eines Sportbootes auf dem Rhein erfüllen, wenn die Nutzleistung der Antriebsmaschine mehr als 11,03 kW bei Verbrennungsmotoren bzw. 7,5 kW bei Elektromotoren Betriebsart S 1 (Dauerbetrieb) beträgt?

- ☐ A Nachweis der Zuverlässigkeit.
- ☐ B Mindestens 14 Jahre.
- ☐ C Mindestalter 16 Jahre.
- ☐ D Besitz eines Sportbootführerscheins mit dem Geltungsbereich Binnenschifffahrtsstraßen für Sportboote mit Antriebsmaschine oder eines gleichgestellten Befähigungszeugnisses.

9. Wo findet man die allgemeinen Verkehrsregeln für die Binnenschifffahrtsstraßen und den Rhein?

- [ ] A Moselschifffahrtspolizeiverordnung, Donauschifffahrtspolizeiverordnung.
- [ ] B Wassermotorräderverordnung, Wasserskiverordnung.
- [ ] C Binnenschifffahrtsstraßen-Ordnung, Rheinschifffahrtspolizeiverordnung.
- [ ] D Binnenschiffsuntersuchungs-Ordnung, Rheinschifffahrtspolizeiverordnung.

10. Wo kann der Sportbootfahrer vor Ort das Erreichen bestimmter Wasserstände und Hochwassermarken feststellen?

- [ ] A An den Aushängen bei Hafenämtern und Schleusen.
- [ ] B An den Aushängen bei Wasserschutzpolizei-Stationen.
- [ ] C An den Pegeln und den Einsenkungsmarken der Fahrzeuge.
- [ ] D An den Pegeln und ausgewiesenen Hochwassermarken.

11. Welche Fahrrinnenseite hat ein Bergfahrer an seiner Steuerbordseite und wie ist diese gekennzeichnet?

- [ ] A Die rechte Fahrrinnenseite, gekennzeichnet durch rote Stumpftonnen oder Schwimmstangen.
- [ ] B Die linke Fahrrinnenseite, gekennzeichnet durch rote Stumpftonnen oder Schwimmstangen.
- [ ] C Die rechte Fahrrinnenseite, gekennzeichnet durch grüne Spitztonnen oder Schwimmstangen.
- [ ] D Die linke Fahrrinnenseite, gekennzeichnet durch grüne Spitztonnen oder Schwimmstangen.

12. Was bedeuten diese Tafelzeichen an Brücken?

- [ ] A Empfohlene Durchfahrt mit Gegenverkehr.
- [ ] B Empfohlene Durchfahrt nur zwischen den beiden Tafeln.
- [ ] C Durchfahrt nur zwischen den beiden Tafeln erlaubt.
- [ ] D Durchfahrt nur außerhalb der beiden Tafeln erlaubt.

13. Mehrere Kleinfahrzeuge sollen gemeinsam vom Oberwasser in das Unterwasser geschleust werden. Worauf ist bei deren Einfahrt in die Schleuse und während des Schleusens besonders zu achten?

- [ ] A Das letzte Kleinfahrzeug muss so weit einfahren, dass es beim Leeren der Schleuse nicht auf den Drempel aufsetzen kann. Die Festmacherleinen sind so zu bedienen, dass Stöße gegen Schleusenwände, Schleusentore, andere Fahrzeuge vermieden werden und ein sicheres Fieren der Leinen möglich ist.
- [ ] B Das erste Kleinfahrzeug muss so weit einfahren, dass es beim Leeren der Schleuse nicht auf den Drempel aufsetzen kann. Die Festmacherleinen sind so zu bedienen, dass Stöße gegen Schleusenwände, Schleusentore, andere Fahrzeuge vermieden werden und ein sicheres Fieren der Leinen möglich ist.
- [ ] C Das erste Kleinfahrzeug muss so weit einfahren, dass es beim Füllen der Schleuse nicht auf den Drempel aufsetzen kann. Die Festmacherleinen sind so zu bedienen, dass Stöße gegen Schleusenwände, Schleusentore, andere Fahrzeuge vermieden werden und ein sicheres Fieren der Leinen möglich ist.
- [ ] D Das letzte Kleinfahrzeug muss so weit einfahren, dass es beim Füllen der Schleuse nicht auf den Drempel aufsetzen kann. Die Festmacherleinen sind so zu bedienen, dass Stöße gegen Schleusenwände, Schleusentore, andere Fahrzeuge vermieden werden und ein sicheres Fieren der Leinen möglich ist.

14. Was bedeuten auf einem Fahrzeug zwei blaue Lichter übereinander?

- ☐ A Fahrzeug hat explosive Stoffe geladen, Abstand beim Stillliegen 100 m.
- ☐ B Fahrzeug hat brennbare Stoffe geladen, Abstand beim Stillliegen 10 m.
- ☐ C Fahrzeug der Überwachungsbehörden im Einsatz.
- ☐ D Fahrzeug hat gesundheitsschädliche Stoffe geladen, Abstand beim Stillliegen 50 m.

15. Welches Fahrzeug führt die nachstehende Tagbezeichnung?

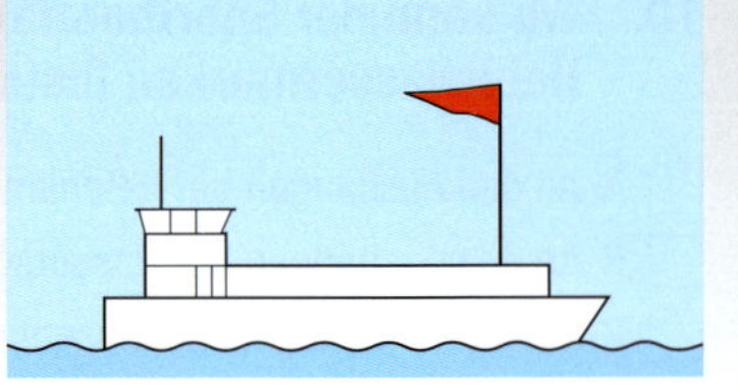

- ☐ A Geschlepptes Fahrzeug eines Schleppverbandes.
- ☐ B Festgefahrenes Fahrzeug, das einseitig nicht passierbar ist.
- ☐ C Ein Fahrzeug, dem die zuständige Behörde einen Vorrang zur Durchfahrt durch Stellen an denen eine bestimmte Reihenfolge gilt eingeräumt hat.
- ☐ D Fahrzeug unter 20 m Länge, für mehr als 12 Fahrgäste zugelassen.

16. Wie muss sich ein Kleinfahrzeug mit Maschinenantrieb gegenüber einem Segelsurfer, der auf Kollisionskurs liegt, verhalten?

- ☐ A Es muss ausweichen.
- ☐ B Es hält Kurs und Geschwindigkeit bei.
- ☐ C Es hält Kurs und reduziert die Geschwindigkeit.
- ☐ D Es muss nicht ausweichen.

17. Was bedeutet diese Tag- und Nachtbezeichnung?

- ☐ A Schutzbedürftiges Fahrzeug, Vorbeifahrt in möglichst weitem Abstand, Geschwindigkeit vermindern, Sog und Wellenschlag vermeiden.
- ☐ B Ein festgefahrenes oder gesunkenes Fahrzeug. Vorbeifahrt nicht gestattet.
- ☐ C Ein festgefahrenes oder gesunkenes Fahrzeug. Vorbeifahrt an jeder Seite mit unverminderter Geschwindigkeit gestattet.
- ☐ D Schwimmende Anlage / Schwimmkörper. Vorbeifahrt in möglichst weitem Abstand, Geschwindigkeit vermindern, Sog und Wellenschlag vermeiden.

18. Wie ist eine geschützte Badezone gekennzeichnet?

- ☐ A Durch rote Tonnen.
- ☐ B Durch rot-grün gestreifte Tonnen.
- ☐ C Durch gelbe Tonnen.
- ☐ D Durch grüne Tonnen.

19. Was bedeutet eine Folge sehr kurzer Töne?

- ☐ A Überholen nicht möglich.
- ☐ B Gefahr eines Zusammenstoßes.
- ☐ C Achtung!
- ☐ D Fahrzeug ist manövrierunfähig.

20. Wo kann man von bestehenden Höchstgeschwindigkeiten auf den Binnenschifffahrtsstraßen Kenntnis erhalten?

- ☐ A In der Binnenschiffsuntersuchungs-Ordnung, bei der Wasserstraßen-und Schifffahrtsverwaltung und der Wasserschutzpolizei.
- ☐ B In der Sportbootführerscheinverordnung, bei der Wasserstraßen- und Schifffahrtsverwaltung und der Wasserschutzpolizei.
- ☐ C In der Binnenschifferpatentverordnung, bei der Wasserstraßen- und Schifffahrtsverwaltung und der Wasserschutzpolizei.
- ☐ D In der Binnenschifffahrtsstraßen-Ordnung, bei der Wasserstraßen- und Schifffahrtsverwaltung und der Wasserschutzpolizei.

21. Der seitliche Abstand zwischen den Booten A, B und C verringert sich ständig. Welches Boot kann seinen Kurs beibehalten?

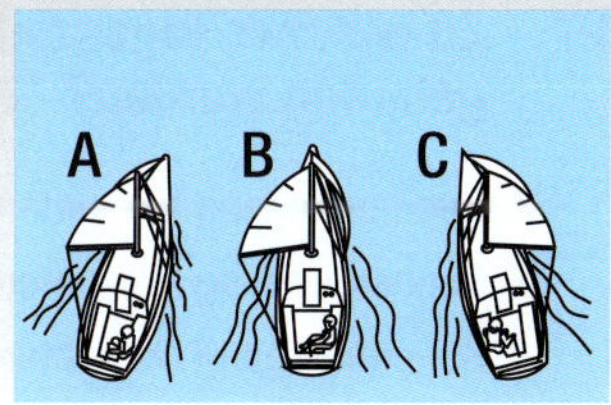

- ☐ A Boot A, weil leeseitig.
- ☐ B Boot A, weil luvseitig.
- ☐ C Boot B, weil leeseitig.
- ☐ D Boot C, weil leeseitig.

22. Was bedeuten nachts auf einer Binnenschifffahrtsstraße die nachstehenden Lichter?

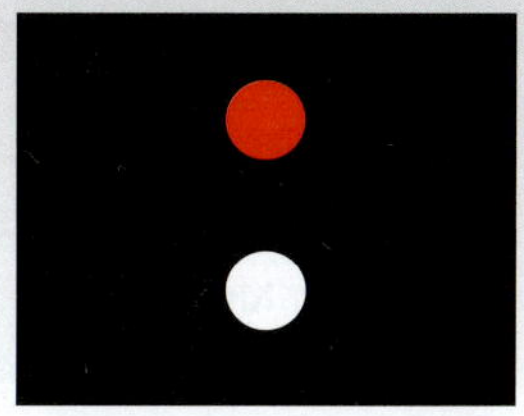

- ☐ A Durchfahrt für Kleinfahrzeuge.
- ☐ B Sog und Wellenschlag vermeiden.
- ☐ C Keine Durchfahrt für Kleinfahrzeuge.
- ☐ D Sperrung der Schifffahrt.

23. Was bedeutet dieses Tafelzeichen?

- ☐ A Empfohlener Wendeplatz. Stillliegen von Kleinfahrzeugen erlaubt.
- ☐ B Vorgeschriebener Wendeplatz. Stillliegen für alle Fahrzeuge verboten.
- ☐ C Vorgeschriebener Wendeplatz. Stillliegen von Kleinfahrzeugen erlaubt.
- ☐ D Empfohlener Wendeplatz. Stillliegen für alle Fahrzeuge verboten.

24. Welche technische Einrichtung gegen einen Stromschlag muss in der Landstromversorgung unbedingt installiert sein?

- ☐ A Ein Fehlerstromschutzschalter.
- ☐ B Ein geringer Ladungsstrom ist ungefährlich.
- ☐ C Ein Überspannungsschutz.
- ☐ D Ein Schutzkleinspannungsschalter.

25. Welche Notsignale kann ein Segelsurfer auf Binnenschifffahrtsstraßen geben?

- ☐ A Kreisförmiges Schwenken der Arme ist zu vermeiden, das Surfsegel ist möglichst senkrecht zu stellen.
- ☐ B Kreisförmiges Schwenken der Arme oder eines Gegenstandes.
- ☐ C Kreisförmiges Schwenken einer grünen Flagge, die mit anderen Zeichen nicht verwechselt werden kann.
- ☐ D Wiederholt lange Gruppen von Glockenschlägen.

26. Was ist mit Abfällen jeglicher Art zu tun, die an Bord anfallen?

- ☐ A An Bord sammeln und nur in geschlossenen Behältern über Bord werfen.
- ☐ B An Bord sammeln. Die Abgabe ist an jeder Schleuse möglich.
- ☐ C An Bord sammeln und an Land in den entsprechenden Abfallsammelbehältern umweltgerecht entsorgen.
- ☐ D An Bord sammeln und bei einer Liegestelle an Land stellen.

27. Zu welcher Tageszeit und bei welchen Sichtweiten darf auf den erlaubten Gewässerabschnitten Wasserski gelaufen werden?

- ☐ A Sonnenaufgang bis -untergang, Sicht 1000 m und mehr.
- ☐ B Sonnenaufgang bis -untergang, Sicht 1500 m und mehr.
- ☐ C Sonnenaufgang bis -untergang, Sicht 500 m und mehr.
- ☐ D Sonnenaufgang bis -untergang, Sicht 300 m und mehr.

28. Wo sind umfangreiche Hinweise auf die Binnenschifffahrtsstraßen und deren Grenzen zu finden?

- ☐ A Im Teil I der Binnenschifffahrtsstraßen-Ordnung.
- ☐ B In der Binnenschiffsuntersuchungsordnung.
- ☐ C In der Kleinfahrzeugkennzeichenverordnung.
- ☐ D Im Teil II der Binnenschifffahrtsstraßen-Ordnung.

29. Welche Stelle ist für die Zuteilung eines amtlichen Kennzeichens für Sportboote zuständig?

- ☐ A Der Deutsche Motoryachtverband.
- ☐ B Der Deutsche Segler-Verband.
- ☐ C Der Allgemeine Deutsche Automobilclub.
- ☐ D Jedes Wasserstraßen- und Schifffahrtsamt.

30. Wann gilt ein Sportboot auf den Binnenschifffahrtsstraßen als Kleinfahrzeug?

- ☐ A Wenn das Fahrzeug eine Länge von mehr als 20 m hat.
- ☐ B Wenn das Fahrzeug eine Länge von weniger als 20 m hat.
- ☐ C Wenn das Fahrzeug eine Länge von 20 m hat.
- ☐ D Wenn das Fahrzeug eine Länge von 25 m hat.

31. Was wird unter „Formstabilität“ verstanden?

- ☐ A Die Fähigkeit eines Schiffes über Jahre die Rumpfform auch bei starker Beanspruchung beizubehalten.
- ☐ B Die Fähigkeit eines Schiffes, durch seine Rumpfform der Krängung entgegenzuwirken.
- ☐ C Die Fähigkeit eines Schiffes, sich nach einer Kenterung wieder von selbst aufzurichten.
- ☐ D Die Fähigkeit eines Schiffes beim Loslassen der Pinne den Kurs beizubehalten.

32. Wie verändert sich das aufrichtende Kraftmoment einer Jolle bei Krängung?

- ☐ A Es nimmt anfangs zu bis zu einem Maximum, von da wieder ab, bis Auftriebs- und Gewichtsschwerpunkt übereinander liegen, anschließend kentert die Jolle.
- ☐ B Es nimmt anfangs ab bis zu einem Minimum, von da wieder zu, bis Auftriebs- und Gewichtsschwerpunkt übereinander liegen, anschließend kentert die Jolle.
- ☐ C Es nimmt anfangs ab und erreicht ein Maximum, wenn Auftriebs- und Gewichtsschwerpunkt übereinander liegen, anschließend kentert die Jolle.
- ☐ D Es nimmt anfangs ab und erreicht sein Minimum, bis Auftriebs- und Gewichtsschwerpunkt übereinander liegen, anschließend kentert die Jolle.

33. Warum müssen auch kleine Schäden an den Segeln sofort repariert werden?

- ☐ A Weil Feuchtigkeit in das Segel eindringen kann.
- ☐ B Weil unter Winddruck daraus schnell große Schäden werden.
- ☐ C Weil dadurch der Vortrieb des Segels leidet.
- ☐ D Weil es nur noch bei Flaute eingesetzt werden kann.

34. Warum ist der scheinbare Wind auf einem Kurs hoch am Wind stärker als der wahre Wind?

- ☐ A Da sich auf diesem Kurs der wahre Wind und der Fahrtwind in Richtung und Stärke addieren.
- ☐ B Da sich auf diesem Kurs eine Düse zwischen Fock- und Großsegel bildet, die den Wind verstärkt.
- ☐ C Da der wahre Wind beim Amwindkurs stärker ist als bei raumen Kursen.
- ☐ D Da der scheinbare Wind unabhängig von der Windrichtung immer stärker als der wahre Wind ist.

35. Wie muss ein Segel bei leichtem Wind getrimmt werden?

- ☐ A Das Segel soll flach getrimmt werden.
- ☐ B Die Schoten müssen gefiert werden.
- ☐ C Die Schoten müssen dicht geholt werden.
- ☐ D Das Segel soll bauchig stehen.

36. Warum soll ein gut getrimmtes Segelboot leicht luvgierig sein?

- ☐ A Weil es sich so anspruchsvoller steuern lässt.
- ☐ B Weil es so weniger Höhe läuft.
- ☐ C Weil es auf Raumschotkurs mehr Geschwindigkeit läuft.
- ☐ D Weil es im Notfall von selbst in den Wind schießt.

37. Ein Segelboot segelt am Wind, plötzlich bricht das Luvwant. Welches Manöver ist sinnvoll?

- ☐ A Aufschießer.
- ☐ B Wende.
- ☐ C Halse.
- ☐ D Q-Wende.

Sportbootführerschein

Binnen – Segel + Motor

Übungsbogen 6

Pro Frage ist nur eine Antwort richtig. Für jede richtige Antwort gibt es einen Punkt.
Um die theoretische Prüfung zu bestehen, benötigen Sie mindestens
5 Punkte in den Basisfragen (wenn Sie nicht befreit sind),
18 Punkte in den spezifischen Fragen Binnen und
5 Punkte in den spezifischen Fragen Segeln.
Bearbeitungszeit: 60 Minuten (45 Minuten ohne Basisfragen)

Datum

Vor- / Nachname

Basisfragen

1. Wann ist ein Fahrzeug in Fahrt?

- ☐ A Wenn es weder an Land festgemacht ist noch vor Anker liegt noch Fahrt durchs Wasser macht.
- ☐ B Wenn es weder vor Anker liegt noch an Land festgemacht ist noch auf Grund sitzt.
- ☐ C Wenn es weder vor Anker liegt noch an Land festgemacht ist noch Fahrt über Grund macht.
- ☐ D Wenn es weder auf Grund sitzt noch vor Anker liegt noch manövrierbehindert oder manövrierunfähig ist.

2. Welche Seite wird als Luvseite bezeichnet?

- ☐ A Die dem Wind zugekehrte Seite.
- ☐ B Die dem Wind abgewandte Seite.
- ☐ C Die Seite in Fahrtrichtung rechts.
- ☐ D Die Seite in Fahrtrichtung links.

3. Welche Bedeutung hat folgendes Tafelzeichen?

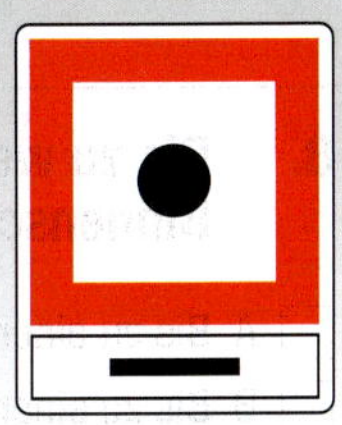

- ☐ A Abgabe eines langen Tons.
- ☐ B Abgabe eines kurzen Tons.
- ☐ C Abgabe von zwei langen Tönen.
- ☐ D Abgabe eines kurzen und eines langen Tons.

4. Wie verhält sich im Allgemeinen das Schiff im Rückwärtsgang bei einem rechtsdrehenden Propeller?

- [ ] A Das Heck dreht nach Steuerbord.
- [ ] B Der Kurs des Schiffes ändert sich nicht.
- [ ] C Der Bug dreht nach Backbord.
- [ ] D Das Heck dreht nach Backbord.

5. Was muss beim Tanken beachtet werden?

- [ ] A Fenster schließen, keine elektrischen Schalter betätigen, Vorbereitung gegen das Überlaufen von Kraftstoff treffen, kein offenes Feuer.
- [ ] B Motor abstellen, Feuerlöscher bereithalten, Vorbereitung gegen das Überlaufen von Kraftstoff treffen, kein offenes Feuer.
- [ ] C Motor abstellen, keine elektrischen Schalter betätigen, Vorbereitung gegen das Überlaufen von Kraftstoff treffen, kein offenes Feuer.
- [ ] D Motor in Leerlaufstellung, keine elektrischen Schalter betätigen, Vorbereitung gegen das Überlaufen von Kraftstoff treffen, kein offenes Feuer.

6. Wo sollen die Gasbehälter einer Flüssiggasanlage gelagert werden?

- [ ] A Möglichst unten im Schiff, geschützt vor Sonneneinstrahlung, sonst in einem besonders abgeschlossenen Raum für Gasbehälter, der in Bodenhöhe eine Öffnung nach außenbords hat.
- [ ] B Möglichst auf dem Vorschiff, geschützt vor Sonneneinstrahlung, sonst in einem besonders abgeschlossenen Raum für Gasbehälter, der in Bodenhöhe eine Öffnung nach außenbords hat.
- [ ] C Möglichst an Deck, geschützt vor Sonneneinstrahlung, sonst in einem besonders abgeschlossenen Raum für Gasbehälter, der oben belüftet ist.
- [ ] D Möglichst an Deck, geschützt vor Sonneneinstrahlung, sonst in einem besonders abgeschlossenen Raum für Gasbehälter, der in Bodenhöhe eine Öffnung nach außenbords hat.

7. Wie hat man sich nach einem Zusammenstoß zu verhalten?

- [ ] A Hilfe leisten und so lange am Unfallort bleiben, bis ein weiterer Beistand nicht mehr erforderlich ist; alle erforderlichen Daten austauschen.
- [ ] B Hilfe leisten und so lange am Unfallort bleiben, bis ein weiterer Beistand nicht mehr erforderlich ist; die Wasserschutzpolizei benachrichtigen.
- [ ] C Hilfe leisten und so lange am Unfallort bleiben, bis ein weiterer Beistand nicht mehr erforderlich ist; Notsignal geben.
- [ ] D Hilfe leisten und so lange am Unfallort bleiben, bis ein weiterer Beistand nicht mehr erforderlich ist; Verschlusszustand herstellen.

Spezifische Fragen Binnen

8. Bis zu welcher Schiffslänge berechtigt der Sportbootführerschein mit dem Geltungsbereich Binnenschifffahrtsstraße zum Führen eines Sportbootes auf Binnenschifffahrtsstraßen?

- [ ] A Bis zu einer Länge von weniger als 25 m (mit Ruder und Bugspriet).
- [ ] B Bis zu einer Länge von weniger als 20 m (ohne Ruder und Bugspriet).
- [ ] C Bis zu einer Länge von weniger als 25 m (ohne Ruder und Bugspriet).
- [ ] D Bis zu einer Länge von weniger als 15 m (mit Ruder und Bugspriet).

9. Welche Zeichen begrenzen die Fahrrinne zum linken Ufer?

- [ ] A Rote Spierentonnen oder Schwimmstangen.
- [ ] B Grüne Spierentonnen oder Schwimmstangen.
- [ ] C Grüne Spitztonnen oder Schwimmstangen.
- [ ] D Rote Stumpftonnen oder Schwimmstangen.

10. Was bedeuten diese Tafelzeichen an Brücken?

- [ ] A Empfohlene Durchfahrt mit Gegenverkehr.
- [ ] B Empfohlene Durchfahrt nur zwischen den beiden Tafeln.
- [ ] C Durchfahrt nur zwischen den beiden Tafeln erlaubt.
- [ ] D Durchfahrt nur außerhalb der beiden Tafeln erlaubt.

11. Was bedeutet dieses Sichtzeichen?

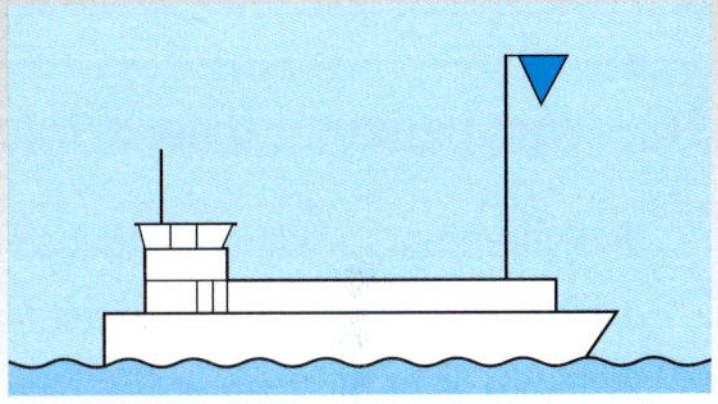

- [ ] A Fahrzeug hat gesundheitsschädliche Stoffe geladen, Abstand beim Stillliegen 50 m.
- [ ] B Fahrzeug hat explosive Stoffe geladen, Abstand beim Stillliegen 100 m.
- [ ] C Fahrzeug der Überwachungsbehörden im Einsatz.
- [ ] D Fahrzeug hat brennbare Stoffe geladen, Abstand beim Stillliegen 10 m.

12. Welchen Sichtwinkel und welche Farben haben die vorgeschriebenen Lichter an Bord?

- [ ] A Topplicht: weiß 225°, Hecklicht 135° weiß, Seitenlichter: Backbord rot und Steuerbord grün, jeweils 112,5°.
- [ ] B Topplicht: weiß 135°, Hecklicht 225° weiß, Seitenlichter: Backbord rot und Steuerbord grün, jeweils 112,5°.
- [ ] C Topplicht: weiß 225°, Hecklicht 112,5° weiß, Seitenlichter: Backbord rot und Steuerbord grün, jeweils 135°.
- [ ] D Topplicht: weiß 112,5°, Hecklicht 225° weiß, Seitenlichter: Backbord rot und Steuerbord grün, jeweils 112,5°.

13. Wer ist ausweichpflichtig, wenn ein Segler mit Wind von Backbord einer Segelyacht, mit Wind von Steuerbord und einem schwarzen Kegel, auf Kollisionskurs begegnet?

- [ ] A Beide Segelyachten, weil eines als Kleinfahrzeug mit Maschinenantrieb gilt und das andere den Wind von Backbord hat.
- [ ] B Die Segelyacht mit Wind von Steuerbord, weil sie als Kleinfahrzeug mit Maschinenantrieb gilt.
- [ ] C Die Segelyacht mit Wind von Backbord, weil sie als Kleinfahrzeug unter Segel gilt.
- [ ] D Die Segelyacht mit Wind von Steuerbord, weil sie als Kleinfahrzeug unter Segel gilt.

14. Was bedeuten diese Lichter?

- [ ] A Festgefahrenes oder gesunkenes Fahrzeug. Vorbeifahrt an der rot-weißen Seite gestattet; rote Seite gesperrt. Vorbeifahrt mit unverminderter Geschwindigkeit möglich.
- [ ] B Festgefahrenes oder gesunkenes Fahrzeug. Vorbeifahrt an der roten Seite gestattet; rot-weiße Seite gesperrt. Vorbeifahrt mit unverminderter Geschwindigkeit möglich.
- [ ] C Festgefahrenes oder gesunkenes Fahrzeug. Vorbeifahrt an der roten Seite gestattet; rot-weiße Seite gesperrt. Sog und Wellenschlag vermeiden.
- [ ] D Festgefahrenes oder gesunkenes Fahrzeug. Vorbeifahrt an der rot-weißen Seite gestattet; rote Seite gesperrt. Sog und Wellenschlag vermeiden.

15. Was bedeuten im Fahrwasser nachstehende Zeichen?

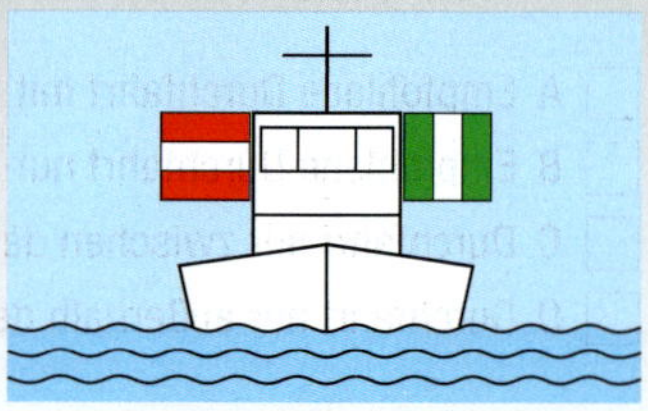

- [ ] A Festgefahrenes oder gesunkenes Fahrzeug. Vorbeifahrt an der Seite mit dem rot-weiß-roten Tafelzeichen gestattet; grün-weiß-grüne Seite gesperrt.
- [ ] B Schwimmendes Gerät bei der Arbeit. Vorbeifahrt an der Seite mit dem grün-weiß-grünen Tafelzeichen gestattet; rot-weiß-rote Seite gesperrt.
- [ ] C Festgefahrenes oder gesunkenes Fahrzeug. Vorbeifahrt an der Seite mit dem grün-weiß-grünen Tafelzeichen gestattet; rot-weiß-rote Seite gesperrt. Sog und Wellenschlag vermeiden.
- [ ] D Schwimmendes Gerät bei der Arbeit. Vorbeifahrt an der Seite mit dem grün-weiß-grünen Tafelzeichen gestattet; rot-weiß-rote Seite gesperrt. Sog und Wellenschlag vermeiden.

16. Was bedeutet dieses Tafelzeichen?

- [ ] A Fahrverbot für Kleinfahrzeuge ohne laufende Antriebsmaschine.
- [ ] B Fahrverbot für Fahrzeuge mit Maschinenantrieb.
- [ ] C Fahrverbot für Kleinfahrzeuge mit Maschinenantrieb.
- [ ] D Fahrverbot für Fahrzeuge ohne Antriebsmaschine.

17. Was bedeutet dieses Schallsignal (— • •)?

- [ ] A Kursänderung nach Backbord.
- [ ] B Kursänderung nach Steuerbord.
- [ ] C Wenden über Backbord.
- [ ] D Wenden über Steuerbord.

18. Ein Sportfahrzeug fährt hinter einem Fahrzeug, das nicht Kleinfahrzeug ist, in den Schleusenvorhafen ein. Aus der Schleusenkammer kommt ein Fahrzeug, das an Steuerbord eine blaue Tafel mit einem weißen Funkellicht zeigt. Was bedeutet dieses Zeichen?

- [ ] A Das aus- und die einfahrenden Fahrzeuge passieren sich an der Steuerbordseite, das Kleinfahrzeug ist nur zu erhöhter Aufmerksamkeit verpflichtet.
- [ ] B Das aus- und die einfahrenden Fahrzeuge passieren sich an der Backbordseite, das Kleinfahrzeug ist nur zu erhöhter Aufmerksamkeit verpflichtet.
- [ ] C Das aus- und die einfahrenden Fahrzeuge passieren sich an der Steuerbordseite, das Kleinfahrzeug ist wartepflichtig.
- [ ] D Das aus- und die einfahrenden Fahrzeuge passieren sich an der Backbordseite, das Kleinfahrzeug hat Vorrang.

19. Ein Kleinfahrzeug und ein Fahrzeug über 20 m Länge nähern sich auf kreuzenden Kursen. Es besteht die Gefahr eines Zusammenstoßes. Wer ist ausweichpflichtig?

- ☐ A Ausweichpflichtig ist das Fahrzeug, welches das andere an seiner Backbordseite sieht.
- ☐ B Ausweichpflichtig ist das Kleinfahrzeug.
- ☐ C Ausweichpflichtig ist das Fahrzeug über 20 m Länge.
- ☐ D Ausweichpflichtig ist das Fahrzeug, welches das andere an seiner Steuerbordseite sieht.

20. Wer ist ausweichpflichtig bzw. wer ist nicht ausweichpflichtig?

- ☐ A Das Fahrzeug unter Segel ist ausweichpflichtig.
- ☐ B Das Fahrzeug unter Segel ist nicht ausweichpflichtig.
- ☐ C Das Fahrzeug unter Maschinenantrieb ist ausweichpflichtig.
- ☐ D Beide Fahrzeuge sind ausweichpflichtig.

21. Ein Kleinfahrzeug A segelt nachts auf Vorwindkurs stromab, Großsegel an Steuerbord. Backbord querab kommt ein grünes Seitenlicht eines Bootes B immer näher, das kein Topplicht führt. Wer ist ausweichpflichtig?

- ☐ A Das Kleinfahrzeug A ist ausweichpflichtig. Ein Boot mit Wind von Steuerbord muss ausweichen, wenn es nicht klar ausmachen kann, ob das luvseitige Boot den Wind von Backbord hat.
- ☐ B Boot B ist ausweichpflichtig, weil es sich bei Fahrzeug A um ein Kleinfahrzeug unter Segel handelt, das den Wind von Backbord hat.
- ☐ C Boot B ist ausweichpflichtig, weil es sich um ein Kleinfahrzeug handelt und Kleinfahrzeuge anderen Kleinfahrzeugen unter Segel ausweichen müssen.
- ☐ D Das Kleinfahrzeug A ist ausweichpflichtig. Ein Boot mit Wind von Backbord muss ausweichen, wenn es nicht klar ausmachen kann, ob das luvseitige Boot den Wind von Steuerbord hat.

22. Ein Kleinfahrzeug unter Segel kreuzt nachts im Fahrwasser. Von achtern kommt ein Fahrzeug auf das eine Zweifarbenlaterne und ein Topplicht führt. Was bedeuten diese Lichter?

- ☐ A Kleinfahrzeug unter Segel.
- ☐ B Kleinfahrzeug unter Segel mit Maschinenantrieb.
- ☐ C Kleinfahrzeug mit Maschinenantrieb.
- ☐ D Kleinfahrzeug ohne Maschinenantrieb.

23. Wo ist die Geschwindigkeit zu vermindern, um Sog und Wellenschlag zu vermeiden?

- ☐ A Vor Hafenmündungen, an Lade-, Lösch- und Liegeplätzen, in der Nähe frei fahrender Fähren, auf gekennzeichneten Strecken, in der Nähe schwimmender Geräte bei der Arbeit.
- ☐ B Vor Hafenmündungen, an Lade-, Lösch- und Liegeplätzen, in der Nähe nicht frei fahrender Fähren, auf gekennzeichneten Strecken, in der Nähe schwimmender Schifffahrtszeichen.
- ☐ C Vor Hafenmündungen, an Lade-, Lösch- und Liegeplätzen, in der Nähe nicht frei fahrender Fähren, auf gekennzeichneten Strecken, in der Nähe schwimmender Geräte bei der Arbeit.
- ☐ D Vor Einmündungen, an Lade-, Lösch- und Liegeplätzen, in der Nähe nicht frei fahrender Fähren, auf gekennzeichneten Strecken, in der Nähe schwimmender Geräte bei der Arbeit.

24. Was bedeutet dieses Tafelzeichen?

- ☐ A Vorgeschriebene Fahrtrichtung.
- ☐ B Fahrtrichtung nach links verboten.
- ☐ C Vorgeschriebene Fahrtrichtung nur für Kleinfahrzeuge.
- ☐ D Empfohlene Fahrtrichtung.

25. Was bedeutet dieses Tafelzeichen?

- [ ] A Verbotene Fahrtrichtung rechts oder links.
- [ ] B Verbote in beiden angezeigten Richtungen zu fahren.
- [ ] C Wendeverbot in der Mitte des Fahrwassers.
- [ ] D Wendeverbot.

26. Was ist bei Sturmwarnung vom Schiffsführer eines Sportbootes unter Segel auf einem größeren Gewässer zu veranlassen?

- [ ] A Rettungsweste bereit halten. Segel bergen, versuchen, einen Hafen oder eine geschützte Bucht anzulaufen.
- [ ] B Rettungsweste anlegen. Segel setzen, versuchen die Gewässermitte anzulaufen.
- [ ] C Rettungsweste anlegen. Segel bergen, versuchen einen Hafen oder eine geschützte Bucht anzulaufen.
- [ ] D Rettungsweste anlegen. Alle Segel setzen, versuchen, einen Hafen oder eine geschützte Bucht anzulaufen.

27. Mit welcher Wetterentwicklung ist bei schnellem und stetig fallendem Luftdruck zu rechnen?

- [ ] A Schlechtes Wetter ist nicht zu erwarten.
- [ ] B Besseres Wetter, Sonne.
- [ ] C Schlechtes Wetter, Starkwind oder Sturm.
- [ ] D Besseres Wetter, steigende Temperatur.

28. Wie muss sich der Wasserskiläufer bei der Vorbeifahrt an Fahrzeugen, Schwimmkörpern oder Badenden verhalten?

- [ ] A Er darf bis zu 10 m beiderseits außerhalb des Kielwassers fahren.
- [ ] B Er darf bis zu 5 m beiderseits außerhalb des Kielwassers fahren.
- [ ] C Er muss uferseitig des Kielwassers fahren.
- [ ] D Er muss im Kielwasser des Zugbootes bleiben.

29. Welche Kennzeichnungsarten für Sportboote gibt es?

- [ ] A Amtliche Kennzeichen und amtlich anerkannte Kennzeichen.
- [ ] B Nur amtliche Kennzeichen.
- [ ] C Nur amtlich anerkannte Kennzeichen.
- [ ] D Kennzeichen gemäß Konformitätserklärung (CE-Zeichen).

30. Welches Fahrzeug führt am Bug einen roten Wimpel?

- [ ] A Ein Fahrzeug, das explosive Stoffe geladen hat.
- [ ] B Ein Fahrzeug, das brennbare Stoffe geladen hat.
- [ ] C Ein Fahrzeug mit Vorrang beim Schleusen.
- [ ] D Ein Fahrzeug mit Vorrang beim Be- und Entladen.

Spezifische Fragen Segeln

31. Was wird unter einem „Kimmkieler“ verstanden?

- ☐ A Eine Yacht mit zwei Kielen hintereinander.
- ☐ B Eine Yacht mit zwei Seitenkielen.
- ☐ C Eine Yacht mit zwei Seitenschwertern.
- ☐ D Eine Yacht mit einem Kielschwert.

32. Was wird unter „Gewichtsstabilität“ verstanden?

- ☐ A Die Fähigkeit eines Schiffes, durch seine Rumpfform der Krängung entgegenzuwirken.
- ☐ B Die Fähigkeit eines Schiffes, durch seinen tief liegenden Ballast der Krängung entgegenzuwirken.
- ☐ C Die Möglichkeit durch zusätzlichen Innenballast die Krängung zu verringern.
- ☐ D Die Möglichkeit durch ein hohes Crewgewicht der Krängung entgegenzuwirken.

33. Wie heißen die Ecken eines Segels?

- ☐ A Kopf, Hals, Nock.
- ☐ B Vorliek, Unterliek, Achterliek.
- ☐ C Vorstag, Unterwant, Achterstag.
- ☐ D Kopf, Hals, Schothorn.

34. Woran kann während der Fahrt die Richtung des wahren Windes erkannt werden?

- ☐ A An den Trimmfäden im Großsegel.
- ☐ B An Flaggen oder anderen Anzeichen an Land.
- ☐ C An der Zugrichtung von Wolken.
- ☐ D An der Nationalflagge am Heck.

35. Mit welcher Krängung sollte eine Jolle üblicherweise gesegelt werden und weshalb?

- ☐ A Möglichst aufrecht, weil sonst Abdrift und Leegierigkeit zunehmen.
- ☐ B Leicht nach Lee geneigt, da sonst die Segel leicht nach Luv überkommen können.
- ☐ C Möglichst nach Luv geneigt, weil dadurch die Abdrift und die Luvgierigkeit abnehmen.
- ☐ D Möglichst aufrecht, da sonst Abdrift und Luvgierigkeit zunehmen.

36. Wie muss ein Segel bei starkem Wind getrimmt werden?

- [ ] A Es soll bauchig getrimmt werden.
- [ ] B Die Schoten müssen dicht geholt werden.
- [ ] C Die Schoten müssen gefiert werden.
- [ ] D Das Segel soll flach getrimmt werden.

37. Ein Segelboot segelt bei starkem Wind nur unter Großsegel auf Amwindkurs. Plötzlich bricht das Vorstag. Was ist sofort zu unternehmen?

- [ ] A Abfallen auf Vorwindkurs.
- [ ] B Dichtholen und Anluven.
- [ ] C Einen Aufschießer fahren.
- [ ] D Eine Halse fahren.

Sportbootführerschein
Binnen – Segel + Motor
Übungsbogen 7

Pro Frage ist nur eine Antwort richtig. Für jede richtige Antwort gibt es einen Punkt.
Um die theoretische Prüfung zu bestehen, benötigen Sie mindestens
5 Punkte in den Basisfragen (wenn Sie nicht befreit sind),
18 Punkte in den spezifischen Fragen Binnen und
5 Punkte in den spezifischen Fragen Segeln.
Bearbeitungszeit: 60 Minuten (45 Minuten ohne Basisfragen)

Datum

Vor- / Nachname

Basisfragen

1. In welchen Fällen darf weder ein Sportboot geführt noch dessen Kurs oder Geschwindigkeit selbstständig bestimmt werden?

☐ A Wenn man infolge körperlicher oder geistiger Mängel oder infolge des Genusses alkoholischer Getränke oder anderer berauschender Mittel in der sicheren Führung behindert ist oder wenn eine Blutalkoholkonzentration von 0,8 ‰ oder mehr im Körper vorhanden ist.

☐ B Wenn man infolge körperlicher oder geistiger Mängel oder infolge des Genusses alkoholischer Getränke oder anderer berauschender Mittel in der sicheren Führung behindert ist oder wenn eine Blutalkoholkonzentration von 1,0 ‰ oder mehr im Körper vorhanden ist.

☐ C Wenn man infolge körperlicher oder geistiger Mängel oder infolge des Genusses alkoholischer Getränke oder anderer berauschender Mittel in der sicheren Führung behindert ist oder wenn eine Blutalkoholkonzentration von 0,3 ‰ oder mehr im Körper vorhanden ist.

☐ D Wenn man infolge körperlicher oder geistiger Mängel oder infolge des Genusses alkoholischer Getränke oder anderer berauschender Mittel in der sicheren Führung behindert ist oder wenn eine Blutalkoholkonzentration von 0,5 ‰ oder mehr im Körper vorhanden ist.

2. Welches Signal führt ein Fahrzeug unter Segel, das als Maschinenfahrzeug gilt, zusätzlich am Tage?

☐ A Zwei schwarze Bälle senkrecht übereinander.

☐ B Einen schwarzen Kegel, Spitze unten.

☐ C Einen schwarzen Kegel, Spitze oben.

☐ D Einen schwarzen Rhombus.

3. Welche Bedeutung haben folgende Tafelzeichen?

☐ A Fahren mit Wasserski oder Wassermotorrädern erlaubt. Wasserskiläufer und Wassermotorräder haben Vorfahrt.

☐ B Genehmigungsfreie Übungsstrecke für das Fahren mit Wasserski oder Wassermotorrädern.

☐ C Wasserflächen, auf denen mit Wasserski oder Wassermotorrädern gefahren werden darf.

☐ D Genehmigungspflichtige Übungsstrecke für das Fahren mit Wasserski oder Wassermotorrädern.

4. Was bewirkt der Quickstopp?

- ☐ A Unterbrechung von Zündkontakt bzw. Kraftstoffzufuhr.
- ☐ B Automatisches Anlassen des Motors.
- ☐ C Kurze Unterbrechung des Motorlaufs.
- ☐ D Automatische Schubumkehr.

5. Was ist unter einem linksdrehenden Propeller zu verstehen?

- ☐ A Von vorne gesehen in Rückwärtsfahrt Drehung des Propellers im Uhrzeigersinn.
- ☐ B Von achtern gesehen in Vorausfahrt Drehung des Propellers gegen den Uhrzeigersinn.
- ☐ C Von vorne gesehen in Vorausfahrt Drehung des Propellers gegen den Uhrzeigersinn.
- ☐ D Von achtern gesehen in Vorausfahrt Drehung des Propellers im Uhrzeigersinn.

6. Unter welchen Voraussetzungen darf ein Sportboot mit Elektromotor ohne Fahrerlaubnis geführt werden?

- ☐ A Die Antriebsleistung beträgt höchstens 7,5 Kilowatt Betriebsart S1 (Dauerbetrieb).
- ☐ B Es darf immer ohne Fahrerlaubnis geführt werden, unabhängig von der Antriebsleistung.
- ☐ C Bis zu einer Antriebsleistung von 11,03 Kilowatt Betriebsart S1 (Dauerbetrieb).
- ☐ D Es darf nie ohne Fahrerlaubnis geführt werden, unabhängig von der Antriebsleistung.

7. Welche Maßnahmen muss man ergreifen, um einen Brand mit dem Feuerlöscher wirksam zu bekämpfen?

- ☐ A Luftzufuhr verhindern und den Feuerlöscher mit sparsamen Löschstrahlstößen einsetzen, dabei das Feuer möglichst von oben bekämpfen.
- ☐ B Handhabungshinweise durchlesen und den Feuerlöscher sofort einsetzen, dabei das Feuer möglichst von unten bekämpfen.
- ☐ C Luftzufuhr verhindern, Feuerlöscher erst am Brandherd einsetzen und das Feuer möglichst von unten bekämpfen.
- ☐ D Rauchabzug sicherstellen und Feuerlöscher rechtzeitig einsetzen, dabei den Löschstrahl möglichst in die lodernden Flammen halten.

Spezifische Fragen Binnen

8. Aus welchen Gründen muss der Sportbootführerschein mit dem Geltungsbereich Binnenschifffahrtsstraßen entzogen werden?

- ☐ A Bei fehlender Zuverlässigkeit nach einer begangenen Ordnungswidrigkeit.
- ☐ B Bei fehlender Tauglichkeit oder fehlender Zuverlässigkeit.
- ☐ C Bei zweifelhafter Tauglichkeit wegen Alkoholmissbrauch.
- ☐ D Bei zweifelhafter Zuverlässigkeit aus Altersgründen.

9. Wozu muss der Rudergänger eines Sportbootes zur sicheren Steuerung in der Lage sein?

- [ ] A Alle Schallzeichen wahrnehmen zu können und nach allen Seiten genügend freie Sicht zu haben.
- [ ] B Alle Informationen und Weisungen zu empfangen und zu geben und nach allen Seiten genügend freie Sicht zu haben.
- [ ] C Alle Informationen und Weisungen zu empfangen und zu geben, alle Schallzeichen wahrzunehmen und nach allen Seiten genügend freie Sicht zu haben.
- [ ] D Alle Informationen und Weisungen zu empfangen und zu geben.

10. Welche Zeichen begrenzen die Fahrrinne zum rechten Ufer?

- [ ] A Rote Spierentonnen oder Schwimmstangen.
- [ ] B Grüne Spierentonnen oder Schwimmstangen.
- [ ] C Rote Stumpftonnen oder Schwimmstangen.
- [ ] D Grüne Spitztonnen oder Schwimmstangen.

11. Welche Bedeutung haben die nachstehenden Tafelzeichen?

- [ ] A Empfohlene Durchfahrtsöffnung, Durchfahrt in beide Richtungen erlaubt.
- [ ] B Die Durchfahrt ist nur durch diese Brückenöffnung und in beide Richtungen gestattet.
- [ ] C Die Durchfahrt ist nur durch diese Brückenöffnung und nur in eine Richtung gestattet.
- [ ] D Empfohlene Durchfahrt, Durchfahrt in Gegenrichtung verboten.

12. Was bedeutet auf einem Fahrzeug ein blaues Licht?

- [ ] A Fahrzeug hat explosive Stoffe geladen, Abstand beim Stillliegen 100 m.
- [ ] B Fahrzeug der Überwachungsbehörden im Einsatz.
- [ ] C Fahrzeug hat brennbare Stoffe geladen, Abstand beim Stillliegen 10 m.
- [ ] D Fahrzeug hat gesundheitsschädliche Stoffe geladen, Abstand beim Stillliegen 50 m.

13. Ein Kleinfahrzeug unter Segel fährt nachts auf einer Binnenschifffahrtsstraße und führt ein weißes Rundumlicht im Topp. Welche zusätzlichen Lichter müssen gesetzt werden, wenn der Motor angeworfen wird?

- [ ] A Es muss ein weißes Funkellicht geführt werden.
- [ ] B Es muss kein weiteres Licht geführt werden.
- [ ] C Es muss ein zweites weißes Topplicht geführt werden.
- [ ] D Seitenlichter unmittelbar nebeneinander oder in einer einzigen Laterne.

14. Wie muss sich ein Fahrzeug mit Topplicht und Seitenlichtern gegenüber einem Kleinfahrzeug mit Seitenlichtern, welches sich auf Kollisionskurs befindet, verhalten?

- [ ] A Es muss ausweichen.
- [ ] B Es hält Kurs und Geschwindigkeit bei.
- [ ] C Es wechselt den Kurs nach steuerbord und reduziert die Geschwindigkeit.
- [ ] D Es hält Kurs und reduziert die Geschwindigkeit.

15. Was bedeutet dieses Tafelzeichen?

- [ ] A Gesperrte Wasserfläche, Verbot der Durchfahrt und Sperrung der Schifffahrt.
- [ ] B Gesperrte Wasserfläche, jedoch für Kleinfahrzeuge ohne Antriebsmaschine befahrbar.
- [ ] C Gesperrte Wasserfläche, jedoch für Kleinfahrzeuge ohne laufende Antriebsmaschine befahrbar.
- [ ] D Gesperrte Wasserfläche, für Kleinfahrzeuge nicht befahrbar.

16. Was bedeutet dieses Tafelzeichen?

- [ ] A Fahrverbot für Fahrzeuge ohne Antriebsmaschine.
- [ ] B Fahrverbot für Kleinfahrzeuge ohne laufende Antriebsmaschine.
- [ ] C Fahrverbot für Fahrzeuge mit Maschinenantrieb.
- [ ] D Fahrverbot für Kleinfahrzeuge mit Maschinenantrieb.

17. Wie ist eine geschützte Badezone gekennzeichnet?

- [ ] A Durch grüne Tonnen.
- [ ] B Durch rote Tonnen.
- [ ] C Durch rot-grün gestreifte Tonnen.
- [ ] D Durch gelbe Tonnen.

18. Was bedeuten vier kurze Töne?

- [ ] A Fahrzeug ist manövrierunfähig.
- [ ] B Maschine geht rückwärts.
- [ ] C Achtung!
- [ ] D Überholen nicht möglich.

19. Was bedeutet dieses Schallsignal (— — — •)?

- [ ] A Überholen an der Backbordseite des Vorausfahrenden.
- [ ] B Überholen an der Steuerbordseite des Vorausfahrenden.
- [ ] C Hafen oder Nebenwasserstraße; Ein- oder Ausfahrt mit Kursänderung nach Backbord.
- [ ] D Hafen oder Nebenwasserstraße; Ein- oder Ausfahrt mit Kursänderung nach Steuerbord.

20. Ein Fahrzeug zeigt an der Steuerbordseite seines Ruderhauses eine blaue Tafel mit weißem Funkellicht. Welche Bedeutung hat dieses Zeichen?

- [ ] A Fahrzeuge begegnen sich an Steuerbord. Dieses Zeichen gilt nicht für Kleinfahrzeuge, verpflichtet aber zu erhöhter Aufmerksamkeit.
- [ ] B Fahrzeuge begegnen sich an Steuerbord. Dieses Zeichen gilt nur für Kleinfahrzeuge.
- [ ] C Fahrzeuge begegnen sich an Steuerbord. Dieses Zeichen braucht gar nicht beachtet zu werden.
- [ ] D Fahrzeuge begegnen sich an Steuerbord. Dieses Zeichen gilt auch für alle Kleinfahrzeuge.

21. Von Backbord kommend kreuzt ein Fahrzeug unter Segel mit einem schwarzen Kegel, Spitze nach unten, den Kurs eines Fahrzeuges mit Maschinenantrieb. Wer ist ausweichpflichtig?

- [ ] A Das Fahrzeug unter Segel mit einem schwarzen Kegel ist nicht ausweichpflichtig.
- [ ] B Beide Fahrzeuge sind ausweichpflichtig.
- [ ] C Das Fahrzeug unter Segel mit einem schwarzen Kegel ist ausweichpflichtig.
- [ ] D Das Fahrzeug ohne Segel ist ausweichpflichtig.

22. Zwei Kleinfahrzeuge unter Segel liegen auf Kollisionskurs. Wer ist ausweichpflichtig?

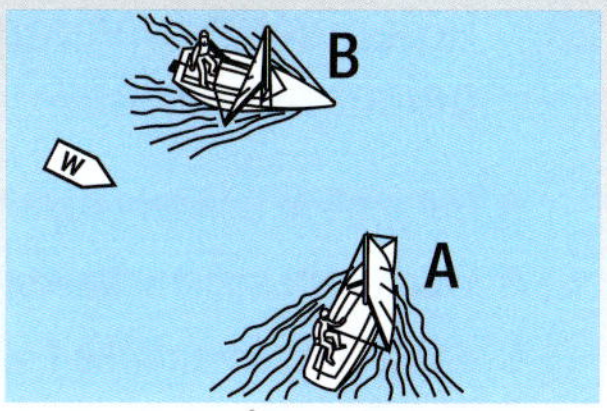

- [ ] A A ist ausweichpflichtig. Das luvseitige Boot muss dem leeseitigen ausweichen.
- [ ] B A ist ausweichpflichtig. Das leeseitige Boot muss dem luvseitigen ausweichen.
- [ ] C B ist ausweichpflichtig. Das leeseitige Boot muss dem luvseitigen ausweichen.
- [ ] D B ist ausweichpflichtig. Das luvseitige Boot muss dem leeseitigen ausweichen.

23. Ein Kleinfahrzeug unter Segel und mit Maschinenantrieb kreuzt nachts stromauf. Ein Fahrzeug kommt entgegen, das nur ein weißes Licht führt. Was bedeutet dieses Licht?

- [ ] A Kleinfahrzeug unter Segel mit Maschinenantrieb.
- [ ] B Kleinfahrzeug ohne Maschinenantrieb.
- [ ] C Kleinfahrzeug mit Maschinenantrieb.
- [ ] D Kleinfahrzeug unter Segel.

24. Was bedeutet dieses Tafelzeichen?

- [ ] A Gebot: Vor dem Schild anhalten.
- [ ] B Gebot: Besondere Vorsicht walten lassen.
- [ ] C Gebot: Geradeaus zu fahren.
- [ ] D Gebot: Achtungssignal geben.

25. Was bedeutet dieses Tafelzeichen?

- [ ] A Wehr.
- [ ] B Hubbrücke.
- [ ] C Schleuse.
- [ ] D Sicherheitstor.

26. Wie muss ein Fahrzeug ausgerüstet sein, um bei unsichtigem Wetter zu fahren?

- [ ] A Mit einer für die Binnenschifffahrt zugelassenen funktionsfähigen Radaranlage und einer Sprechfunkanlage für den Binnenschifffahrtsfunk.
- [ ] B Mit einer für die Binnenschifffahrt zugelassenen funktionsfähigen Radaranlage und einer Sprechfunkanlage ohne ATIS.
- [ ] C Mit einer für die Binnenschifffahrt zugelassenen funktionsfähigen Radaranlage und einer Sprechfunkanlage für den Seefunkdienst.
- [ ] D Mit einer Radaranlage ohne Wendeanzeiger und einer Sprechfunkanlage für den Binnenschifffahrtsfunk.

27. Was ist beim Neuanstrich des Unterwasserschiffs und bei der Entfernung des alten Anstrichs zu beachten?

- ☐ A Unterwasserarbeiten dürfen nur von zertifizierten Fachbetrieben, nach den Bestimmungen des Umweltschutzes ausgeführt werden.
- ☐ B Der Arbeitsbereich ist großzügig abzudecken und der anfallende Abfall ist als Sondermüll zu behandeln und entsprechend zu entsorgen.
- ☐ C Es dürfen nur Unterwasseranstriche verwendet werden, deren Umweltverträglichkeit an der EU-Kennzeichnung erkenntlich ist.
- ☐ D Es sind bei Arbeiten mit Unterwasseranstrichen die Richtlinien der Schiffsuntersuchungskommission zu beachten.

28. Unter welchen Voraussetzungen darf außerhalb der ausgewiesenen Strecken/Wasserflächen Wassermotorrad gefahren werden?

- ☐ A Bei großen Sonderveranstaltungen außerhalb der Fahrrinne.
- ☐ B Wenn kein anderer Verkehrsteilnehmer behindert wird.
- ☐ C Ab Hochwassermarke I nur im Fahrwasser.
- ☐ D Bei Touren- und Wanderfahrten mit klarem Geradeauskurs.

29. Was ist bei der Ausübung des Wassersports auf Gewässern außerhalb der Bundeswasserstraßen (z. B. Landeswasserstraßen, kommunale und private Gewässer) zu beachten?

- ☐ A Es ist gegebenenfalls die Genehmigung des Eigentümers einzuholen sowie die jeweilige Befahrensordnung zu beachten.
- ☐ B Es ist immer die Genehmigung des Eigentümers einzuholen sowie die jeweilige Befahrensordnung zu beachten.
- ☐ C Es ist immer die Genehmigung des Wasserstraßen- und Schifffahrtsamtes einzuholen sowie die jeweilige Befahrensordnung zu beachten.
- ☐ D Es ist gegebenenfalls die Genehmigung des Eigentümers einzuholen sowie die Binnenschifffahrtsstraßenordnung zu beachten.

30. Welche Lichter führt ein Schubverband?

- ☐ A Drei weiße Topplichter in einem Dreieck angebracht, die Seitenlichter und drei weiße Hecklichter waagerecht nebeneinander.
- ☐ B Drei weiße Topplichter senkrecht untereinander angebracht, die Seitenlichter und drei weiße Hecklichter waagerecht nebeneinander.
- ☐ C Drei weiße Topplichter in einem Dreieck angebracht, die Seitenlichter und zwei weiße Hecklichter waagerecht nebeneinander.
- ☐ D Drei weiße Topplichter waagerecht nebeneinander, die Seitenlichter und drei weiße Hecklichter waagerecht nebeneinander.

31. Worin besteht der Vorteil eines Kimmkielers gegenüber anderen Kielbooten?

- [ ] A Der Kiel lässt sich aufholen.
- [ ] B Er kann problemlos aufrecht trocken fallen.
- [ ] C Sein Tiefgang ist größer.
- [ ] D Die Abdrift ist geringer als bei anderen Kielbooten.

32. Welche Boote sind vorwiegend „gewichtsstabil"?

- [ ] A Katamarane sind vorwiegend „gewichtsstabil".
- [ ] B Trimarane sind vorwiegend „gewichtsstabil".
- [ ] C Kielyachten sind vorwiegend „gewichtsstabil".
- [ ] D Jollen sind vorwiegend „gewichtsstabil".

33. Wie heißen die Kanten eines Segels?

- [ ] A Vorliek, Unterliek, Achterliek.
- [ ] B Kopf, Hals, Nock.
- [ ] C Vorstag, Unterwant, Achterstag.
- [ ] D Kopf, Hals, Schothorn.

34. Welcher Wind wird in Fahrt von Standern bzw. Verklickern angezeigt?

- [ ] A Der scheinbare Wind.
- [ ] B Der Fahrtwind.
- [ ] C Der wahre Wind.
- [ ] D Die Windrichtung.

35. Wie wirkt sich auf einem Halbwindkurs ein zu dicht geholtes Großsegel auf die Geschwindigkeit des Bootes aus?

- [ ] A Die Krängung und die Geschwindigkeit nehmen bis zum kritischen Punkt zu, darüber hinaus schnell ab.
- [ ] B Die Geschwindigkeit nimmt zu, da dadurch die Windkräfte optimaler genutzt werden.
- [ ] C Das Boot bleibt stehen, da die Strömung abreißt.
- [ ] D Die Krängung nimmt zu, die Geschwindigkeit nimmt ab.

36. Wie beeinflusst ein Unterliekstrecker den Trimm des Segels?

- [ ] A Je nach Zugkraft wird der untere Teil des Großsegels bauchiger oder flacher.
- [ ] B Je nach Zugkraft wird der untere Teil des Vorsegels bauchiger oder flacher.
- [ ] C Je nach Zugkraft wird der achtere Teil des Vorsegels bauchiger oder flacher.
- [ ] D Je nach Zugkraft wird der achtere Teil des Großsegels bauchiger oder flacher.

37. Ein Segelboot segelt bei starkem Wind nur unter Großsegel auf Amwindkurs. Plötzlich bricht das Vorstag. Womit kann das gebrochene Vorstag schnell provisorisch ersetzt werden?

- [ ] A Durch die Fockschot oder das Großfall.
- [ ] B Durch die Vor- oder die Achterleine.
- [ ] C Durch die Fockschot oder eine Reffleine.
- [ ] D Durch die Fock oder ein Fall.

Sportbootführerschein

Binnen – Segel + Motor

Übungsbogen 8

Pro Frage ist nur eine Antwort richtig. Für jede richtige Antwort gibt es einen Punkt.
Um die theoretische Prüfung zu bestehen, benötigen Sie mindestens
5 Punkte in den Basisfragen (wenn Sie nicht befreit sind),
18 Punkte in den spezifischen Fragen Binnen und
5 Punkte in den spezifischen Fragen Segeln.
Bearbeitungszeit: 60 Minuten (45 Minuten ohne Basisfragen)

Datum

Vor- / Nachname

Basisfragen

1. Was ist zu tun, wenn vor Antritt der Fahrt nicht feststeht, wer Schiffsführer ist?

☐ A Ein Inhaber eines Sportbootführerscheins muss die Fahrzeugführung übernehmen.
☐ B Ein Inhaber eines Sportbootführerscheins muss die Verantwortung übernehmen.
☐ C Der verantwortliche Schiffsführer muss bestimmt werden.
☐ D Der verantwortliche Schiffsführer muss gewählt werden.

2. Welche Bedeutung hat folgendes Tafelzeichen?

☐ A Streckenabschnitt für eine nicht frei fahrende Fähre.
☐ B Queren des Fahrwassers ist gestattet.
☐ C Wechseln der Fahrwasserseite ist gestattet.
☐ D Ende einer Gebots- oder Verbotsstrecke.

3. Warum soll man möglichst gegen Strom und Wind anlegen?

☐ A Weil dadurch Einflüsse von Wellen und Wassertiefe ausgeglichen werden.
☐ B Weil dies die Steuerwirkung der Schraube erhöht.
☐ C Weil sich das Fahrzeug dabei sicherer manövrieren lässt.
☐ D Weil dadurch Sog und Wellenschlag vermieden wird.

4. Was bewirkt der Quickstopp?

- [ ] A Automatische Schubumkehr.
- [ ] B Unterbrechung von Zündkontakt bzw. Kraftstoffzufuhr.
- [ ] C Automatisches Anlassen des Motors.
- [ ] D Kurze Unterbrechung des Motorlaufs.

5. Die Ölkontrollleuchte leuchtet nach dem Starten weiter. Was könnte die mögliche Ursache sein?

- [ ] A Zu hohe Motordrehzahl.
- [ ] B Druckschalter bzw. Öldruckpumpe defekt.
- [ ] C Zu viel Motoröl im Motor.
- [ ] D FI-Schalter defekt.

6. Was ist zu tun, wenn Flüssiggas in das Innere des Bootes gelangt?

- [ ] A Gaszuführung absperren und für Lüftung sorgen. Außerdem keine elektrischen Schalter betätigen und per Telefon Hilfe holen.
- [ ] B Gasleitung entleeren und die Gasfreiheit mit dem Feuerzeug prüfen sowie über Funk oder Mobiltelefon Hilfe anfordern.
- [ ] C Gaszuführung absperren und für Lüftung sorgen. Außerdem keine elektrischen Schalter betätigen und keinen Funk und keine Mobiltelefone benutzen.
- [ ] D Gasleitung entleeren und für Lüftung sorgen. Außerdem keine elektrischen Schalter betätigen und keine Telefone benutzen.

7. Wie hat man sich nach einem Zusammenstoß zu verhalten?

- [ ] A Hilfe leisten und so lange am Unfallort bleiben, bis ein weiterer Beistand nicht mehr erforderlich ist; alle erforderlichen Daten austauschen.
- [ ] B Hilfe leisten und so lange am Unfallort bleiben, bis ein weiterer Beistand nicht mehr erforderlich ist; die Wasserschutzpolizei benachrichtigen.
- [ ] C Hilfe leisten und so lange am Unfallort bleiben, bis ein weiterer Beistand nicht mehr erforderlich ist; Notsignal geben.
- [ ] D Hilfe leisten und so lange am Unfallort bleiben, bis ein weiterer Beistand nicht mehr erforderlich ist; Verschlusszustand herstellen.

Spezifische Fragen Binnen

8. Wo erhält man Auskünfte über Verkehrsbeschränkungen und aktuelle Information über Binnenschifffahrtsstraßen?

- [ ] A In der Binnenschifffahrtsstraßenordnung Teil II.
- [ ] B In der Binnenschiffsuntersuchungsordnung.
- [ ] C Bei der Wasserstraßen- und Schifffahrtsverwaltung, im Internet unter www.elwis.de und bei der Wasserschutzpolizei.
- [ ] D Bei einem Wasserwirtschaftsamt und bei der Wasserschutzpolizei.

9. Was bedeutet „zu Berg“ oder „Bergfahrt“ auf Kanälen?

- [ ] A Die Fahrt, die in Teil I der Binnenschifffahrtsstraßen-Ordnung als Fahrt „zu Berg“ oder „Bergfahrt“ festgelegt ist.
- [ ] B Die Fahrt in Richtung Quelle.
- [ ] C Die Fahrt gegen die Strömung.
- [ ] D Die Fahrt, die in Teil II der Binnenschifffahrtsstraßen-Ordnung als Fahrt „zu Berg“ oder „Bergfahrt“ festgelegt ist.

10. Was bedeuten diese Tafelzeichen?

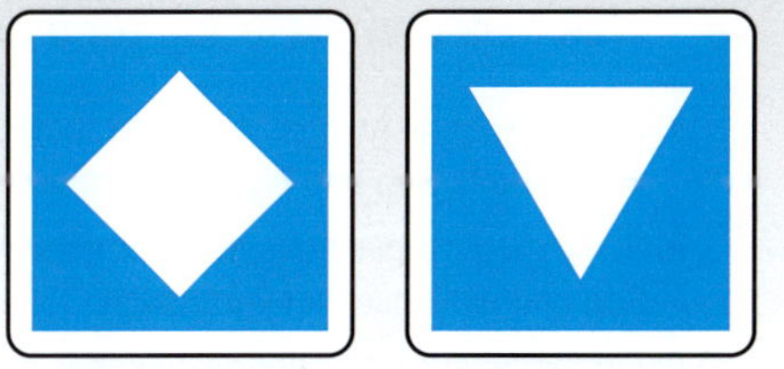

- [ ] A Liegestelle für Fahrzeuge mit gefährlichen Gütern, auch für Kleinfahrzeuge.
- [ ] B Liegestelle für Fahrzeuge mit gefährlichen Gütern, nicht für Kleinfahrzeuge.
- [ ] C Liegestelle für Fahrzeuge ohne gefährliche Güter, auch für Kleinfahrzeuge.
- [ ] D Liegestelle für Fahrzeuge ohne gefährliche Güter, nicht für Kleinfahrzeuge.

11. Welche Bedeutung hat das nachstehende Tafelzeichen?

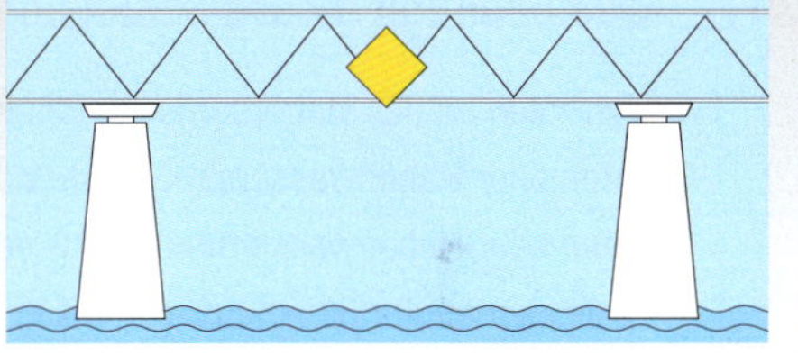

- [ ] A Die Durchfahrt ist nur durch diese Brückenöffnung und nur in eine Richtung gestattet.
- [ ] B Die Durchfahrt ist nur durch diese Brückenöffnung und in beide Richtungen gestattet.
- [ ] C Empfohlene Durchfahrtsöffnung, Durchfahrt in beide Richtungen erlaubt.
- [ ] D Empfohlene Durchfahrt, Durchfahrt in Gegenrichtung verboten.

12. Was bedeutet dieses Tafelzeichen im Bereich eines Wehres?

- [ ] A Schutzbedürftige Anlage.
- [ ] B Verbot der Durchfahrt und Sperrung der Schifffahrt.
- [ ] C Gesperrte Wasserfläche, jedoch für Kleinfahrzeuge mit Antriebsmaschine befahrbar.
- [ ] D Gesperrte Wasserfläche, jedoch für Kleinfahrzeuge ohne Antriebsmaschine befahrbar.

13. Was bedeuten diese Lichter?

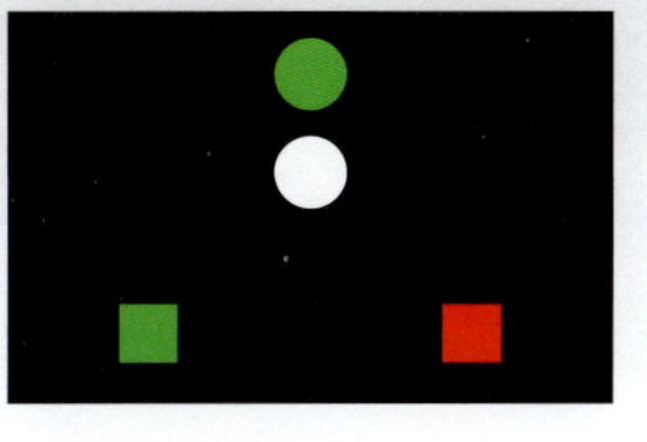

- [ ] A Schubverband von Steuerbordseite.
- [ ] B Frei fahrende Fähre.
- [ ] C Nicht frei fahrende Fähre.
- [ ] D Schubverband von achtern.

14. Wie muss sich ein Segelfahrzeug auf einer Binnenschifffahrtsstraße, welches sich auf Kollisionskurs mit einem Kleinfahrzeug mit Maschinenantrieb befindet, verhalten?

- [ ] A Es hält Kurs und Geschwindigkeit bei.
- [ ] B Es wechselt den Kurs nach steuerbord und reduziert die Geschwindigkeit.
- [ ] C Es hält Kurs und reduziert die Geschwindigkeit.
- [ ] D Es wechselt den Kurs nach steuerbord und hält die Geschwindigkeit.

15. Was bedeuten diese Lichter?

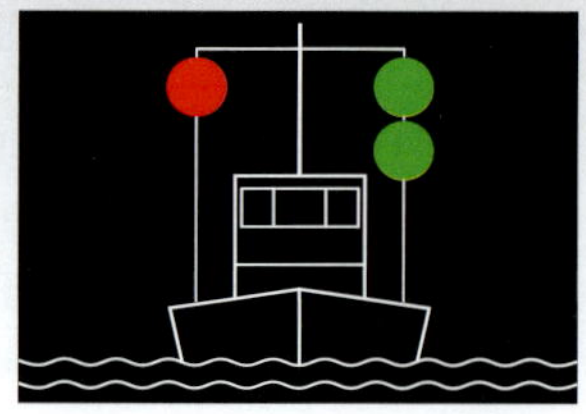

- [ ] A Schwimmendes Gerät bei der Arbeit. Vorbeifahrt an der roten Seite gestattet; grüne Seite gesperrt.
- [ ] B Schwimmendes Gerät bei der Arbeit. Vorbeifahrt an der grünen Seite gestattet; rote Seite gesperrt.
- [ ] C Schwimmendes Gerät bei der Arbeit. Vorbeifahrt an der grünen Seite gestattet; rote Seite gesperrt. Sog und Wellenschlag vermeiden.
- [ ] D Schwimmendes Gerät bei der Arbeit. Vorbeifahrt an der grünen Seite gestattet. Vorbeifahrt an der roten Seite mit unverminderter Geschwindigkeit möglich.

16. Was bedeutet diese Tag- und Nachtbezeichnung?

- [ ] A Schwimmende Anlage / Schwimmkörper. Vorbeifahrt in möglichst weitem Abstand, Geschwindigkeit vermindern, Sog und Wellenschlag vermeiden.
- [ ] B Schutzbedürftiges Fahrzeug, Vorbeifahrt in möglichst weitem Abstand, Geschwindigkeit vermindern, Sog und Wellenschlag vermeiden.
- [ ] C Ein festgefahrenes oder gesunkenes Fahrzeug. Vorbeifahrt nicht gestattet.
- [ ] D Ein festgefahrenes oder gesunkenes Fahrzeug. Vorbeifahrt an jeder Seite mit unverminderter Geschwindigkeit gestattet.

17. Was bedeutet dieses Schallsignal (— — • •)?

- [ ] A Überholen an der Steuerbordseite des Vorausfahrenden.
- [ ] B Hafen oder Nebenwasserstraße; Ein- oder Ausfahrt mit Kursänderung nach Steuerbord.
- [ ] C Hafen oder Nebenwasserstraße; Ein- oder Ausfahrt mit Kursänderung nach Backbord.
- [ ] D Überholen an der Backbordseite des Vorausfahrenden.

18. Was bedeutet eine Folge sehr kurzer Töne?

- [ ] A Fahrzeug ist manövrierunfähig.
- [ ] B Überholen nicht möglich.
- [ ] C Gefahr eines Zusammenstoßes.
- [ ] D Achtung!

19. Welche Schallsignale bzw. Zeichen sind zu geben, wenn das Boot manövrierunfähig geworden ist?

- [ ] A Vier kurze Töne. Bei Tag eine rote Flagge, bei Nacht ein rotes Licht im unteren Halbkreis schwenken.
- [ ] B Fünf kurze Töne. Bei Tag eine rote Flagge, bei Nacht ein rotes Licht im oberen Halbkreis schwenken.
- [ ] C Ein langer, vier kurze Töne. Bei Tag eine rote Flagge, bei Nacht ein rotes Licht setzen.
- [ ] D Eine Gruppe von kurzen und langen Tönen im Intervall geben. Bei Nacht ein rotes Blinklicht einschalten.

20. Wann besteht die Gefahr eines Zusammenstoßes?

- [ ] A Wenn sich zwei Fahrzeuge bei gleichbleibender Peilung einander nähern.
- [ ] B Wenn sich zwei Fahrzeuge einander nähern und sich der Kurs der Fahrzeuge nicht ändert.
- [ ] C Wenn sich zwei Fahrzeuge einander nähern und sich der Kurs eines Fahrzeuges ändert.
- [ ] D Wenn sich zwei Fahrzeuge einander nähern und beide Fahrzeuge ihren Kurs nach steuerbord ändern.

21. Wie muss sich ein kreuzendes Kleinfahrzeug unter Segel am Wind in der Nähe eines Ufers gegenüber einem anderen Kleinfahrzeug verhalten?

- ☐ A Es darf ein anderes Kleinfahrzeug, das sein steuerbordseitiges Ufer anhält, zum Ausweichen zwingen.
- ☐ B Es darf ein anderes Kleinfahrzeug, das sein steuerbordseitiges Ufer anhält, nicht zum Ausweichen zwingen.
- ☐ C Es darf ein anderes Kleinfahrzeug, das sein steuerbordseitiges Ufer verlässt, nicht zum Ausweichen zwingen.
- ☐ D Es darf ein anderes Kleinfahrzeug, das sein backbordseitiges Ufer verlässt, zum Ausweichen zwingen.

22. Was hat der Schiffsführer eines Kleinfahrzeugs beim Begegnen mit Fahrzeugen, die nicht Kleinfahrzeuge sind, zu beachten?

- ☐ A Kleinfahrzeuge sind gegenüber Fahrzeugen, die nicht Kleinfahrzeuge sind, ausweichpflichtig. Sie müssen für deren Kurs und zum Manövrieren notwendigen Raum lassen.
- ☐ B Kleinfahrzeuge sind gegenüber anderen Fahrzeugen, die nicht Kleinfahrzeuge sind, nicht ausweichpflichtig.
- ☐ C Kleinfahrzeuge sind gegenüber Fahrzeugen, die nicht Kleinfahrzeuge sind bei der Begegnung gleichgestellt.
- ☐ D Kleinfahrzeuge sind gegenüber Fahrzeugen, die nicht Kleinfahrzeuge sind ausweichpflichtig. Sie brauchen aber keinen besonderen Raum zum Manövrieren frei zu geben.

23. Zwei Kleinfahrzeuge A und B unter Segel liegen auf Kollisionskurs (Skizze). Wer ist ausweichpflichtig?

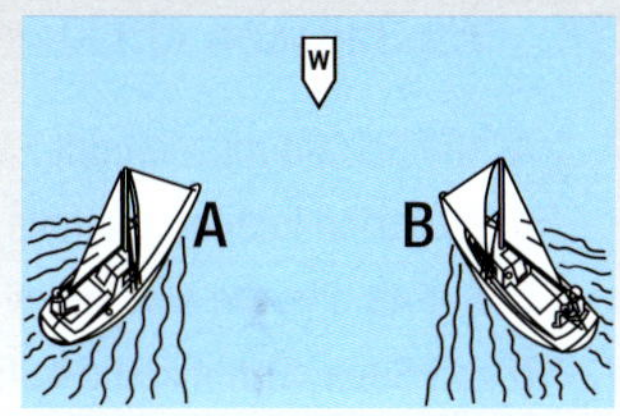

- ☐ A A ist ausweichpflichtig. Segelfahrzeuge mit Wind von Steuerbord müssen Segelfahrzeugen mit Wind von Backbord ausweichen.
- ☐ B B ist ausweichpflichtig. Segelfahrzeuge mit Wind von Steuerbord müssen Segelfahrzeugen mit Wind von Backbord ausweichen.
- ☐ C A ist ausweichpflichtig. Segelfahrzeuge mit Wind von Backbord müssen Segelfahrzeugen mit Wind von Steuerbord ausweichen.
- ☐ D B ist ausweichpflichtig. Segelfahrzeuge mit Wind von Backbord müssen Segelfahrzeugen mit Wind von Steuerbord ausweichen.

24. Wer ist wem gegenüber kurshaltepflichtig?

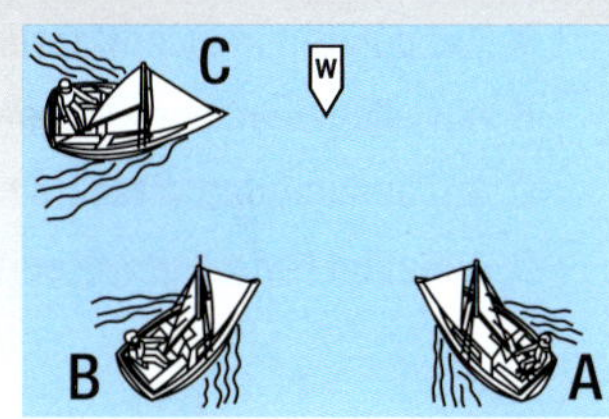

- ☐ A A gegenüber B und C, C gegenüber B.
- ☐ B A gegenüber B und C, B gegenüber C.
- ☐ C C gegenüber A und B, B gegenüber A.
- ☐ D B gegenüber C und A, A gegenüber C.

25. Ein Kleinfahrzeug unter Segel kreuzt nachts das Fahrwasser. An Backbord tauchen die nachstehenden Lichter eines Fahrzeugs auf, das in spitzem Winkel den Kurs des Kleinfahrzeugs unter Segel kreuzen will. Wer ist ausweichpflichtig?

- ☐ A Kleinfahrzeug unter Segel.
- ☐ B Kleinfahrzeug, welches das Andere auf der Backbordseite hat.
- ☐ C Beide sind ausweichpflichtig.
- ☐ D Kleinfahrzeug mit Maschinenantrieb.

26. Was bedeutet dieses Tafelzeichen?

- [ ] A 10 km/h Höchstgeschwindigkeit gegenüber der Strömung.
- [ ] B 10 km/h Höchstgeschwindigkeit für Kleinfahrzeuge.
- [ ] C 10 km/h für größere Fahrzeuge.
- [ ] D 10 km/h Höchstgeschwindigkeit gegenüber dem Ufer.

27. Was bedeutet dieses Tafelzeichen?

- [ ] A Empfohlener Wendeplatz. Stillliegen für alle Fahrzeuge verboten.
- [ ] B Empfohlener Wendeplatz. Stillliegen von Kleinfahrzeugen erlaubt.
- [ ] C Vorgeschriebener Wendeplatz. Stillliegen für alle Fahrzeuge verboten.
- [ ] D Vorgeschriebener Wendeplatz. Stillliegen von Kleinfahrzeugen erlaubt.

28. Wie müssen Abfälle entsorgt werden?

- [ ] A Alle Schiffe müssen mit Fäkalientanks ausgerüstet sein und geeignete Behältnisse für die getrennte Aufnahme von Abfällen an Bord haben.
- [ ] B Es dürfen keinerlei Abfälle ins Wasser gelangen, Fäkalien und Öle sind an Land zu entsorgen.
- [ ] C Nur Abfälle, die die Umwelt nicht gefährden, dürfen 300 m vom Ufer ins Wasser eingeleitet werden.
- [ ] D Auf Seen dürfen keine Abfälle ins Wasser gelangen, auf Binnenschifffahrtsstraßen gibt es Sonderregelungen.

29. Auf welchen Gewässern ist die Fahrerlaubnis für Sportboote unter Segeln erforderlich?

- [ ] A Auf den Binnenschifffahrtsstraßen und allen Landesgewässern.
- [ ] B Auf allen deutschen Wasserstraßen.
- [ ] C Auf bestimmten Wasserstraßen in Berlin und Brandenburg.
- [ ] D Auf allen Landesgewässern.

30. Warum ist es bei der Schleusendurchfahrt verboten, Autoreifen als Fender zu benutzen?

- [ ] A Autoreifen sind nicht schwimmfähig und können in den Schleusen zu erheblichen Störungen führen.
- [ ] B Autoreifen erzeugen eine zu hohe Reibung.
- [ ] C Autoreifen erzeugen schwarze Farbspuren am Boot und an der Schleusenmauer.
- [ ] D Autoreifen sind schwimmfähig und können in der Schleuse zu erheblichen Störungen führen.

Spezifische Fragen Segeln

31. Was wird unter „Formstabilität“ verstanden?

- [ ] A Die Fähigkeit eines Schiffes, durch seine Rumpfform der Krängung entgegenzuwirken.
- [ ] B Die Fähigkeit eines Schiffes, sich nach einer Kenterung wieder von selbst aufzurichten.
- [ ] C Die Fähigkeit eines Schiffes beim Loslassen der Pinne den Kurs beizubehalten.
- [ ] D Die Fähigkeit eines Schiffes über Jahre die Rumpfform auch bei starker Beanspruchung beizubehalten.

32. Welche Boote sind vorwiegend „formstabil“?

- [ ] A Kielyachten sind vorwiegend „formstabil“.
- [ ] B Kimmkieler sind vorwiegend „formstabil“.
- [ ] C Kielschwertyachten sind vorwiegend „formstabil“.
- [ ] D Jollen sind vorwiegend „formstabil“.

33. Wozu dienen Segellatten?

- [ ] A Der Erleichterung des Reffens.
- [ ] B Der Verhinderung des Killens von Segeln.
- [ ] C Der Möglichkeit das Segel auch bei Starkwind nutzen zu können.
- [ ] D Der Formgebung und Aussteifung des Segels.

34. Wann kommen wahrer Wind und scheinbarer Wind auf einem segelnden Boot aus der gleichen Richtung?

- [ ] A Auf Vorwindkurs.
- [ ] B Auf Halbwindkurs.
- [ ] C Auf Amwindkurs.
- [ ] D Auf Raumschotkurs.

35. Warum raumt beim Einfallen einer Bö auf Amwindkurs der scheinbare Wind?

- [ ] A Da der Fahrtwind zunächst gleich bleibt, der wahre Wind jedoch zunimmt, kommt der daraus resultierende scheinbare Wind raumer.
- [ ] B Da durch die Koreoliskraft der Wind auch seine Richtung ändert, wenn er stärker wird.
- [ ] C Da durch den Trimm des Bootes sich der Kurs automatisch ändert, wenn der Wind zunimmt.
- [ ] D Da die Windrichtung durch die Segelstellung beeinflusst wird, verändert sich auch der scheinbare Wind.

36. Wie muss ein Segel bei starkem Wind getrimmt werden?

- ☐ A Die Schoten müssen gefiert werden.
- ☐ B Das Segel soll flach getrimmt werden.
- ☐ C Es soll bauchig getrimmt werden.
- ☐ D Die Schoten müssen dicht geholt werden.

37. Um auf Amwindkursen eine Jolle auf Kurs zu halten, muss die Pinne stets stark von der Seite der Segel weggezogen werden. Wie kann der Trimmfehler behoben werden?

- ☐ A Vorsegel flacher trimmen; Gewichtsverlagerung nach vorne.
- ☐ B Großsegel flacher trimmen; Gewichtsverlagerung nach achtern.
- ☐ C Großsegel flacher trimmen; Gewichtsverlagerung nach vorne.
- ☐ D Vorsegel flacher trimmen; Gewichtsverlagerung nach achtern.

Sportbootführerschein
Binnen – Segel + Motor
Übungsbogen 9

Pro Frage ist nur eine Antwort richtig. Für jede richtige Antwort gibt es einen Punkt.
Um die theoretische Prüfung zu bestehen, benötigen Sie mindestens
5 Punkte in den Basisfragen (wenn Sie nicht befreit sind),
18 Punkte in den spezifischen Fragen Binnen und
5 Punkte in den spezifischen Fragen Segeln.
Bearbeitungszeit: 60 Minuten (45 Minuten ohne Basisfragen)

Datum

Vor- / Nachname

Basisfragen

1. Wann ist ein Fahrzeug in Fahrt?

- ☐ A Wenn es weder vor Anker liegt noch an Land festgemacht ist noch auf Grund sitzt.
- ☐ B Wenn es weder vor Anker liegt noch an Land festgemacht ist noch Fahrt über Grund macht.
- ☐ C Wenn es weder auf Grund sitzt noch vor Anker liegt noch manövrierbehindert oder manövrierunfähig ist.
- ☐ D Wenn es weder an Land festgemacht ist noch vor Anker liegt noch Fahrt durchs Wasser macht.

2. Zwei Motorboote nähern sich auf kreuzenden Kursen. Es besteht die Gefahr eines Zusammenstoßes. Wer ist ausweichpflichtig?

- ☐ A Dasjenige Fahrzeug muss ausweichen, welches das Andere an seiner Backbordseite hat.
- ☐ B Es muss das luvwärtige Fahrzeug dem leewärtigen Fahrzeug ausweichen.
- ☐ C Es muss das leewärtige Fahrzeug dem luvwärtigen Fahrzeug ausweichen.
- ☐ D Dasjenige Fahrzeug muss ausweichen, welches das Andere an seiner Steuerbordseite hat.

3. Welche Bedeutung hat folgendes Tafelzeichen?

- ☐ A Verbot der Durchfahrt, jedoch für Kleinfahrzeuge ohne laufende Antriebsmaschine befahrbar.
- ☐ B Verbot der Durchfahrt, jedoch für Kleinfahrzeuge ohne Antriebsmaschine befahrbar.
- ☐ C Verbot der Durchfahrt und Sperrung der Schifffahrt.
- ☐ D Verbot der Durchfahrt und Sperrung für Kleinfahrzeuge.

4. Wo finden Sie Informationen über umweltfreundliche Farben, Lacke und Antifouling-Beschichtungen für Ihr Boot?

- [ ] A Beim Bundesministerium für Digitales und Verkehr.
- [ ] B In der Sportbootführerscheinverordnung.
- [ ] C Beim Umweltbundesamt.
- [ ] D In der Sportbootvermietungsverordnung.

5. Was ist zu unternehmen, wenn Treibstoff oder Öl in die Bilge gelangt?

- [ ] A Mit entsprechendem Mittel neutralisieren.
- [ ] B Mit Lappen aufnehmen und umweltgerecht entsorgen.
- [ ] C Räume lüften und abwarten.
- [ ] D Gleichmäßig verteilen.

6. Welche Anlegeseite ist mit rechtsdrehendem Propeller empfehlenswert und warum?

- [ ] A Die Steuerbord- oder Backbordseite je nach Ruderlage.
- [ ] B Es gibt keine empfehlenswerte Anlegeseite.
- [ ] C Die Backbordseite – der Radeffekt zieht das Fahrzeug an die Pier.
- [ ] D Die Steuerbordseite – der Radeffekt zieht das Fahrzeug an die Pier.

7. Wodurch wird bei einem Fahrzeug mit Außenbordmotor und ohne Ruderanlage die Ruderwirkung erzielt?

- [ ] A Durch den Schraubenwiderstand und Anstellwinkel des Propellers.
- [ ] B Durch den Schraubenwiderstand und Richtung des Propellers.
- [ ] C Durch Schraubenstrom und Richtung des Propellers.
- [ ] D Durch Schraubenstrom und Anstellwinkel des Propellers.

Spezifische Fragen Binnen

8. Welche Anforderungen werden an die Person gestellt, mit der der Schiffsführer das Ruder eines Sportbootes mit Antriebsmaschine auf Binnenschifffahrtsstraßen besetzen will?

- [ ] A Sie muss mindestens 16 Jahre alt und körperlich, geistig und fachlich geeignet sein.
- [ ] B Sie muss mindestens 18 Jahre alt und körperlich, geistig und fachlich geeignet sein.
- [ ] C Sie muss mindestens 16 Jahre alt und Inhaber des Sportbootführerscheins mit dem Geltungsbereich Binnenschifffahrtsstraßen für Sportboote mit Antriebsmaschine sein.
- [ ] D Sie muss mindestens 14 Jahre alt und körperlich, geistig und fachlich geeignet sein.

9. Wo findet man die allgemeinen Verkehrsregeln für die Mosel und die Donau?

- ☐ A Moselschifffahrtspolizeiverordnung, Binnenschiffsuntersuchungs-Ordnung.
- ☐ B Wassermotorräderverordnung, Wasserskiverordnung.
- ☐ C Moselschifffahrtspolizeiverordnung, Donauschifffahrtspolizeiverordnung.
- ☐ D Donauschifffahrtspolizeiverordnung, Binnenschifffahrtsstraßen-Ordnung.

10. Was bedeutet „zu Berg“ oder „Bergfahrt“ auf Flüssen?

- ☐ A Die Fahrt über Grund.
- ☐ B Die Fahrt mit der Strömung.
- ☐ C Die Fahrt in Richtung Mündung.
- ☐ D Die Fahrt in Richtung Quelle.

11. Wo besteht ohne besondere Bezeichnung der Stellen bzw. Strecken ein allgemeines Liegeverbot?

- ☐ A Vor Brücken und nach Hochspannungsleitungen.
- ☐ B Auf Schifffahrtskanälen und Schleusenkanälen.
- ☐ C Auf Schifffahrtskanälen und vor Schleusenkanälen.
- ☐ D Vor Brücken und Hochspannungsleitungen.

12. Was bedeuten diese Lichter?

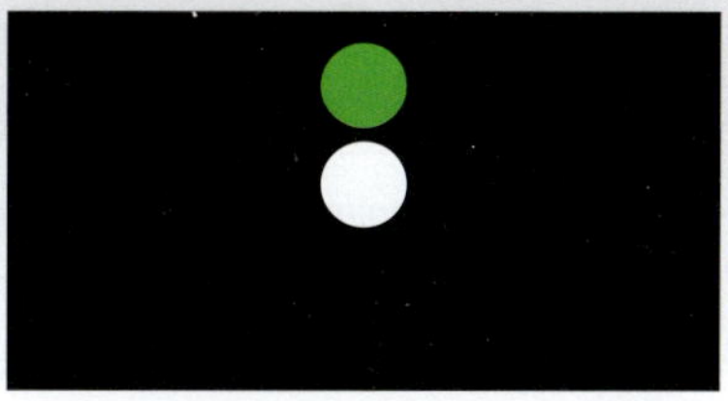

- ☐ A Frei fahrende Fähre.
- ☐ B Schubverband von achtern.
- ☐ C Schubverband von Steuerbordseite.
- ☐ D Nicht frei fahrende Fähre.

13. Welches Licht muss ein Kleinfahrzeug ohne Maschinenantrieb mindestens führen?

- ☐ A Topp- und Hecklicht.
- ☐ B Ein von allen Seiten sichtbares weißes Licht.
- ☐ C Dreifarbenlaterne im Topp.
- ☐ D Seitenlichter.

14. Was bedeuten diese Sichtzeichen?

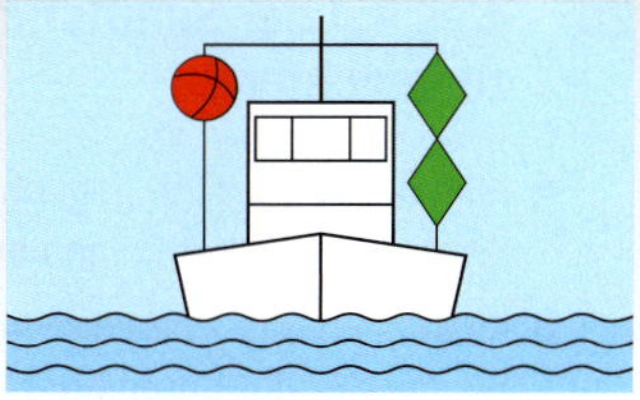

- ☐ A Schwimmendes Gerät bei der Arbeit. Vorbeifahrt an der grünen Seite gestattet; rote Seite gesperrt. Sog und Wellenschlag vermeiden.
- ☐ B Schwimmendes Gerät bei der Arbeit. Vorbeifahrt an der grünen Seite gestattet. Vorbeifahrt an der roten Seite mit unverminderter Geschwindigkeit möglich.
- ☐ C Schwimmendes Gerät bei der Arbeit. Vorbeifahrt an der roten Seite gestattet; grüne Seite gesperrt.
- ☐ D Schwimmendes Gerät bei der Arbeit. Vorbeifahrt an der grünen Seite gestattet; rote Seite gesperrt.

15. Was bedeuten diese Sichtzeichen?

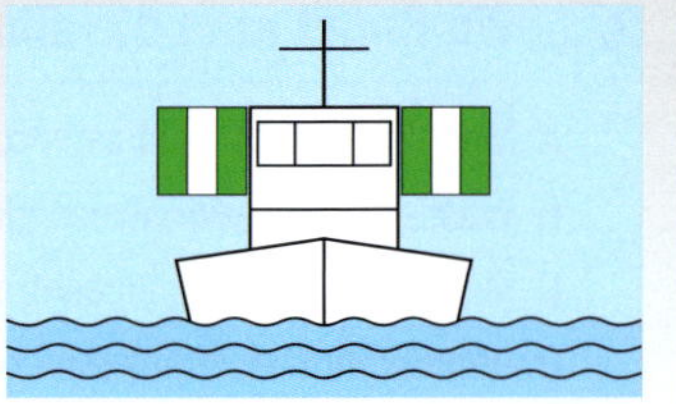

- [ ] A Festgefahrenes oder gesunkenes Fahrzeug. Vorbeifahrt nicht gestattet.
- [ ] B Schwimmendes Gerät bei der Arbeit. Vorbeifahrt an jeder Seite gestattet.
- [ ] C Schwimmendes Gerät bei der Arbeit. Vorbeifahrt nicht gestattet.
- [ ] D Festgefahrenes oder gesunkenes Fahrzeug. Vorbeifahrt an der Steuerbordseite gestattet. Sog und Wellenschlag vermeiden.

16. Was bedeutet dieses Tafelzeichen?

- [ ] A Gesperrte Wasserfläche, für Kleinfahrzeuge nicht befahrbar.
- [ ] B Gesperrte Wasserfläche, Verbot der Durchfahrt und Sperrung der Schifffahrt.
- [ ] C Gesperrte Wasserfläche, jedoch für Kleinfahrzeuge ohne Antriebsmaschine befahrbar.
- [ ] D Gesperrte Wasserfläche, jedoch für Kleinfahrzeuge ohne laufende Antriebsmaschine befahrbar.

17. Was bedeutet dieses Schallsignal (— — — • •)?

- [ ] A Hafen oder Nebenwasserstraße; Ein- oder Ausfahrt mit Kursänderung nach Backbord.
- [ ] B Überholen an der Backbordseite des Vorausfahrenden.
- [ ] C Hafen oder Nebenwasserstraße; Ein- oder Ausfahrt mit Kursänderung nach Steuerbord.
- [ ] D Überholen an der Steuerbordseite des Vorausfahrenden.

18. Wie ist ein Überholmanöver durchzuführen?

- [ ] A Zügig überholen. Gegebenenfalls das Fahrzeug stark beschleunigen, um schnell passieren zu können.
- [ ] B Zügig überholen; überholen nur auf der Steuerbordseite erlaubt, ausreichend Abstand halten.
- [ ] C Zügig überholen. Dicht am Ufer entlang fahren, eventuelle Schallzeichen müssen von Kleinfahrzeugen beachtet werden.
- [ ] D Zügig überholen. Beteiligte Fahrzeuge nicht behindern. Verkehrslage und eventuelle Schallzeichen beachten. Ausreichend Abstand halten.

19. Wie müssen Ausweichmanöver durchgeführt werden?

- [ ] A Rechtzeitig, klar erkennbar und nach Steuerbord.
- [ ] B Rechtzeitig, klar erkennbar und nach Backbord.
- [ ] C Rechtzeitig, klar erkennbar und vorsichtig.
- [ ] D Rechtzeitig, klar erkennbar und entschlossen.

20. Was hat der Schiffsführer eines Kleinfahrzeugs beim Begegnen mit Fahrzeugen, die nicht Kleinfahrzeuge sind, zu beachten?

- [ ] A Kleinfahrzeuge sind gegenüber Fahrzeugen, die nicht Kleinfahrzeuge sind ausweichpflichtig. Sie brauchen aber keinen besonderen Raum zum Manövrieren frei zu geben.
- [ ] B Kleinfahrzeuge sind gegenüber Fahrzeugen, die nicht Kleinfahrzeuge sind, ausweichpflichtig. Sie müssen für deren Kurs und zum Manövrieren notwendigen Raum lassen.
- [ ] C Kleinfahrzeuge sind gegenüber anderen Fahrzeugen, die nicht Kleinfahrzeuge sind, nicht ausweichpflichtig.
- [ ] D Kleinfahrzeuge sind gegenüber Fahrzeugen, die nicht Kleinfahrzeuge sind bei der Begegnung gleichgestellt.

21. Ein Fahrzeug unter Segel kreuzt eine Binnenschifffahrtsstraße. In der Fahrwassermitte kommt ihm ein Kleinfahrzeug mit Maschinenantrieb zu Berg entgegen. Wer ist ausweichpflichtig?

- ☐ A Beide sind ausweichpflichtig.
- ☐ B Fahrzeug mit Maschinenantrieb.
- ☐ C Fahrzeug in der Talfahrt.
- ☐ D Fahrzeug unter Segel.

22. Ein Kleinfahrzeug A segelt nachts auf Vorwindkurs stromab, Großsegel an Steuerbord. Backbord querab kommt ein grünes Seitenlicht eines Bootes B immer näher, das kein Topplicht führt. Wer ist ausweichpflichtig?

- ☐ A Boot B ist ausweichpflichtig, weil es sich bei Fahrzeug A um ein Kleinfahrzeug unter Segel handelt, das den Wind von Backbord hat.
- ☐ B Boot B ist ausweichpflichtig, weil es sich um ein Kleinfahrzeug handelt und Kleinfahrzeuge anderen Kleinfahrzeugen unter Segel ausweichen müssen.
- ☐ C Das Kleinfahrzeug A ist ausweichpflichtig. Ein Boot mit Wind von Backbord muss ausweichen, wenn es nicht klar ausmachen kann, ob das luvseitige Boot den Wind von Steuerbord hat.
- ☐ D Das Kleinfahrzeug A ist ausweichpflichtig. Ein Boot mit Wind von Steuerbord muss ausweichen, wenn es nicht klar ausmachen kann, ob das luvseitige Boot den Wind von Backbord hat.

23. Was ist vorrangig zu beachten, wenn eine Jolle gekentert ist und sie nicht wieder aufgerichtet werden kann?

- ☐ A Vollständigkeit der Crew überprüfen, gegebenenfalls Hilfe leisten. Am Boot festhalten oder gegebenenfalls aufs Boot legen, Hilfe abwarten.
- ☐ B Sofort vorgeschriebene Notsignale geben, mit allen Mitteln versuchen, das Fahrzeug aus dem Fahrwasser zu bringen.
- ☐ C Auf das gekenterte Boot steigen und sich ruhig verhalten, um Wärmeverlust zu minimieren. Sollte das nicht möglich sein, ans benachbarte Ufer schwimmen und Hilfe holen.
- ☐ D Rettungswesten anlegen und mit geeigneten Mitteln Hilfe herbeiholen. Gegebenenfalls Segel bergen.

24. Ein Kleinfahrzeug unter Segel kreuzt nachts das Fahrwasser. An Backbord tauchen die nachstehenden Lichter eines Fahrzeugs auf, das in spitzem Winkel den Kurs des Kleinfahrzeugs unter Segel kreuzen will. Was bedeuten diese Lichter?

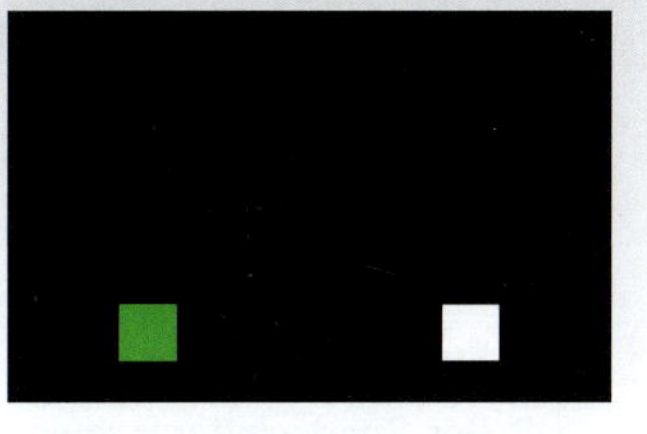

- ☐ A Kleinfahrzeug mit Maschinenantrieb.
- ☐ B Frei fahrende Fähre.
- ☐ C Schubverband von vorne.
- ☐ D Geschlepptes Kleinfahrzeug.

25. Was bedeuten nachts auf einer Binnenschifffahrtsstraße die nachstehenden Lichter?

- ☐ A Durchfahrt für Kleinfahrzeuge.
- ☐ B Sog und Wellenschlag vermeiden.
- ☐ C Keine Durchfahrt für Kleinfahrzeuge.
- ☐ D Sperrung der Schifffahrt.

26. Welchen Vorteil bietet ein Radarreflektor auf einem Sportboot?

- ☐ A Bessere Erkennbarkeit des Sportbootes auf Radarbildschirmen.
- ☐ B Bessere Erkennbarkeit des Sportbootes bei Nacht.
- ☐ C Bessere Erkennbarkeit des Sportbootes bei Taglicht.
- ☐ D Bessere Erkennbarkeit des Sportbootes bei unsichtigem Wetter.

27. Was ist mit Abfällen jeglicher Art zu tun, die an Bord anfallen?

- ☐ A An Bord sammeln. Die Abgabe ist an jeder Schleuse möglich.
- ☐ B An Bord sammeln und an Land in den entsprechenden Abfallsammelbehältern umweltgerecht entsorgen.
- ☐ C An Bord sammeln und bei einer Liegestelle an Land stellen.
- ☐ D An Bord sammeln und nur in geschlossenen Behältern über Bord werfen.

28. Welcher Befähigungsnachweis berechtigt zum Führen eines Sportbootes mit einer Länge von 20 m bis 25 m auf den Binnenschifffahrtsstraßen außerhalb des Rheins?

- ☐ A Der Sportbootführerschein mit dem Geltungsbereich Binnenschifffahrtsstraßen.
- ☐ B Der Sportbootführerschein mit dem Geltungsbereich Seeschifffahrtsstraßen.
- ☐ C Der Sportbootführerschein mit dem Geltungsbereich Binnenschifffahrtsstraßen zum Führen von Sportbooten mit Antriebsmaschine oder das Sportpatent.
- ☐ D Das Sportschifferzeugnis oder das Sportpatent.

29. Wann muss ein Wassersportfahrzeug in das Binnenschiffsregister eingetragen werden?

- ☐ A Ab 10 cbm Wasserverdrängung.
- ☐ B Ab 15 cbm Wasserverdrängung.
- ☐ C Ab 10 m Schiffslänge.
- ☐ D Ab 15 m Schiffslänge.

30. Welche Bedeutung hat die Bezeichnung eines Fahrzeuges mit einer rot-weißen Flagge und was ist zu beachten?

- ☐ A Schutzbedürftiges Fahrzeug, Geschwindigkeit beibehalten und Sog und Wellenschlag vermeiden.
- ☐ B Schutzbedürftiges Fahrzeug, Geschwindigkeit vermindern.
- ☐ C Schutzbedürftiges Fahrzeug, Sog und Wellenschlag vermeiden.
- ☐ D Schutzbedürftiges Fahrzeug, Geschwindigkeit vermindern und Sog und Wellenschlag vermeiden.

Spezifische Fragen Segeln

31. Was wird unter einer „Kielschwertyacht“ verstanden?

- [ ] A Ein Yacht mit einem aufholbaren Ballastkiel.
- [ ] B Eine Yacht mit zwei Seitenkielen.
- [ ] C Eine Yacht mit flach gehendem Ballastkiel und zusätzlichem aufholbarem Schwert.
- [ ] D Eine Yacht mit einem Ballastkiel und einem zusätzlichem Schwert.

32. Wodurch kann bei formstabilen Booten bei viel Wind die Stabilität erhöht werden?

- [ ] A Durch Ausfahren von sogenannten Trimmklappen oder eines Zusatzschwertes.
- [ ] B Durch Ausreiten bzw. durch Benutzung der Trapezeinrichtung.
- [ ] C Durch Verlagerung von Innenballast.
- [ ] D Durch Umpumpen von Wasserballast.

33. Warum ist der scheinbare Wind auf einem Vorwindkurs schwächer als der wahre Wind?

- [ ] A Der scheinbare Wind wird durch den Unterdruck am Segel entlang abgebremst.
- [ ] B Der scheinbare Wind ist unabhängig von der Windrichtung immer schwächer als der wahre Wind.
- [ ] C Der wahre Wind vermindert sich um den entgegenstehenden Fahrtwind.
- [ ] D Der wahre Wind wird durch den Fahrtwind abgebremst.

34. Warum raumt beim Einfallen einer Bö auf Amwindkurs der scheinbare Wind?

- [ ] A Da der Fahrtwind zunächst gleich bleibt, der wahre Wind jedoch zunimmt, kommt der daraus resultierende scheinbare Wind raumer.
- [ ] B Da durch die Koreoliskraft der Wind auch seine Richtung ändert, wenn er stärker wird.
- [ ] C Da durch den Trimm des Bootes sich der Kurs automatisch ändert, wenn der Wind zunimmt.
- [ ] D Da die Windrichtung durch die Segelstellung beeinflusst wird, verändert sich auch der scheinbare Wind.

35. Um auf Amwindkursen eine Jolle auf Kurs zu halten, muss die Pinne stets stark zur Seite der Segel hingedrückt werden. Wie kann der Trimmfehler behoben werden?

- [ ] A Großsegel bauchiger trimmen, Gewichtsverlagerung nach hinten.
- [ ] B Großsegel flacher trimmen, Gewichtsverlagerung nach hinten.
- [ ] C Großsegel bauchiger trimmen, Gewichtsverlagerung nach vorn.
- [ ] D Großsegel flacher trimmen, Gewichtsverlagerung nach vorn.

36. Was ist mit Schwert und Ruder einer Jolle zu tun, wenn das Boot an einer Boje liegen gelassen wird?

- ☐ A Schwert absenken, Ruder aufholen, damit das Boot frei schwojen kann.
- ☐ B Schwert aufholen, Ruder absenken, damit das Boot frei schwojen kann.
- ☐ C Schwert und Ruder absenken, damit das Boot frei schwojen kann.
- ☐ D Schwert und Ruderblatt aufholen, damit das Boot frei schwojen kann.

37. Ein Segelboot segelt bei starkem Wind nur unter Großsegel auf Amwindkurs. Plötzlich bricht das Vorstag. Womit kann das gebrochene Vorstag schnell provisorisch ersetzt werden?

- ☐ A Durch die Fockschot oder eine Reffleine.
- ☐ B Durch die Fock oder ein Fall.
- ☐ C Durch die Fockschot oder das Großfall.
- ☐ D Durch die Vor- oder die Achterleine.

Sportbootführerschein

Binnen – Segel + Motor

Übungsbogen 10

Pro Frage ist nur eine Antwort richtig. Für jede richtige Antwort gibt es einen Punkt.
Um die theoretische Prüfung zu bestehen, benötigen Sie mindestens
5 Punkte in den Basisfragen (wenn Sie nicht befreit sind),
18 Punkte in den spezifischen Fragen Binnen und
5 Punkte in den spezifischen Fragen Segeln.
Bearbeitungszeit: 60 Minuten (45 Minuten ohne Basisfragen)

Datum

Vor- / Nachname

Basisfragen

1. Wie weichen zwei Motorboote aus, die sich auf entgegen gesetzten Kursen nähern?

- ☐ A Jedes Fahrzeug muss seinen Kurs nach Steuerbord ändern.
- ☐ B Jedes Fahrzeug muss seinen Kurs nach Backbord ändern.
- ☐ C Es muss das luvwärtige Fahrzeug dem leewärtigen Fahrzeug ausweichen.
- ☐ D Es muss das leewärtige Fahrzeug dem luvwärtigen Fahrzeug ausweichen.

2. Welche Bedeutung hat folgendes Tafelzeichen?

- ☐ A Verbot der Durchfahrt, jedoch für Kleinfahrzeuge ohne Antriebsmaschine befahrbar.
- ☐ B Verbot der Durchfahrt und Sperrung der Schifffahrt.
- ☐ C Verbot der Durchfahrt und Sperrung für Kleinfahrzeuge.
- ☐ D Verbot der Durchfahrt, jedoch für Kleinfahrzeuge ohne laufende Antriebsmaschine befahrbar.

3. Welche Bedeutung haben folgende Schifffahrtszeichen?

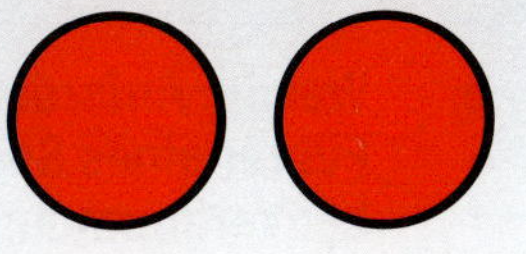

- ☐ A Anlage dauerhaft gesperrt.
- ☐ B Stoppsignal für alle Fahrzeuge.
- ☐ C Außergewöhnliche Schifffahrtsbehinderung.
- ☐ D Brücke, Sperrwerk oder Schleuse geschlossen.

4. Woran kann man erkennen, ob der Anker hält?

- [ ] A Wenn beim Handauflegen auf die Ankerkette oder -leine kein Rucken zu verspüren ist und sich die Ankerpeilung ändert.
- [ ] B Wenn beim Handauflegen auf die Ankerkette oder -leine kein Rucken zu verspüren ist und sich die Ankerpeilung nicht ändert.
- [ ] C Wenn Ankerkette oder -leine nicht vibrieren und sich der anliegende Magnetkompasskurs nicht verändert.
- [ ] D Wenn beim Handauflegen auf die Ankerkette oder -leine kein Rucken zu verspüren ist und das Fahrzeug nicht schwojt.

5. Weshalb setzt bei einem Fahrzeug mit Einbaumaschine und starrer Welle bei Aufnahme der Rückwärtsfahrt die Ruderwirkung erst relativ spät ein?

- [ ] A Weil sich durch den Radeffekt ein Unterdruck am Propeller entwickelt.
- [ ] B Durch den Abstand von Propeller und Ruderblatt.
- [ ] C Weil sich durch den Radeffekt ein Unterdruck am Ruder entwickelt.
- [ ] D Weil sie erst mit Anströmung des Ruderblattes einsetzt.

6. Wie oft muss man aufblasbare Rettungsmittel warten lassen?

- [ ] A Entsprechend der Herstellerangabe, mindestens alle 2 Jahre.
- [ ] B Jährlich und nach jedem Einsatz oder Übungsgebrauch.
- [ ] C Entsprechend der Herstellerangabe, mindestens alle 3 Jahre.
- [ ] D Jährlich, jeweils vor Beginn der Wassersportsaison.

7. Welche Faktoren sind hauptsächlich für das Wettergeschehen, also für Wind und Niederschläge, ausschlaggebend?

- [ ] A Luftdruckänderung, Tageszeit und Temperatur.
- [ ] B Luftdruckänderung, Luftfeuchtigkeit und Temperatur.
- [ ] C Luftdruckänderung, Sonneneinstrahlung und Höhenlage.
- [ ] D Luftdruckänderung, Luftfeuchtigkeit und Jahreszeit.

Spezifische Fragen Binnen

8. Welche Anforderungen neben der körperlichen und geistigen Tauglichkeit und fachlichen Eignung muss der Führer eines Sportbootes auf dem Rhein erfüllen, wenn die Nutzleistung der Antriebsmaschine mehr als 11,03 kW bei Verbrennungsmotoren bzw. 7,5 kW bei Elektromotoren Betriebsart S 1 (Dauerbetrieb) beträgt?

- [ ] A Nachweis der Zuverlässigkeit.
- [ ] B Mindestens 14 Jahre.
- [ ] C Mindestalter 16 Jahre.
- [ ] D Besitz eines Sportbootführerscheins mit dem Geltungsbereich Binnenschifffahrtsstraßen für Sportboote mit Antriebsmaschine oder eines gleichgestellten Befähigungszeugnisses.

9. In welche Richtung werden bei Flüssen die Uferseiten als rechtes bzw. linkes Ufer bezeichnet?

- [ ] A Bei der Bergfahrt liegt die rechte Uferseite rechts.
- [ ] B Bei der Talfahrt liegt die rechte Uferseite links.
- [ ] C Von der Quelle bis zur Mündung.
- [ ] D Von der Mündung bis zur Quelle.

10. Was bedeuten diese Tafelzeichen?

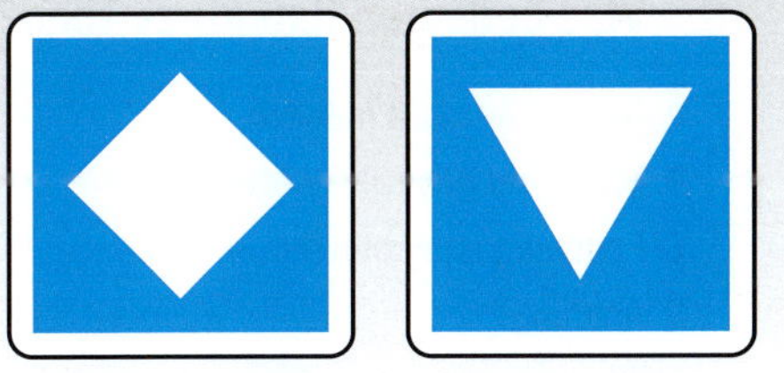

- [ ] A Liegestelle für Fahrzeuge mit gefährlichen Gütern, auch für Kleinfahrzeuge.
- [ ] B Liegestelle für Fahrzeuge mit gefährlichen Gütern, nicht für Kleinfahrzeuge.
- [ ] C Liegestelle für Fahrzeuge ohne gefährliche Güter, auch für Kleinfahrzeuge.
- [ ] D Liegestelle für Fahrzeuge ohne gefährliche Güter, nicht für Kleinfahrzeuge.

11. Was bedeuten diese Lichter?

- [ ] A Schubverband unter 110 m Länge.
- [ ] B Schubverband in Fahrt von vorne.
- [ ] C Schubverband in Fahrt von achtern.
- [ ] D Schubverband vor Anker liegend.

12. Welche Lichter muss ein Kleinfahrzeug unter Motor führen, wenn es ein anderes Kleinfahrzeug ohne Maschinenantrieb schleppt?

- [ ] A Zwei weiße Lichter übereinander.
- [ ] B Weißes Rundumlicht.
- [ ] C Lichter eines Kleinfahrzeugs mit Maschinenantrieb und ein zweites weißes Topplicht.
- [ ] D Lichter eines Kleinfahrzeugs mit Maschinenantrieb.

13. Welchen Sichtwinkel und welche Farben haben die vorgeschriebenen Lichter an Bord?

- [ ] A Topplicht: weiß 225°, Hecklicht 112,5° weiß, Seitenlichter: Backbord rot und Steuerbord grün, jeweils 135°.
- [ ] B Topplicht: weiß 112,5°, Hecklicht 225° weiß, Seitenlichter: Backbord rot und Steuerbord grün, jeweils 112,5°.
- [ ] C Topplicht: weiß 225°, Hecklicht 135° weiß, Seitenlichter: Backbord rot und Steuerbord grün, jeweils 112,5°.
- [ ] D Topplicht: weiß 135°, Hecklicht 225° weiß, Seitenlichter: Backbord rot und Steuerbord grün, jeweils 112,5°.

14. Was bedeuten diese Sichtzeichen?

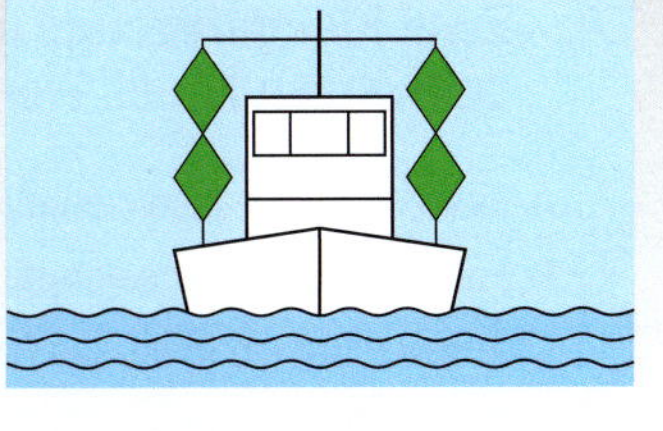

- [ ] A Festgefahrenes oder gesunkenes Fahrzeug. Vorbeifahrt an der Steuerbordseite gestattet.
- [ ] B Festgefahrenes oder gesunkenes Fahrzeug. Vorbeifahrt nicht gestattet.
- [ ] C Schwimmendes Gerät bei der Arbeit. Vorbeifahrt an jeder Seite gestattet.
- [ ] D Schwimmendes Gerät bei der Arbeit. Vorbeifahrt nicht gestattet.

15. Was bedeutet ein langer Ton?

- [ ] A Maschine geht rückwärts.
- [ ] B Fahrzeug ist manövrierunfähig.
- [ ] C Überholen nicht möglich.
- [ ] D Achtung!

16. Was bedeuten fünf kurze Töne?

- [ ] A Überholen nicht möglich.
- [ ] B Maschine geht rückwärts.
- [ ] C Fahrzeug ist manövrierunfähig.
- [ ] D Achtung!

17. Was ist eine Folge sehr kurzer Töne?

- [ ] A Eine Folge von mindestens 4 Tönen von je etwa einer viertel Sekunde Dauer und mit je einer viertel Sekunde Pause.
- [ ] B Eine Folge von mindestens 2 Tönen von je etwa einer viertel Sekunde Dauer und mit je einer viertel Sekunde Pause.
- [ ] C Eine Folge von mindestens 8 Tönen von je etwa einer viertel Sekunde Dauer und mit je einer viertel Sekunde Pause.
- [ ] D Eine Folge von mindestens 6 Tönen von je etwa einer viertel Sekunde Dauer und mit je einer viertel Sekunde Pause.

18. Ein Sportfahrzeug fährt hinter einem Fahrzeug, das nicht Kleinfahrzeug ist, in den Schleusenvorhafen ein. Aus der Schleusenkammer kommt ein Fahrzeug, das an Steuerbord eine blaue Tafel mit einem weißen Funkellicht zeigt. Was bedeutet dieses Zeichen?

- [ ] A Das aus- und die einfahrenden Fahrzeuge passieren sich an der Steuerbordseite, das Kleinfahrzeug ist wartepflichtig.
- [ ] B Das aus- und die einfahrenden Fahrzeuge passieren sich an der Backbordseite, das Kleinfahrzeug hat Vorrang.
- [ ] C Das aus- und die einfahrenden Fahrzeuge passieren sich an der Steuerbordseite, das Kleinfahrzeug ist nur zu erhöhter Aufmerksamkeit verpflichtet.
- [ ] D Das aus- und die einfahrenden Fahrzeuge passieren sich an der Backbordseite, das Kleinfahrzeug ist nur zu erhöhter Aufmerksamkeit verpflichtet.

19. Wo kann man von bestehenden Höchstgeschwindigkeiten auf den Binnenschifffahrtsstraßen Kenntnis erhalten?

- [ ] A In der Binnenschifferpatentverordnung, bei der Wasserstraßen- und Schifffahrtsverwaltung und der Wasserschutzpolizei.
- [ ] B In der Binnenschifffahrtsstraßen-Ordnung, bei der Wasserstraßen- und Schifffahrtsverwaltung und der Wasserschutzpolizei.
- [ ] C In der Binnenschiffsuntersuchungs-Ordnung, bei der Wasserstraßen- und Schifffahrtsverwaltung und der Wasserschutzpolizei.
- [ ] D In der Sportbootführerscheinverordnung, bei der Wasserstraßen- und Schifffahrtsverwaltung und der Wasserschutzpolizei.

20. Zwei Kleinfahrzeuge unter Segel A und B liegen auf Kollisionskurs; A führt einen schwarzen Kegel. Wer ist ausweichpflichtig?

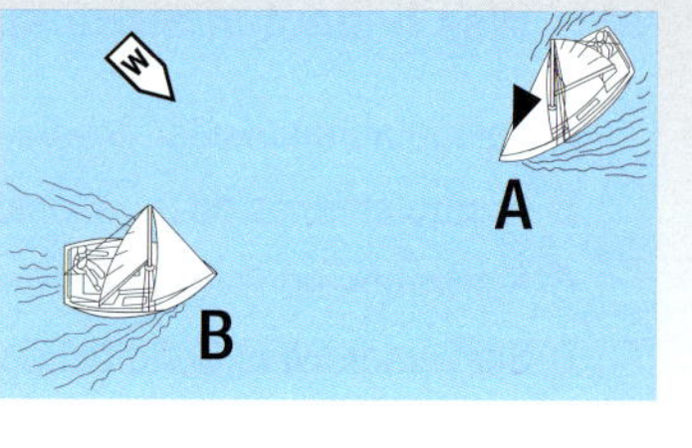

- [ ] A Fahrzeug A ist ausweichpflichtig.
- [ ] B Fahrzeug B ist ausweichpflichtig.
- [ ] C Ausweichpflichtig ist das Fahrzeug, welches das Andere an seiner Backbordseite sieht.
- [ ] D Ausweichpflichtig ist das Fahrzeug, welches den Wind von Backbord hat.

21. Wer ist wem gegenüber kurshaltepflichtig?

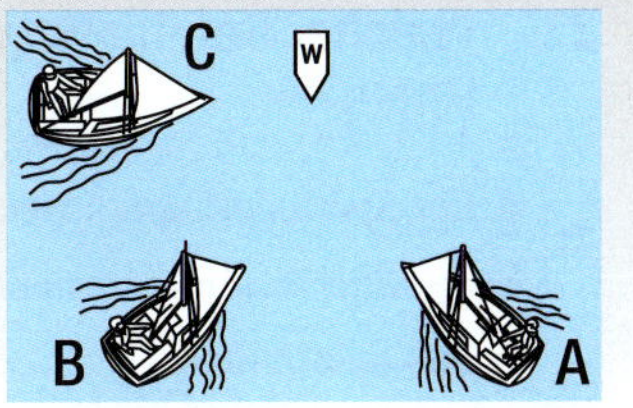

- [ ] A B gegenüber C und A, A gegenüber C.
- [ ] B A gegenüber B und C, C gegenüber B.
- [ ] C A gegenüber B und C, B gegenüber C.
- [ ] D C gegenüber A und B, B gegenüber A.

22. Was bedeutet dieses Tafelzeichen?

- [ ] A Vorgeschriebene Fahrtrichtung.
- [ ] B Fahrtrichtung nach links verboten.
- [ ] C Vorgeschriebene Fahrtrichtung nur für Kleinfahrzeuge.
- [ ] D Empfohlene Fahrtrichtung.

23. Welche Bedeutung hat das nachstehende Tafelzeichen, wenn das rote Licht leuchtet?

- [ ] A Verbot der Einfahrt in einen Hafen oder eine Nebenwasserstraße.
- [ ] B Verbot des Überholens auf dem Streckenabschnitt.
- [ ] C Achtung Doppelschleuse, linke Kammer gesperrt.
- [ ] D Achtung Ausfahrt aus Hafen oder Nebenfahrwasser.

24. Was ist zu beachten, wenn während der Fahrt unsichtiges Wetter eintritt?

- [ ] A Auf allen Wasserstraßen ist ohne Radar und ECDIS die Fahrt unverzüglich einzustellen.
- [ ] B Auf bestimmten Wasserstraßen ist ohne Radar und Sprechfunk die Fahrt unverzüglich einzustellen.
- [ ] C Auf allen Wasserstraßen ist ohne Radar und Sprechfunk die Fahrt unverzüglich einzustellen.
- [ ] D Auf bestimmten Wasserstraßen ist ohne Radar und AIS die Fahrt unverzüglich einzustellen.

25. Welche Bedeutung hat am Tag das Kreisen einer roten Flagge auf einem Wasserfahrzeug?

- [ ] A Ein in Not befindliches Fahrzeug, das durch Sichtzeichen Hilfe herbeirufen will.
- [ ] B Ein manövrierbehindertes Fahrzeug, das durch Sichtzeichen Hilfe herbeirufen will.
- [ ] C Keine Bedeutung für den durchgehenden Schiffsverkehr.
- [ ] D Schützenswertes Fahrzeug, Vermeidung von Sog und Wellenschlag.

26. Wo darf auf Binnenschifffahrtsstraßen Wasserski gelaufen werden?

- [ ] A Außerhalb des Fahrwassers.
- [ ] B Außerhalb der Fahrrinne.
- [ ] C Überall, ohne die Schifffahrt zu gefährden.
- [ ] D Nur in durch Tafelzeichen freigegebenen Bereichen.

27. Welcher Befähigungsnachweis berechtigt zum Führen eines Sportbootes bis zu einer Länge von 25 m auf dem Rhein?

- [ ] A Der Sportbootführerschein mit dem Geltungsbereich Binnenschifffahrtsstraßen.
- [ ] B Der Sportbootführerschein mit dem Geltungsbereich Seeschifffahrtsstraßen.
- [ ] C Das Sportpatent.
- [ ] D Das Sportschifferzeugnis.

28. Welche Stellen sind für die Zuteilung eines amtlich anerkannten Kennzeichens für Sportboote zuständig?

- [ ] A Die Wasserschutzpolizei.
- [ ] B Amtsgerichte, bei denen ein Schiffsregister geführt wird.
- [ ] C Der Deutsche Motoryachtverband, der Deutsche Segler-Verband, der Allgemeine Deutsche Automobilclub.
- [ ] D Die Wasserstraßen- und Schifffahrtsämter.

29. Welche Bedeutung haben diese Tafeln an der nachstehenden gekennzeichneten Brücke?

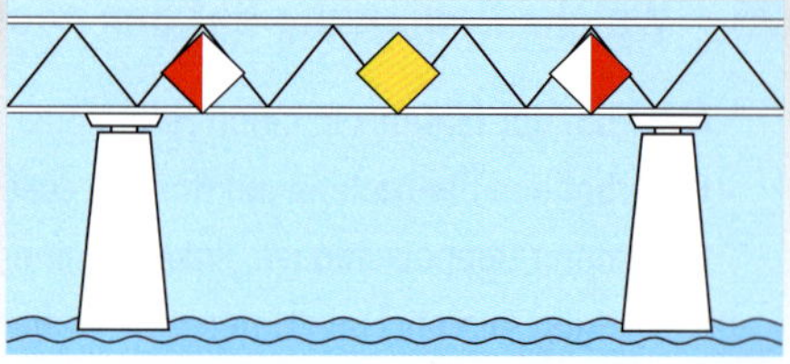

- [ ] A Empfohlene Durchfahrt mit Gegenverkehr und seitlicher Begrenzung der erlaubten Brückendurchfahrt.
- [ ] B Empfohlene Durchfahrt ohne Gegenverkehr und seitlicher Begrenzung der erlaubten Brückendurchfahrt.
- [ ] C Vorgeschriebene Durchfahrt mit Gegenverkehr und seitlicher Begrenzung der erlaubten Brückendurchfahrt.
- [ ] D Empfohlene Durchfahrt mit Gegenverkehr ohne seitliche Begrenzung der erlaubten Brückendurchfahrt.

30. Welcher Befähigungsnachweis ist zur Teilnahme am Binnenschifffahrtsfunk erforderlich?

- [ ] A Das SRC-Sprechfunkzeugnis für den Binnenschifffahrtsfunk.
- [ ] B Das UKW-Sprechfunkzeugnis für den Binnenschifffahrtsfunk.
- [ ] C Das CB-Sprechfunkzeugnis für den Binnenschifffahrtsfunk.
- [ ] D Das Seefunkzeugnis für den Binnenschifffahrtsfunk.

31. Worin besteht der Vorteil eines Kimmkielers gegenüber anderen Kielbooten?

- [ ] A Die Abdrift ist geringer als bei anderen Kielbooten.
- [ ] B Der Kiel lässt sich aufholen.
- [ ] C Er kann problemlos aufrecht trocken fallen.
- [ ] D Sein Tiefgang ist größer.

32. Welche Boote sind vorwiegend „gewichtsstabil"?

- [ ] A Jollen sind vorwiegend „gewichtsstabil".
- [ ] B Katamarane sind vorwiegend „gewichtsstabil".
- [ ] C Trimarane sind vorwiegend „gewichtsstabil".
- [ ] D Kielyachten sind vorwiegend „gewichtsstabil".

33. Wie verändert sich das aufrichtende Kraftmoment einer Jolle bei Krängung?

- [ ] A Es nimmt anfangs zu bis zu einem Maximum, von da wieder ab, bis Auftriebs- und Gewichtsschwerpunkt übereinander liegen, anschließend kentert die Jolle.
- [ ] B Es nimmt anfangs ab bis zu einem Minimum, von da wieder zu, bis Auftriebs- und Gewichtsschwerpunkt übereinander liegen, anschließend kentert die Jolle.
- [ ] C Es nimmt anfangs ab und erreicht ein Maximum, wenn Auftriebs- und Gewichtsschwerpunkt übereinander liegen, anschließend kentert die Jolle.
- [ ] D Es nimmt anfangs ab und erreicht sein Minimum, bis Auftriebs- und Gewichtsschwerpunkt übereinander liegen, anschließend kentert die Jolle.

34. Warum ist der scheinbare Wind auf einem Kurs hoch am Wind stärker als der wahre Wind?

- [ ] A Da der scheinbare Wind unabhängig von der Windrichtung immer stärker als der wahre Wind ist.
- [ ] B Da sich auf diesem Kurs der wahre Wind und der Fahrtwind in Richtung und Stärke addieren.
- [ ] C Da sich auf diesem Kurs eine Düse zwischen Fock- und Großsegel bildet, die den Wind verstärkt.
- [ ] D Da der wahre Wind beim Amwindkurs stärker ist als bei raumen Kursen.

35. Mit welcher Krängung sollte eine Jolle üblicherweise gesegelt werden und weshalb?

- [ ] A Möglichst nach Luv geneigt, weil dadurch die Abdrift und die Luvgierigkeit abnehmen.
- [ ] B Möglichst aufrecht, da sonst Abdrift und Luvgierigkeit zunehmen.
- [ ] C Möglichst aufrecht, weil sonst Abdrift und Leegierigkeit zunehmen.
- [ ] D Leicht nach Lee geneigt, da sonst die Segel leicht nach Luv überkommen können.

36. Warum soll ein gut getrimmtes Segelboot leicht luvgierig sein?

- [ ] A Weil es sich so anspruchsvoller steuern lässt.
- [ ] B Weil es so weniger Höhe läuft.
- [ ] C Weil es auf Raumschotkurs mehr Geschwindigkeit läuft.
- [ ] D Weil es im Notfall von selbst in den Wind schießt.

37. Warum ist eine Patenthalse gefährlich?

- [ ] A Es kann zur plötzlichen Änderung der Ausweichpflicht kommen.
- [ ] B Es kann zum Verlust der Steuerfähigkeit des Fahrzeuges führen.
- [ ] C Es kann erneut eine Patenthalse folgen, wenn nicht sofort abgefallen wird.
- [ ] D Es kann zu Verletzungen der Crew, zu Riggschäden und zur Kenterung führen.

Sportbootführerschein
Binnen – Segel + Motor
Übungsbogen 11

Pro Frage ist nur eine Antwort richtig. Für jede richtige Antwort gibt es einen Punkt.
Um die theoretische Prüfung zu bestehen, benötigen Sie mindestens
5 Punkte in den Basisfragen (wenn Sie nicht befreit sind),
18 Punkte in den spezifischen Fragen Binnen und
5 Punkte in den spezifischen Fragen Segeln.
Bearbeitungszeit: 60 Minuten (45 Minuten ohne Basisfragen)

Datum

Vor- / Nachname

Basisfragen

1. Welche Seite wird als Leeseite bezeichnet?

- ☐ A Die Seite in Fahrtrichtung rechts.
- ☐ B Die Seite in Fahrtrichtung links.
- ☐ C Die dem Wind abgewandte Seite.
- ☐ D Die dem Wind zugekehrte Seite.

2. Welche Lichter muss ein Fahrzeug unter Segel, das gleichzeitig mit Maschinenkraft fährt, führen?

- ☐ A Seitenlichter rot und grün und ein rotes Rundumlicht.
- ☐ B Die für ein Maschinenfahrzeug vorgeschriebenen Lichter.
- ☐ C Die für ein Segelfahrzeug vorgeschriebenen Lichter.
- ☐ D Zwei rote Rundumlichter senkrecht übereinander.

3. Was bedeuten diese Lichter vor einer Schleuse?

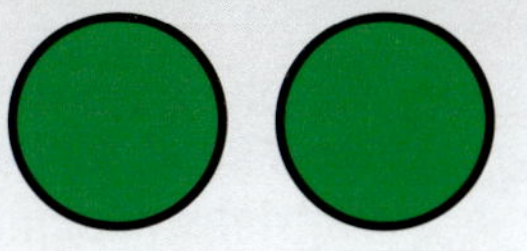

- ☐ A Einfahrt frei, Gegenverkehr gesperrt.
- ☐ B Einfahrt frei, Schleusentor öffnet.
- ☐ C Schleuse in Betrieb, auf Einfahrtsignal gemäß Reihenfolge warten.
- ☐ D Schleuse in Betrieb, auf Ausfahrtsignal gemäß Reihenfolge warten.

4. Welches ist der günstigste Anlaufwinkel beim Anlegen?

- [ ] A Ein möglichst spitzer Winkel.
- [ ] B Ein Winkel von 90° bis 100°.
- [ ] C Ein möglichst stumpfer Winkel.
- [ ] D Ein Winkel von 60° bis 70°.

5. Wodurch wird bei einem Fahrzeug mit Außenbordmotor und ohne Ruderanlage die Ruderwirkung erzielt?

- [ ] A Durch den Schraubenwiderstand und Anstellwinkel des Propellers.
- [ ] B Durch den Schraubenwiderstand und Richtung des Propellers.
- [ ] C Durch Schraubenstrom und Richtung des Propellers.
- [ ] D Durch Schraubenstrom und Anstellwinkel des Propellers.

6. Ein Außenborder mit gefülltem Tank bleibt während der Fahrt stehen. Was könnten die Ursachen sein?

- [ ] A Belüftungsschraube geschlossen; verstopfte Kraftstoffleitung.
- [ ] B Ansaugdüsen zu groß bzw. zu klein.
- [ ] C Tankdeckel ist offen.
- [ ] D Schraube an der Welle lose.

7. Was ist zu tun, wenn Flüssiggas in das Innere des Bootes gelangt?

- [ ] A Gaszuführung absperren und für Lüftung sorgen. Außerdem keine elektrischen Schalter betätigen und per Telefon Hilfe holen.
- [ ] B Gasleitung entleeren und die Gasfreiheit mit dem Feuerzeug prüfen sowie über Funk oder Mobiltelefon Hilfe anfordern.
- [ ] C Gaszuführung absperren und für Lüftung sorgen. Außerdem keine elektrischen Schalter betätigen und keinen Funk und keine Mobiltelefone benutzen.
- [ ] D Gasleitung entleeren und für Lüftung sorgen. Außerdem keine elektrischen Schalter betätigen und keine Telefone benutzen.

Spezifische Fragen Binnen

8. Welche Anforderungen neben der körperlichen und geistigen Tauglichkeit und fachlichen Eignung muss der Führer eines Sportbootes auf Binnenschifffahrtsstraßen erfüllen, wenn die größte Nutzleistung der Antriebsmaschine 11,03 kW bei Verbrennungsmotoren bzw. 7,5 kW bei Elektromotoren Betriebsart S 1 (Dauerbetrieb) oder weniger beträgt?

- [ ] A Nachweis der Zuverlässigkeit.
- [ ] B Mindestalter 14 Jahre.
- [ ] C Mindestalter 16 Jahre.
- [ ] D Besitz eines Sportbootführerscheins mit dem Geltungsbereich Binnenschifffahrtsstraßen für Sportboote mit Antriebsmaschine oder eines gleichgestellten Befähigungszeugnisses.

9. Welche Auswirkungen hat das Erreichen der Hochwassermarke II für die Sportschifffahrt?

- [ ] A Verbot der Schifffahrt bei Nacht und unsichtigem Wetter.
- [ ] B Einstellung der Schifffahrt.
- [ ] C Geschwindigkeitsbeschränkung und Fahrverbot für Fahrzeuge ohne Sprechfunk.
- [ ] D Überholverbot und Fahrverbot für Fahrzeuge ohne Sprechfunk.

10. Was bedeutet dieses Tafelzeichen?

- [ ] A Liegestelle für Fahrzeuge mit explosiven Stoffen, für Kleinfahrzeuge verboten.
- [ ] B Liegestelle für Fahrzeuge mit brennbaren Stoffen, für Kleinfahrzeuge verboten.
- [ ] C Liegestelle für Fahrzeuge mit gesundheitsgefährdeten Stoffen, für Kleinfahrzeuge verboten.
- [ ] D Liegestelle für alle Fahrzeuge, für Kleinfahrzeuge verboten.

11. Was bedeutet dieses Sichtzeichen?

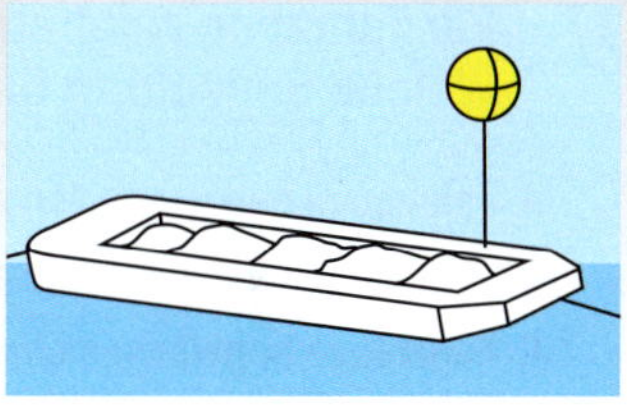

- [ ] A Fahrzeug, das vor Anker liegt.
- [ ] B Fahrzeuge mit Vorrang an einer Schleuse.
- [ ] C Schleppfahrzeug an der Spitze eines Schleppverbandes.
- [ ] D Fahrzeug eines Schleppverbandes.

12. Was bedeutet dieses Sichtzeichen?

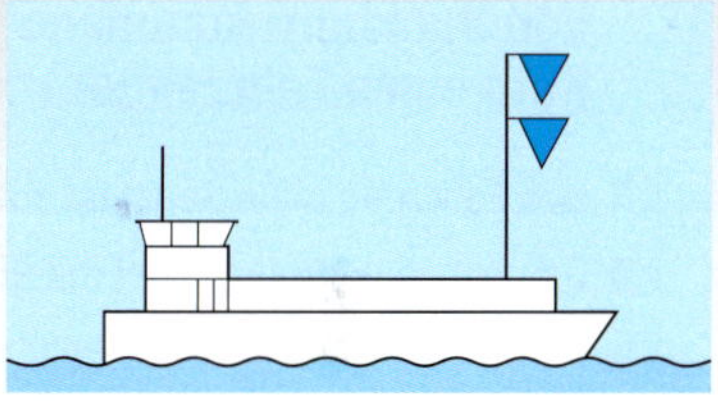

- [ ] A Fahrzeug der Überwachungsbehörden im Einsatz.
- [ ] B Fahrzeug hat gesundheitsschädliche Stoffe geladen, Abstand beim Stillliegen 50 m.
- [ ] C Fahrzeug hat explosive Stoffe geladen, Abstand beim Stillliegen 100 m.
- [ ] D Fahrzeug hat brennbare Stoffe geladen, Abstand beim Stillliegen 10 m.

13. Wann gilt ein Sportboot auf den Binnenschifffahrtsstraßen nicht mehr als Kleinfahrzeug?

- [ ] A Wenn es 18 m oder länger ist.
- [ ] B Wenn es 20 m oder länger ist.
- [ ] C Wenn es 15 m oder länger ist.
- [ ] D Wenn es 10 m oder länger ist.

14. Wie lautet eine der drei Grundregeln der Binnenschifffahrtsstraßen-Ordnung, nach denen Kleinfahrzeuge unter Segel einander ausweichen?

- [ ] A Wenn sie den Wind von derselben Seite haben, muss das leeseitige dem luvseitigen ausweichen.
- [ ] B Wenn sie den Wind von derselben Seite haben, müssen beide Fahrzeuge ausweichen.
- [ ] C Wenn sie den Wind nicht von derselben Seite haben, muss das Segelfahrzeug mit Wind von Backbord dem Segelfahrzeug mit Wind von Steuerbord ausweichen.
- [ ] D Wenn sie den Wind nicht von derselben Seite haben, muss das Segelfahrzeug mit Wind von Steuerbord dem Segelfahrzeug mit Wind von Backbord ausweichen.

15. Was bedeuten diese Lichter?

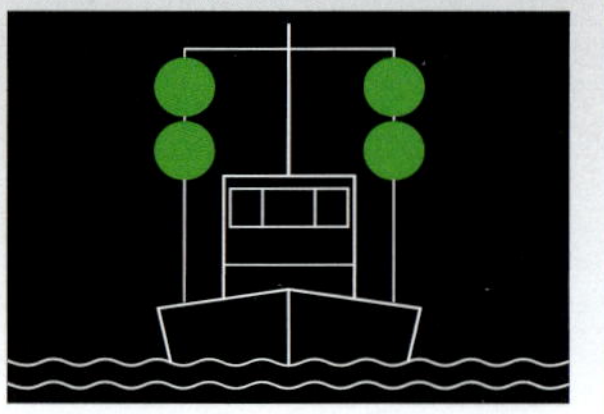

- [ ] A Festgefahrenes oder gesunkenes Fahrzeug. Vorbeifahrt nicht gestattet.
- [ ] B Schwimmendes Gerät bei der Arbeit. Vorbeifahrt an jeder Seite gestattet.
- [ ] C Schwimmendes Gerät bei der Arbeit. Vorbeifahrt nicht gestattet.
- [ ] D Festgefahrenes oder gesunkenes Fahrzeug. Vorbeifahrt an der Steuerbordseite gestattet.

16. Was bedeutet dieses Schallsignal (— — — • •)?

- [ ] A Hafen oder Nebenwasserstraße; Ein- oder Ausfahrt mit Kursänderung nach Backbord.
- [ ] B Überholen an der Backbordseite des Vorausfahrenden.
- [ ] C Hafen oder Nebenwasserstraße; Ein- oder Ausfahrt mit Kursänderung nach Steuerbord.
- [ ] D Überholen an der Steuerbordseite des Vorausfahrenden.

17. Ein Fahrzeug zeigt an der Steuerbordseite seines Ruderhauses eine blaue Tafel mit weißem Funkellicht. Welche Bedeutung hat dieses Zeichen?

- [ ] A Fahrzeuge begegnen sich an Steuerbord. Dieses Zeichen braucht gar nicht beachtet zu werden.
- [ ] B Fahrzeuge begegnen sich an Steuerbord. Dieses Zeichen gilt auch für alle Kleinfahrzeuge.
- [ ] C Fahrzeuge begegnen sich an Steuerbord. Dieses Zeichen gilt nicht für Kleinfahrzeuge, verpflichtet aber zu erhöhter Aufmerksamkeit.
- [ ] D Fahrzeuge begegnen sich an Steuerbord. Dieses Zeichen gilt nur für Kleinfahrzeuge.

18. Von Backbord kommend kreuzt ein Fahrzeug unter Segel mit einem schwarzen Kegel, Spitze nach unten, den Kurs eines Fahrzeuges mit Maschinenantrieb. Wer ist ausweichpflichtig?

- [ ] A Das Fahrzeug ohne Segel ist ausweichpflichtig.
- [ ] B Das Fahrzeug unter Segel mit einem schwarzen Kegel ist nicht ausweichpflichtig.
- [ ] C Beide Fahrzeuge sind ausweichpflichtig.
- [ ] D Das Fahrzeug unter Segel mit einem schwarzen Kegel ist ausweichpflichtig.

19. Wo ist die Geschwindigkeit zu vermindern, um Sog und Wellenschlag zu vermeiden?

- [ ] A Vor Hafenmündungen, an Lade-, Lösch- und Liegeplätzen, in der Nähe nicht frei fahrender Fähren, auf gekennzeichneten Strecken, in der Nähe schwimmender Schifffahrtszeichen.
- [ ] B Vor Hafenmündungen, an Lade-, Lösch- und Liegeplätzen, in der Nähe nicht frei fahrender Fähren, auf gekennzeichneten Strecken, in der Nähe schwimmender Geräte bei der Arbeit.
- [ ] C Vor Einmündungen, an Lade-, Lösch- und Liegeplätzen, in der Nähe nicht frei fahrender Fähren, auf gekennzeichneten Strecken, in der Nähe schwimmender Geräte bei der Arbeit.
- [ ] D Vor Hafenmündungen, an Lade-, Lösch- und Liegeplätzen, in der Nähe frei fahrender Fähren, auf gekennzeichneten Strecken, in der Nähe schwimmender Geräte bei der Arbeit.

20. Was bedeutet dieses Tafelzeichen?

- [ ] A Wendeverbot.
- [ ] B Verbotene Fahrtrichtung rechts oder links.
- [ ] C Verbote in beiden angezeigten Richtungen zu fahren.
- [ ] D Wendeverbot in der Mitte des Fahrwassers.

21. Welche Sichtbeeinträchtigungen führen zu unsichtigem Wetter?

- [ ] A Dunkelheit, Nebel, Schneefall, starker Regen.
- [ ] B Nacht, Schneefall, starker Regen.
- [ ] C Dämmerung, Nebel, Schneefall, starker Regen.
- [ ] D Nebel, Schneefall, starker Regen.

22. Welche Notsignale kann ein Segelsurfer auf Binnenschifffahrtsstraßen geben?

- [ ] A Kreisförmiges Schwenken einer grünen Flagge, die mit anderen Zeichen nicht verwechselt werden kann.
- [ ] B Wiederholt lange Gruppen von Glockenschlägen.
- [ ] C Kreisförmiges Schwenken der Arme ist zu vermeiden, das Surfsegel ist möglichst senkrecht zu stellen.
- [ ] D Kreisförmiges Schwenken der Arme oder eines Gegenstandes.

23. Was ist bei Sturmwarnung vom Schiffsführer eines Sportbootes unter Segel auf einem größeren Gewässer zu veranlassen?

- [ ] A Rettungsweste anlegen. Segel bergen, versuchen einen Hafen oder eine geschützte Bucht anzulaufen.
- [ ] B Rettungsweste anlegen. Alle Segel setzen, versuchen, einen Hafen oder eine geschützte Bucht anzulaufen.
- [ ] C Rettungsweste bereit halten. Segel bergen, versuchen, einen Hafen oder eine geschützte Bucht anzulaufen.
- [ ] D Rettungsweste anlegen. Segel setzen, versuchen die Gewässermitte anzulaufen.

24. Welche Fahrrinnenseite hat ein Talfahrer an seiner Backbordseite?

- [ ] A Die rechte Fahrrinnenseite, gekennzeichnet durch rote Stumpftonnen oder Schwimmstangen.
- [ ] B Die linke Fahrrinnenseite, gekennzeichnet durch rote Stumpftonnen oder Schwimmstangen.
- [ ] C Die rechte Fahrrinnenseite, gekennzeichnet durch grüne Spitztonnen oder Schwimmstangen.
- [ ] D Die linke Fahrrinnenseite, gekennzeichnet durch grüne Spitztonnen oder Schwimmstangen.

25. Welches Wetter ist zu erwarten, wenn der Luftdruck langsam, aber stetig steigt?

- ☐ A Besseres Wetter, steigende Temperatur.
- ☐ B Schlechtes Wetter ist nicht zu erwarten.
- ☐ C Schlechtes Wetter, Starkwind oder Sturm.
- ☐ D Besseres Wetter, Sonne.

26. Zu welcher Tageszeit und bei welchen Sichtweiten darf auf den erlaubten Gewässerabschnitten Wasserski gelaufen werden?

- ☐ A Sonnenaufgang bis -untergang, Sicht 1000 m und mehr.
- ☐ B Sonnenaufgang bis -untergang, Sicht 1500 m und mehr.
- ☐ C Sonnenaufgang bis -untergang, Sicht 500 m und mehr.
- ☐ D Sonnenaufgang bis -untergang, Sicht 300 m und mehr.

27. Weshalb muss sich der Schiffsführer vor dem Befahren fremder Gewässer über die dort geltenden Vorschriften informieren?

- ☐ A Da diese auf Landesgewässern grundsätzlich inhaltlich abweichen.
- ☐ B Da diese auf Bundesgewässern grundsätzlich inhaltlich abweichen.
- ☐ C Weil die jeweils geltenden Vorschriften wichtige Informationen über die Brückendurchfahrtshöhen enthalten.
- ☐ D Um die jeweils geltenden Vorschriften einhalten zu können.

28. Woraus bestehen die amtlich anerkannten Kennzeichen?

- ☐ A Nummer des Seeschiffsregisters, gefolgt vom Kennbuchstaben für die ausstellende Organisation.
- ☐ B Die europäische Schiffsnummer, gefolgt vom Kennbuchstaben für die ausstellende Organisation.
- ☐ C Nummer des Internationalen Bootsscheins, gefolgt vom Kennbuchstaben für die ausstellende Organisation.
- ☐ D Nummer des Binnenschiffsregisters, gefolgt vom Kennbuchstaben für die ausstellende Organisation.

29. Welche Funktion haben gelbe Tonnen mit einem Radarreflektor vor Brückenpfeiler?

- ☐ A Kenntlichmachung der Höhe der Brückenpfeiler.
- ☐ B Kenntlichmachung einer gesperrten Brückendurchfahrt.
- ☐ C Kenntlichmachung einer Untiefe im Brückenbereich.
- ☐ D Kenntlichmachung der Brückenpfeiler auf dem Radarschirm.

30. Welches optische Zeichen kann in der Nacht oder bei verminderter Sicht anstelle von vier kurzen Tönen gegeben werden?

- ☐ A Ein rotes Licht im Kreis schwenken.
- ☐ B Ein rotes Licht zeigen.
- ☐ C Ein rotes Licht im unteren Halbkreis schwenken.
- ☐ D Ein rotes Licht im oberen Halbkreis schwenken.

31. Was wird unter „Formstabilität“ verstanden?

- [ ] A Die Fähigkeit eines Schiffes über Jahre die Rumpfform auch bei starker Beanspruchung beizubehalten.
- [ ] B Die Fähigkeit eines Schiffes, durch seine Rumpfform der Krängung entgegenzuwirken.
- [ ] C Die Fähigkeit eines Schiffes, sich nach einer Kenterung wieder von selbst aufzurichten.
- [ ] D Die Fähigkeit eines Schiffes beim Loslassen der Pinne den Kurs beizubehalten.

32. Wie verändert sich das aufrichtende Kraftmoment einer Kielyacht bei stetig zunehmender Krängung?

- [ ] A Es nimmt zu und erreicht nach Überschreitung des Maximums seinen kritischen Winkel erst bei über 90°.
- [ ] B Es nimmt bis zum Erreichen des kritischen Winkels zu, der bei etwa 70° liegt.
- [ ] C Es nimmt bis zum Erreichen des kritischen Winkels von 90° ab.
- [ ] D Es nimmt bis 90° Krängung ab und dann stetig zu.

33. Wie heißen die Ecken eines Segels?

- [ ] A Kopf, Hals, Nock.
- [ ] B Vorliek, Unterliek, Achterliek.
- [ ] C Vorstag, Unterwant, Achterstag.
- [ ] D Kopf, Hals, Schothorn.

34. Auf einem Amwindkurs wurde gerefft. Ein entgegenkommendes Boot gleichen Typs segelt ungerefft. Wie lässt sich das erklären?

- [ ] A Bei Amwindkurs streicht der Wind am tragflächenartig gewölbten Segel entlang und wird dadurch beschleunigt.
- [ ] B Der scheinbare Wind ist auf Amwindkursen stärker, auf Raumschot- und Vorwindkursen schwächer als der wahre Wind.
- [ ] C Boote sind stabiler, wenn der Wind achterlicher einfällt.
- [ ] D Der wahre Wind staut sich am Segel bei Raumschotkurs und ist deshalb schwächer.

35. Wie verändern sich Abdrift und Krängung, wenn das Schwert einer Jolle auf einem Amwindkurs etwas aufgeholt wird?

- [ ] A Die Abdrift nimmt ab, das Boot wird aufgrund des geringeren Wasserwiderstandes schneller.
- [ ] B Die Abdrift wird kleiner, die Krängung nimmt ab.
- [ ] C Die Abdrift wird größer, die Krängung nimmt ab.
- [ ] D Die Abdrift wird größer, die Krängung nimmt zu.

36. Welchen Einfluss hat zunehmende Krängung auf den Trimm des Bootes?

- [ ] A Bis 45° Krängung nimmt die Luvgierigkeit zu, dann wieder ab.
- [ ] B Die Luvgierigkeit nimmt zu.
- [ ] C Die Leegierigkeit nimmt zu.
- [ ] D Keinen.

37. Ein Segelboot segelt bei starkem Wind nur unter Großsegel auf Amwindkurs. Plötzlich bricht das Vorstag. Was ist sofort zu unternehmen?

- [ ] A Abfallen auf Vorwindkurs.
- [ ] B Dichtholen und Anluven.
- [ ] C Einen Aufschießer fahren.
- [ ] D Eine Halse fahren.

Sportbootführerschein

Binnen – Segel + Motor

Übungsbogen 12

Pro Frage ist nur eine Antwort richtig. Für jede richtige Antwort gibt es einen Punkt.
Um die theoretische Prüfung zu bestehen, benötigen Sie mindestens
5 Punkte in den Basisfragen (wenn Sie nicht befreit sind),
18 Punkte in den spezifischen Fragen Binnen und
5 Punkte in den spezifischen Fragen Segeln.
Bearbeitungszeit: 60 Minuten (45 Minuten ohne Basisfragen)

Datum

Vor- / Nachname

Basisfragen

1. In welchen Fällen darf weder ein Sportboot geführt noch dessen Kurs oder Geschwindigkeit selbstständig bestimmt werden?

☐ A Wenn man infolge körperlicher oder geistiger Mängel oder infolge des Genusses alkoholischer Getränke oder anderer berauschender Mittel in der sicheren Führung behindert ist oder wenn eine Blutalkoholkonzentration von 0,3 ‰ oder mehr im Körper vorhanden ist.

☐ B Wenn man infolge körperlicher oder geistiger Mängel oder infolge des Genusses alkoholischer Getränke oder anderer berauschender Mittel in der sicheren Führung behindert ist oder wenn eine Blutalkoholkonzentration von 0,5 ‰ oder mehr im Körper vorhanden ist.

☐ C Wenn man infolge körperlicher oder geistiger Mängel oder infolge des Genusses alkoholischer Getränke oder anderer berauschender Mittel in der sicheren Führung behindert ist oder wenn eine Blutalkoholkonzentration von 0,8 ‰ oder mehr im Körper vorhanden ist.

☐ D Wenn man infolge körperlicher oder geistiger Mängel oder infolge des Genusses alkoholischer Getränke oder anderer berauschender Mittel in der sicheren Führung behindert ist oder wenn eine Blutalkoholkonzentration von 1,0 ‰ oder mehr im Körper vorhanden ist.

2. Was für eine Laterne kann ein Segelfahrzeug von weniger als 20 m Länge anstelle der Seitenlichter und des Hecklichtes führen?

☐ A Eine Dreifarbenlaterne an oder nahe der Mastspitze.
☐ B Eine Zweifarbenlaterne an gut sichtbarer Stelle.
☐ C Eine Dreifarbenlaterne an gut sichtbarer Stelle.
☐ D Eine Zweifarbenlaterne an oder nahe der Mastspitze.

3. Welche Bedeutung haben folgende Schifffahrtszeichen?

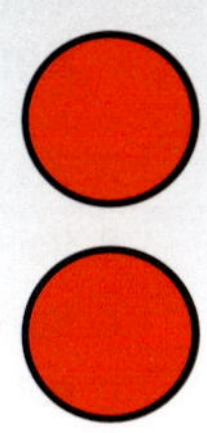

☐ A Außergewöhnliche Schifffahrtsbehinderung.
☐ B Anlage dauerhaft gesperrt.
☐ C Brücke, Sperrwerk oder Schleuse geschlossen.
☐ D Stoppsignal für alle Fahrzeuge.

4. Wie verhält man sich beim Begegnen mit anderen Fahrzeugen in einem engen Fahrwasser?

- [ ] A Geschwindigkeit erhöhen, um das Begegnungsmanöver zügig durchzuführen.
- [ ] B Das gegen den Strom fahrende Fahrzeug ist ausweichpflichtig.
- [ ] C Das mit dem Strom fahrende Fahrzeug hat aufzustoppen.
- [ ] D Geschwindigkeit herabsetzen und ausreichenden Passierabstand halten.

5. Was ist unter einem rechtsdrehenden Propeller zu verstehen?

- [ ] A Von achtern gesehen in Vorausfahrt Drehung des Propellers im Uhrzeigersinn.
- [ ] B Von vorne gesehen in Vorausfahrt Drehung des Propellers im Uhrzeigersinn.
- [ ] C Von achtern gesehen in Vorausfahrt Drehung des Propellers gegen den Uhrzeigersinn.
- [ ] D Von vorne gesehen in Rückwärtsfahrt Drehung des Propellers gegen den Uhrzeigersinn.

6. Während der Fahrt sollte die Maschinenanlage ständig überwacht werden. Worauf muss besonders geachtet werden?

- [ ] A Kühlwasseraustritt, Drehzahlmesser, Keilriemenspannung.
- [ ] B Schraubendrehzahl, Getriebeöltemperatur, Öldruck.
- [ ] C Druck der Einspritzpumpe, Impellerpumpe, Ölpumpe.
- [ ] D Motortemperatur, Öldruck, Ladekontrolle.

7. In welcher Situation dürfen Notsignale gegeben werden?

- [ ] A Wenn Gefahr für Leib oder Leben von Personen oder erhebliche Sachwerte besteht und daher Hilfe benötigt wird.
- [ ] B Wenn Gefahr für Leib oder Leben von Personen, erhebliche Sachwerte oder die maritime Umwelt besteht.
- [ ] C Wenn Gefahr für Leib oder Leben von Personen besteht und daher Hilfe benötigt wird.
- [ ] D Wenn Gefahr für Leib oder Leben von Personen besteht oder das Schiff nicht mehr sicher manövriert werden kann.

Spezifische Fragen Binnen

8. Unter welchen Umständen darf von den geltenden Bestimmungen über das Verhalten im Verkehr auf den Binnenschifffahrtsstraßen abgewichen werden?

- [ ] A Bei mittelbar drohender Gefahr für sich oder andere.
- [ ] B Bei unmittelbar drohender Gefahr für sich oder andere.
- [ ] C Bei unmittelbar bevorstehender Begegnung.
- [ ] D Bei unmittelbar bevorstehendem Überholvorgang.

9. Welche Auswirkungen kann das Erreichen der Hochwassermarke I für die Sportschifffahrt haben?

☐ A Einstellung der Schifffahrt.
☐ B Verbot der Schifffahrt bei Nacht und unsichtigem Wetter.
☐ C Überholverbot und Fahrverbot für Fahrzeuge ohne Sprechfunk.
☐ D Geschwindigkeitsbeschränkung und Fahrverbot für Fahrzeuge ohne Sprechfunk.

10. Was bedeutet eine rot-grün gestreifte Tonne oder Schwimmstange und was ist zu beachten?

☐ A Fahrrinnenspaltung. Vorbeifahrt nur an Steuerbord möglich.
☐ B Fahrrinnenspaltung. In Fahrtrichtung rechts halten.
☐ C Fahrrinnenspaltung. Vorbeifahrt an beiden Seiten möglich.
☐ D Fahrrinnenspaltung. In Fahrtrichtung links halten.

11. Welches Licht setzt ein stillliegendes Fahrzeug?

☐ A Ein weißes Topplicht und ein weißes Hecklicht.
☐ B Die Seitenlichter und ein sichtbares weißes Rundumlicht
☐ C Ein von allen Seiten sichtbares weißes Blinklicht auf der Fahrwasserseite.
☐ D Ein von allen Seiten sichtbares weißes Rundumlicht auf der Fahrwasserseite.

12. Was bedeuten diese Tafelzeichen an Brücken?

☐ A Durchfahrt nur außerhalb der beiden Tafeln erlaubt.
☐ B Empfohlene Durchfahrt nur zwischen den beiden Tafeln.
☐ C Empfohlene Durchfahrt mit Gegenverkehr.
☐ D Durchfahrt nur zwischen den beiden Tafeln erlaubt.

13. Was bedeutet dieses Sichtzeichen?

☐ A Schleppfahrzeug an der Spitze eines Schleppverbandes.
☐ B Fahrzeug, das vor Anker liegt.
☐ C Fahrzeuge mit Vorrang an einer Schleuse.
☐ D Fahrzeug eines Schleppverbandes.

14. Was bedeuten diese Lichter?

☐ A Schubverband in Fahrt von vorne.
☐ B Schubverband in Fahrt von achtern.
☐ C Schubverband vor Anker liegend.
☐ D Schubverband unter 110 m Länge.

15. Was bedeuten diese Lichter?

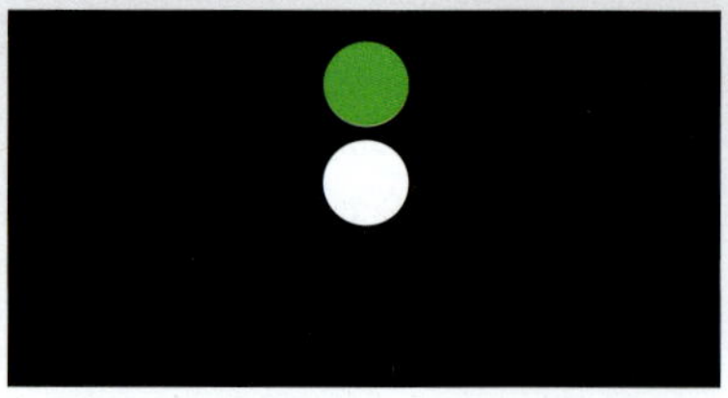

- [ ] A Schubverband von Steuerbordseite.
- [ ] B Nicht frei fahrende Fähre.
- [ ] C Frei fahrende Fähre.
- [ ] D Schubverband von achtern.

16. Was bedeutet dieses Sichtzeichen?

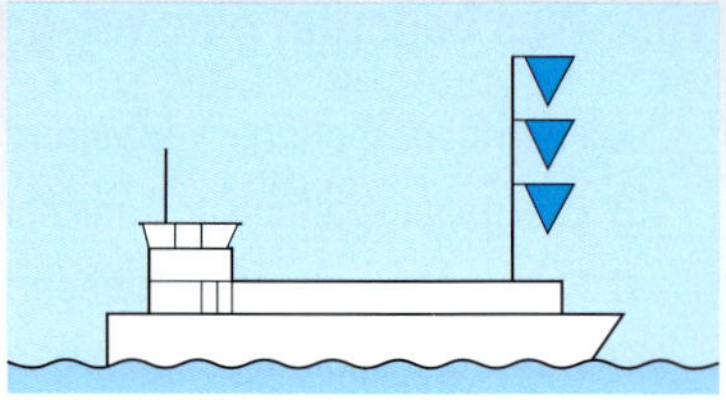

- [ ] A Fahrzeug hat brennbare Stoffe geladen, Abstand beim Stillliegen 10 m.
- [ ] B Fahrzeug der Überwachungsbehörden im Einsatz.
- [ ] C Fahrzeug hat explosive Stoffe geladen, Abstand beim Stillliegen 100 m.
- [ ] D Fahrzeug hat gesundheitsschädliche Stoffe geladen, Abstand beim Stillliegen 50 m.

17. Welche Lichter muss ein geschlepptes Kleinfahrzeug führen?

- [ ] A Zwei weiße Lichter übereinander.
- [ ] B Weißes Funkellicht.
- [ ] C Weißes Rundumlicht.
- [ ] D Lichter eines Kleinfahrzeugs mit Maschinenantrieb.

18. Wie muss sich ein Fahrzeug mit Topplicht und Seitenlichtern gegenüber einem Kleinfahrzeug mit Seitenlichtern, welches sich auf Kollisionskurs befindet, verhalten?

- [ ] A Es muss ausweichen.
- [ ] B Es hält Kurs und Geschwindigkeit bei.
- [ ] C Es wechselt den Kurs nach steuerbord und reduziert die Geschwindigkeit.
- [ ] D Es hält Kurs und reduziert die Geschwindigkeit.

19. Wer ist ausweichpflichtig, wenn ein Segler mit Wind von Backbord einer Segelyacht, mit Wind von Steuerbord und einem schwarzen Kegel, auf Kollisionskurs begegnet?

- [ ] A Die Segelyacht mit Wind von Steuerbord, weil sie als Kleinfahrzeug unter Segel gilt.
- [ ] B Beide Segelyachten, weil eines als Kleinfahrzeug mit Maschinenantrieb gilt und das andere den Wind von Backbord hat.
- [ ] C Die Segelyacht mit Wind von Steuerbord, weil sie als Kleinfahrzeug mit Maschinenantrieb gilt.
- [ ] D Die Segelyacht mit Wind von Backbord, weil sie als Kleinfahrzeug unter Segel gilt.

20. Was bedeuten im Fahrwasser nachstehende Zeichen?

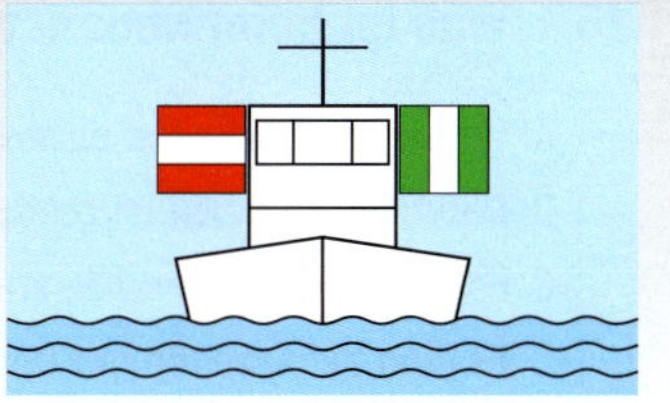

- ☐ A Festgefahrenes oder gesunkenes Fahrzeug. Vorbeifahrt an der Seite mit dem grün-weiß-grünen Tafelzeichen gestattet; rot-weiß-rote Seite gesperrt. Sog und Wellenschlag vermeiden.
- ☐ B Schwimmendes Gerät bei der Arbeit. Vorbeifahrt an der Seite mit dem grün-weiß-grünen Tafelzeichen gestattet; rot-weiß-rote Seite gesperrt. Sog und Wellenschlag vermeiden.
- ☐ C Festgefahrenes oder gesunkenes Fahrzeug. Vorbeifahrt an der Seite mit dem rot-weiß-roten Tafelzeichen gestattet; grün-weiß-grüne Seite gesperrt.
- ☐ D Schwimmendes Gerät bei der Arbeit. Vorbeifahrt an der Seite mit dem grün-weiß-grünen Tafelzeichen gestattet; rot-weiß-rote Seite gesperrt.

21. Was bedeutet dieses Schallsignal (— — — •)?

- ☐ A Hafen oder Nebenwasserstraße; Ein- oder Ausfahrt mit Kursänderung nach Backbord.
- ☐ B Hafen oder Nebenwasserstraße; Ein- oder Ausfahrt mit Kursänderung nach Steuerbord.
- ☐ C Überholen an der Backbordseite des Vorausfahrenden.
- ☐ D Überholen an der Steuerbordseite des Vorausfahrenden.

22. Was hat der Schiffsführer eines Kleinfahrzeugs beim Begegnen mit Fahrzeugen, die nicht Kleinfahrzeuge sind, zu beachten?

- ☐ A Kleinfahrzeuge sind gegenüber anderen Fahrzeugen, die nicht Kleinfahrzeuge sind, nicht ausweichpflichtig.
- ☐ B Kleinfahrzeuge sind gegenüber Fahrzeugen, die nicht Kleinfahrzeuge sind bei der Begegnung gleichgestellt.
- ☐ C Kleinfahrzeuge sind gegenüber Fahrzeugen, die nicht Kleinfahrzeuge sind ausweichpflichtig. Sie brauchen aber keinen besonderen Raum zum Manövrieren frei zu geben.
- ☐ D Kleinfahrzeuge sind gegenüber Fahrzeugen, die nicht Kleinfahrzeuge sind, ausweichpflichtig. Sie müssen für deren Kurs und zum Manövrieren notwendigen Raum lassen.

23. Welche Bedeutung hat das nachstehende Tafelzeichen, wenn das rote Licht leuchtet?

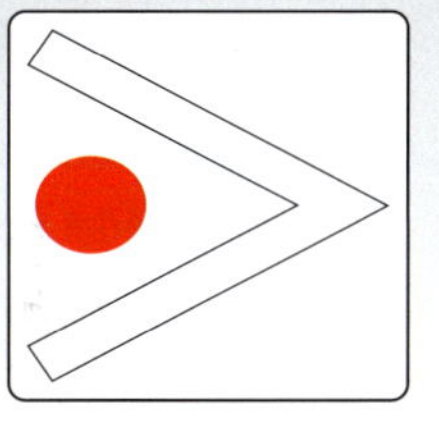

- ☐ A Verbot der Einfahrt in einen Hafen oder eine Nebenwasserstraße.
- ☐ B Verbot des Überholens auf dem Streckenabschnitt.
- ☐ C Achtung Doppelschleuse, linke Kammer gesperrt.
- ☐ D Achtung Ausfahrt aus Hafen oder Nebenfahrwasser.

24. Welche Bedeutung hat am Tag das Kreisen einer roten Flagge auf einem Wasserfahrzeug?

- ☐ A Ein in Not befindliches Fahrzeug, das durch Sichtzeichen Hilfe herbeirufen will.
- ☐ B Ein manövrierbehindertes Fahrzeug, das durch Sichtzeichen Hilfe herbeirufen will.
- ☐ C Keine Bedeutung für den durchgehenden Schiffsverkehr.
- ☐ D Schützenswertes Fahrzeug, Vermeidung von Sog und Wellenschlag.

25. Was ist beim Neuanstrich des Unterwasserschiffs und bei der Entfernung des alten Anstrichs zu beachten?

- ☐ A Unterwasserarbeiten dürfen nur von zertifizierten Fachbetrieben, nach den Bestimmungen des Umweltschutzes ausgeführt werden.
- ☐ B Der Arbeitsbereich ist großzügig abzudecken und der anfallende Abfall ist als Sondermüll zu behandeln und entsprechend zu entsorgen.
- ☐ C Es dürfen nur Unterwasseranstriche verwendet werden, deren Umweltverträglichkeit an der EU-Kennzeichnung erkenntlich ist.
- ☐ D Es sind bei Arbeiten mit Unterwasseranstrichen die Richtlinien der Schiffsuntersuchungskommission zu beachten.

26. Auf welchen Gewässern ist die Fahrerlaubnis für Sportboote unter Segeln erforderlich?

- ☐ A Auf allen deutschen Wasserstraßen.
- ☐ B Auf bestimmten Wasserstraßen in Berlin und Brandenburg.
- ☐ C Auf allen Landesgewässern.
- ☐ D Auf den Binnenschifffahrtsstraßen und allen Landesgewässern.

27. Welche Kennzeichnungsarten für Sportboote gibt es?

- ☐ A Amtliche Kennzeichen und amtlich anerkannte Kennzeichen.
- ☐ B Nur amtliche Kennzeichen.
- ☐ C Nur amtlich anerkannte Kennzeichen.
- ☐ D Kennzeichen gemäß Konformitätserklärung (CE-Zeichen).

28. Ein Fahrzeug fährt in der Fahrrinne gegen den Strom. Voraus liegt eine grüne Tonne. Auf welcher Fahrrinnenseite befindet sich diese Tonne und an welcher Schiffsseite muss diese Tonne passiert werden?

- ☐ A Sie befindet sich auf der linken Fahrrinnenseite und muss an der Backbordseite des Schiffes passiert werden.
- ☐ B Sie befindet sich auf der rechten Fahrrinnenseite und muss an der Backbordseite des Schiffes passiert werden.
- ☐ C Sie befindet sich auf der linken Fahrrinnenseite und muss an der Steuerbordseite des Schiffes passiert werden.
- ☐ D Sie befindet sich auf der rechten Fahrrinnenseite und muss an der Steuerbordseite des Schiffes passiert werden.

29. Warum ist es bei der Schleusendurchfahrt verboten, Autoreifen als Fender zu benutzen?

- ☐ A Autoreifen erzeugen schwarze Farbspuren am Boot und an der Schleusenmauer.
- ☐ B Autoreifen sind schwimmfähig und können in der Schleuse zu erheblichen Störungen führen.
- ☐ C Autoreifen sind nicht schwimmfähig und können in den Schleusen zu erheblichen Störungen führen.
- ☐ D Autoreifen erzeugen eine zu hohe Reibung.

30. Welches optische Zeichen kann am Tage anstelle von vier kurzen Tönen gegeben werden?

- ☐ A Eine rote Flagge im oberen Halbkreis schwenken.
- ☐ B Eine rote Flagge im Kreis schwenken.
- ☐ C Eine rote Flagge zeigen.
- ☐ D Eine rote Flagge im unteren Halbkreis schwenken.

Spezifische Fragen Segeln

31. Wodurch wirken die Bodenlenzventile einer Jolle, die unterhalb der Wasserlinie liegen?

- ☐ A Durch die Massenträgheit, die das Boot besitzt.
- ☐ B Durch das Druckgefälle zwischen Luft- und Wasserdruck.
- ☐ C Durch den Sog, der bei Fahrt durchs Wasser entsteht.
- ☐ D Durch die Schwerkraft fließt das Wasser außenbords.

32. Was wird unter „Gewichtsstabilität“ verstanden?

- ☐ A Die Fähigkeit eines Schiffes, durch seinen tief liegenden Ballast der Krängung entgegenzuwirken.
- ☐ B Die Möglichkeit durch zusätzlichen Innenballast die Krängung zu verringern.
- ☐ C Die Möglichkeit durch ein hohes Crewgewicht der Krängung entgegenzuwirken.
- ☐ D Die Fähigkeit eines Schiffes, durch seine Rumpfform der Krängung entgegenzuwirken.

33. Welche Maßnahme ist bei Ruderbruch auf einer Jolle zu treffen?

- ☐ A Segel bergen, Motor starten und in Rückwärtsfahrt das Ufer ansteuern.
- ☐ B Notruder oder Paddel als Ersatz nehmen, Fahrwasser verlassen, sich als manövrierunfähig zu erkennen geben.
- ☐ C Sofort ankern und einen Notruf absetzen, Signalkörper (blauer Kegel) setzen.
- ☐ D Rote Flagge kreisförmig schwenken, Schleppleine bereithalten.

34. Wann kommen wahrer Wind und scheinbarer Wind auf einem segelnden Boot aus der gleichen Richtung?

- ☐ A Auf Vorwindkurs.
- ☐ B Auf Halbwindkurs.
- ☐ C Auf Amwindkurs.
- ☐ D Auf Raumschotkurs.

35. Warum raumt beim Einfallen einer Bö auf Amwindkurs der scheinbare Wind?

- ☐ A Da der Fahrtwind zunächst gleich bleibt, der wahre Wind jedoch zunimmt, kommt der daraus resultierende scheinbare Wind raumer.
- ☐ B Da durch die Koreoliskraft der Wind auch seine Richtung ändert, wenn er stärker wird.
- ☐ C Da durch den Trimm des Bootes sich der Kurs automatisch ändert, wenn der Wind zunimmt.
- ☐ D Da die Windrichtung durch die Segelstellung beeinflusst wird, verändert sich auch der scheinbare Wind.

36. Wie verändern sich Abdrift und Krängung, wenn das Schwert einer Jolle auf einem Amwindkurs etwas aufgeholt wird?

- [ ] A Die Abdrift wird kleiner, die Krängung nimmt ab.
- [ ] B Die Abdrift wird größer, die Krängung nimmt ab.
- [ ] C Die Abdrift wird größer, die Krängung nimmt zu.
- [ ] D Die Abdrift nimmt ab, das Boot wird aufgrund des geringeren Wasserwiderstandes schneller.

37. Welche Manöver hat das Boot auf dem eingezeichneten Kurs an den Punkten 1, 2 und 3 gefahren?

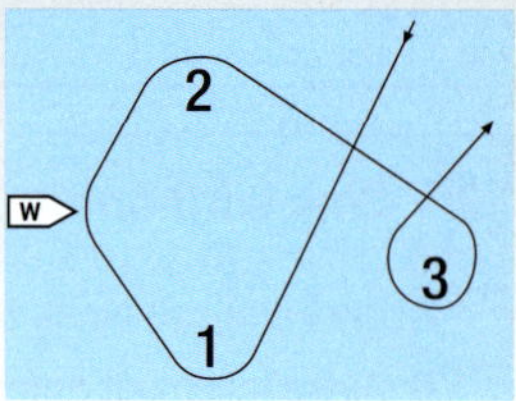

- [ ] A 1 Halse, 2 Wende, 3 Q-Wende.
- [ ] B 1 Wende, 2 Q-Wende, 3 Halse.
- [ ] C 1 Wende, 2 Halse, 3 Q-Wende.
- [ ] D 1 Q-Wende, 2 Halse, 3 Wende.

Sportbootführerschein Binnen – Segel + Motor
Übungsbogen 13

Pro Frage ist nur eine Antwort richtig. Für jede richtige Antwort gibt es einen Punkt.
Um die theoretische Prüfung zu bestehen, benötigen Sie mindestens
5 Punkte in den Basisfragen (wenn Sie nicht befreit sind),
18 Punkte in den spezifischen Fragen Binnen und
5 Punkte in den spezifischen Fragen Segeln.
Bearbeitungszeit: 60 Minuten (45 Minuten ohne Basisfragen)

Datum

Vor- / Nachname

Basisfragen

1. Wozu dient die Lichterführung?

- [ ] A Sie zeigt Kurs und Geschwindigkeit eines Fahrzeugs an.
- [ ] B Sie zeigt Fahrtrichtung und Position eines Fahrzeugs an.
- [ ] C Sie zeigt Fahrtrichtung und Kurs eines Fahrzeugs an.
- [ ] D Sie zeigt Fahrtrichtung und Lage eines Fahrzeugs an.

2. Welche Bedeutung hat folgendes Schallsignal: (• — • — • — • — • —)?

- [ ] A Manövrierbehinderter Schleppverband über 200 m Länge.
- [ ] B Bleib-weg-Signal, Gefahrenbereich sofort verlassen.
- [ ] C Allgemeines Gefahr- und Warnsignal.
- [ ] D Ankerlieger über 100 m Länge.

3. Welche Bedeutung hat folgendes Tafelzeichen?

- [ ] A Ankern verboten für Kleinfahrzeuge unter 12 m Länge.
- [ ] B Ankern verboten für Kleinfahrzeuge ab 12 m Länge.
- [ ] C Ankern und Festmachen verboten.
- [ ] D Ankern verboten für alle Fahrzeuge.

4. Warum soll ein kleines Fahrzeug nicht dicht an ein großes in Fahrt befindliches Fahrzeug heranfahren?

- [ ] A Dichtes Heranfahren ist ein Verstoß gegen die Grundregeln für das Verhalten im Verkehr.
- [ ] B Da es dem großen in Fahrt befindlichen Fahrzeug sonst nicht ausweichen kann.
- [ ] C Es kann durch dessen Bug- oder Heckwelle Seeschlag erleiden.
- [ ] D Es kann durch dessen Bug- oder Heckwelle kentern oder durch den Sog mit dem Fahrzeug kollidieren.

5. Was ist unter der indirekten Ruderwirkung (Radeffekt) des Propellers zu verstehen?

- [ ] A Das seitliche Versetzen des Hecks.
- [ ] B Das Versetzen nach vorne.
- [ ] C Das Versetzen nach hinten.
- [ ] D Das seitliche Versetzen des Bugs.

6. Der Motor ist gestartet worden. Was kann die Ursache sein, wenn nach dem Einkuppeln der Antriebswelle der Motor stehenbleibt?

- [ ] A Verschmutzter Ölfilter.
- [ ] B Verschmutzter Luftfilter.
- [ ] C Blockierter Propeller.
- [ ] D Blockierte Kraftstoffzufuhr.

7. Was ist vor Inbetriebnahme einer Flüssiggasanlage zu prüfen?

- [ ] A Die Anlage muss abgenommen sein, Leitungen und Anschlüsse müssen dicht sein. Haupthahn und andere Absperrventile sind zu öffnen.
- [ ] B Die Anlage muss abgenommen sein, die Inbetriebnahme darf nur durch eine besonders geprüfte Person erfolgen.
- [ ] C Die Anlage muss abgenommen sein und jährlich überprüft werden. Die Inbetriebnahme darf nur durch eine besonders geprüfte Person erfolgen.
- [ ] D Die Abnahme der Anlage darf nicht länger als drei Jahre zurückliegen. Haupthahn und andere Absperrventile sind zu öffnen.

Spezifische Fragen Binnen

8. Auf welchen Gewässern gilt der Sportbootführerschein mit dem Geltungsbereich Binnenschifffahrtsstraßen?

- [ ] A Auf den Bundeswasserstraßen und allen Landesgewässern.
- [ ] B Auf allen Seewasserstraßen.
- [ ] C Auf den Bundeswasserstraßen im Binnenbereich.
- [ ] D Auf allen Landesgewässern.

9. Wo kann der Sportbootfahrer vor Ort das Erreichen bestimmter Wasserstände und Hochwassermarken feststellen?

☐ A An den Aushängen bei Wasserschutzpolizei-Stationen.
☐ B An den Pegeln und den Einsenkungsmarken der Fahrzeuge.
☐ C An den Pegeln und ausgewiesenen Hochwassermarken.
☐ D An den Aushängen bei Hafenämtern und Schleusen.

10. Was kennzeichnet eine grün-weiß gestreifte Schwimmstange mit grünem Kegel, Spitze nach oben, oder eine grüne Tonne mit grünweiß gestreiftem Aufsatz mit grünem Kegel, Spitze nach oben?

☐ A Hindernis an der linken Seite der Wasserstraße.
☐ B Fahrrinnenrand an der linken Seite der Wasserstraße.
☐ C Hindernis an der rechten Seite der Wasserstraße.
☐ D Fahrrinnenrand an der rechten Seite der Wasserstraße.

11. Welches Licht setzt ein stillliegendes Fahrzeug?

☐ A Ein von allen Seiten sichtbares weißes Blinklicht auf der Fahrwasserseite.
☐ B Ein von allen Seiten sichtbares weißes Rundumlicht auf der Fahrwasserseite.
☐ C Ein weißes Topplicht und ein weißes Hecklicht.
☐ D Die Seitenlichter und ein sichtbares weißes Rundumlicht

12. Was bedeutet dieses Tafelzeichen?

☐ A Liegestelle für alle Fahrzeuge, für Kleinfahrzeuge verboten.
☐ B Liegestelle für Fahrzeuge mit explosiven Stoffen, für Kleinfahrzeuge verboten.
☐ C Liegestelle für Fahrzeuge mit brennbaren Stoffen, für Kleinfahrzeuge verboten.
☐ D Liegestelle für Fahrzeuge mit gesundheitsgefährdeten Stoffen, für Kleinfahrzeuge verboten.

13. Was bedeutet dieses Tafelzeichen an Brücken?

☐ A Empfohlene Durchfahrt nur in eine Richtung.
☐ B Durchfahrt nur neben der Tafel erlaubt.
☐ C Empfohlene Durchfahrt mit Gegenverkehr.
☐ D Empfohlene Durchfahrt ohne Gegenverkehr.

14. Was bedeuten diese Lichter?

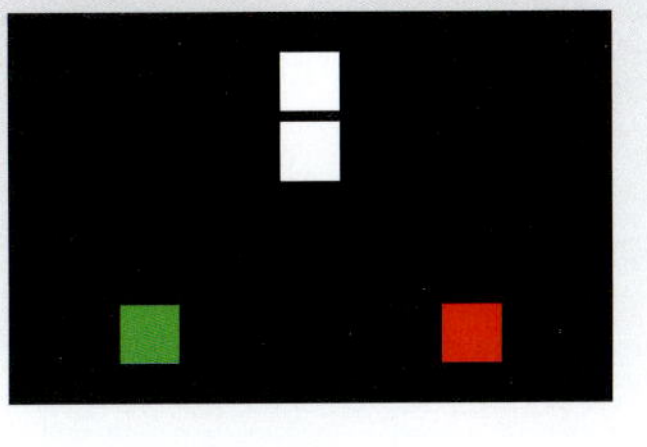

☐ A Fahrzeug ohne Maschinenantrieb länger als 110 m.
☐ B Fahrzeug mit Maschinenantrieb länger als 110 m.
☐ C Schubverband kürzer als 110 m.
☐ D Schubverband länger als 110 m.

15. Was bedeuten auf einem Fahrzeug zwei blaue Lichter übereinander?

- ☐ A Fahrzeug hat brennbare Stoffe geladen, Abstand beim Stillliegen 10 m.
- ☐ B Fahrzeug der Überwachungsbehörden im Einsatz.
- ☐ C Fahrzeug hat gesundheitsschädliche Stoffe geladen, Abstand beim Stillliegen 50 m.
- ☐ D Fahrzeug hat explosive Stoffe geladen, Abstand beim Stillliegen 100 m.

16. Welche Lichter muss ein Kleinfahrzeug unter Motor führen, wenn es ein anderes Kleinfahrzeug ohne Maschinenantrieb schleppt?

- ☐ A Lichter eines Kleinfahrzeugs mit Maschinenantrieb.
- ☐ B Zwei weiße Lichter übereinander.
- ☐ C Weißes Rundumlicht.
- ☐ D Lichter eines Kleinfahrzeugs mit Maschinenantrieb und ein zweites weißes Topplicht.

17. Was bedeuten diese Sichtzeichen?

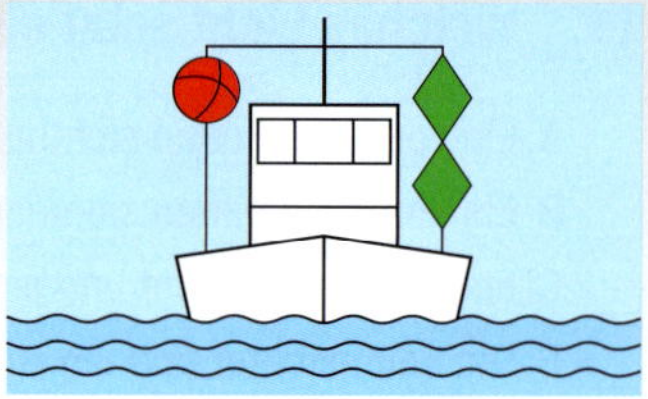

- ☐ A Schwimmendes Gerät bei der Arbeit. Vorbeifahrt an der roten Seite gestattet; grüne Seite gesperrt.
- ☐ B Schwimmendes Gerät bei der Arbeit. Vorbeifahrt an der grünen Seite gestattet; rote Seite gesperrt.
- ☐ C Schwimmendes Gerät bei der Arbeit. Vorbeifahrt an der grünen Seite gestattet; rote Seite gesperrt. Sog und Wellenschlag vermeiden.
- ☐ D Schwimmendes Gerät bei der Arbeit. Vorbeifahrt an der grünen Seite gestattet. Vorbeifahrt an der roten Seite mit unverminderter Geschwindigkeit möglich.

18. Was bedeuten fünf kurze Töne?

- ☐ A Überholen nicht möglich.
- ☐ B Maschine geht rückwärts.
- ☐ C Fahrzeug ist manövrierunfähig.
- ☐ D Achtung!

19. Was bedeutet dieses Schallsignal (— — • •)?

- ☐ A Hafen oder Nebenwasserstraße; Ein- oder Ausfahrt mit Kursänderung nach Steuerbord.
- ☐ B Hafen oder Nebenwasserstraße; Ein- oder Ausfahrt mit Kursänderung nach Backbord.
- ☐ C Überholen an der Backbordseite des Vorausfahrenden.
- ☐ D Überholen an der Steuerbordseite des Vorausfahrenden.

20. Ein Sportfahrzeug fährt hinter einem Fahrzeug, das nicht Kleinfahrzeug ist, in den Schleusenvorhafen ein. Aus der Schleusenkammer kommt ein Fahrzeug, das an Steuerbord eine blaue Tafel mit einem weißen Funkellicht zeigt. Was bedeutet dieses Zeichen?

- ☐ A Das aus- und die einfahrenden Fahrzeuge passieren sich an der Backbordseite, das Kleinfahrzeug hat Vorrang.
- ☐ B Das aus- und die einfahrenden Fahrzeuge passieren sich an der Steuerbordseite, das Kleinfahrzeug ist nur zu erhöhter Aufmerksamkeit verpflichtet.
- ☐ C Das aus- und die einfahrenden Fahrzeuge passieren sich an der Backbordseite, das Kleinfahrzeug ist nur zu erhöhter Aufmerksamkeit verpflichtet.
- ☐ D Das aus- und die einfahrenden Fahrzeuge passieren sich an der Steuerbordseite, das Kleinfahrzeug ist wartepflichtig.

21. Wer ist ausweichpflichtig bzw. wer ist nicht ausweichpflichtig?

- ☐ A Das Fahrzeug unter Segel ist nicht ausweichpflichtig.
- ☐ B Das Fahrzeug unter Maschinenantrieb ist ausweichpflichtig.
- ☐ C Beide Fahrzeuge sind ausweichpflichtig.
- ☐ D Das Fahrzeug unter Segel ist ausweichpflichtig.

22. Ein Kleinfahrzeug unter Segel kreuzt nachts im Fahrwasser. Von achtern kommt ein Fahrzeug auf das eine Zweifarbenlaterne und ein Topplicht führt. Was bedeuten diese Lichter?

- ☐ A Kleinfahrzeug ohne Maschinenantrieb.
- ☐ B Kleinfahrzeug unter Segel.
- ☐ C Kleinfahrzeug unter Segel mit Maschinenantrieb.
- ☐ D Kleinfahrzeug mit Maschinenantrieb.

23. Was bedeutet dieses Tafelzeichen?

- ☐ A 10 km/h Höchstgeschwindigkeit gegenüber dem Ufer.
- ☐ B 10 km/h Höchstgeschwindigkeit gegenüber der Strömung.
- ☐ C 10 km/h Höchstgeschwindigkeit für Kleinfahrzeuge.
- ☐ D 10 km/h für größere Fahrzeuge.

24. Welches Schallsignal ist zu geben, wenn in einer Notsituation Hilfe gebraucht wird?

- ☐ A Einen langen Ton geben, vereinzelt Glockenschläge.
- ☐ B Drei kurze Töne geben, keine Glockenschläge.
- ☐ C Wiederholte lange Töne geben oder Gruppen von Glockenschlägen.
- ☐ D Wiederholte kurze Töne geben, keine Glockenschläge.

25. Welche Fahrrinnenseite hat ein Talfahrer an seiner Backbordseite?

- ☐ A Die linke Fahrrinnenseite, gekennzeichnet durch rote Stumpftonnen oder Schwimmstangen.
- ☐ B Die rechte Fahrrinnenseite, gekennzeichnet durch grüne Spitztonnen oder Schwimmstangen.
- ☐ C Die linke Fahrrinnenseite, gekennzeichnet durch grüne Spitztonnen oder Schwimmstangen.
- ☐ D Die rechte Fahrrinnenseite, gekennzeichnet durch rote Stumpftonnen oder Schwimmstangen.

26. Wie hat sich der Führer eines Wassermotorrades außerhalb der ausgewiesenen Strecken/Wasserflächen zu verhalten?

- ☐ A Klaren Geradeauskurs fahren.
- ☐ B Im Abstand von 10 m zum Ufer fahren.
- ☐ C Im Abstand von 10 m außerhalb des Tonnenstrichs fahren.
- ☐ D Am Rande der Fahrrinne fahren.

27. Welche Stelle ist für die Zuteilung eines amtlichen Kennzeichens für Sportboote zuständig?

- ☐ A Der Deutsche Motoryachtverband.
- ☐ B Der Deutsche Segler-Verband.
- ☐ C Der Allgemeine Deutsche Automobilclub.
- ☐ D Jedes Wasserstraßen- und Schifffahrtsamt.

28. Ein Fahrzeug fährt zu Berg. Voraus liegt eine rote Tonne. Auf welcher Fahrrinnenseite befindet sich diese Tonne und an welcher Schiffsseite muss diese Tonne passiert werden?

- ☐ A Sie befindet sich auf der rechten Fahrrinnenseite und muss an der Backbordseite des Schiffes passiert werden.
- ☐ B Sie befindet sich auf der rechten Fahrrinnenseite und muss an der Steuerbordseite des Schiffes passiert werden.
- ☐ C Sie befindet sich auf der linken Fahrrinnenseite und muss an der Backbordseite des Schiffes passiert werden.
- ☐ D Sie befindet sich auf der linken Fahrrinnenseite und muss an der Steuerbordseite des Schiffes passiert werden.

29. Welches Fahrzeug führt am Bug einen roten Wimpel?

- ☐ A Ein Fahrzeug, das explosive Stoffe geladen hat.
- ☐ B Ein Fahrzeug, das brennbare Stoffe geladen hat.
- ☐ C Ein Fahrzeug mit Vorrang beim Schleusen.
- ☐ D Ein Fahrzeug mit Vorrang beim Be- und Entladen.

30. Welcher Befähigungsnachweis ist zur Teilnahme am Binnenschifffahrtsfunk erforderlich?

- ☐ A Das UKW-Sprechfunkzeugnis für den Binnenschifffahrtsfunk.
- ☐ B Das CB-Sprechfunkzeugnis für den Binnenschifffahrtsfunk.
- ☐ C Das Seefunkzeugnis für den Binnenschifffahrtsfunk.
- ☐ D Das SRC-Sprechfunkzeugnis für den Binnenschifffahrtsfunk.

Spezifische Fragen Segeln

31. Was wird unter einem „Kimmkieler“ verstanden?

- [ ] A Eine Yacht mit zwei Seitenkielen.
- [ ] B Eine Yacht mit zwei Seitenschwertern.
- [ ] C Eine Yacht mit einem Kielschwert.
- [ ] D Eine Yacht mit zwei Kielen hintereinander.

32. Welche Boote sind vorwiegend „gewichtsstabil“?

- [ ] A Trimarane sind vorwiegend „gewichtsstabil“.
- [ ] B Kielyachten sind vorwiegend „gewichtsstabil“.
- [ ] C Jollen sind vorwiegend „gewichtsstabil“.
- [ ] D Katamarane sind vorwiegend „gewichtsstabil“.

33. Wodurch kann eine Pinnensteuerung auch bei Krängung des Bootes sicher erreicht und bedient werden?

- [ ] A Durch Verstellen des Travellers.
- [ ] B Durch das Ausreiten mit Hilfe des Trapezes.
- [ ] C Durch Ersetzen der Pinne durch ein Rad.
- [ ] D Durch einen Pinnenausleger.

34. Wozu dienen Segellatten?

- [ ] A Der Formgebung und Aussteifung des Segels.
- [ ] B Der Erleichterung des Reffens.
- [ ] C Der Verhinderung des Killens von Segeln.
- [ ] D Der Möglichkeit das Segel auch bei Starkwind nutzen zu können.

35. Beim Einfallen einer Bö auf Amwindkurs raumt der scheinbare Wind. Welchen Nutzen kann auf der Kreuz daraus gezogen werden?

- [ ] A Segel etwas fieren, um die Bö in Krängung umzusetzen.
- [ ] B Ein Spinnacker kann gesetzt werden.
- [ ] C Mitluven, um weitere Höhe zu gewinnen.
- [ ] D Abfallen, um maximale Höhe zu segeln.

36. Was ist mit Schwert und Ruder einer Jolle zu tun, wenn das Boot an einer Boje liegen gelassen wird?

- ☐ A Schwert und Ruder absenken, damit das Boot frei schwojen kann.
- ☐ B Schwert und Ruderblatt aufholen, damit das Boot frei schwojen kann.
- ☐ C Schwert absenken, Ruder aufholen, damit das Boot frei schwojen kann.
- ☐ D Schwert aufholen, Ruder absenken, damit das Boot frei schwojen kann.

37. Ein Segelboot segelt am Wind, plötzlich bricht das Luvwant. Welches Manöver ist sinnvoll?

- ☐ A Halse.
- ☐ B Q-Wende.
- ☐ C Aufschießer.
- ☐ D Wende.

Sportbootführerschein

Binnen – Segel + Motor

Übungsbogen 14

Pro Frage ist nur eine Antwort richtig. Für jede richtige Antwort gibt es einen Punkt.
Um die theoretische Prüfung zu bestehen, benötigen Sie mindestens
5 Punkte in den Basisfragen (wenn Sie nicht befreit sind),
18 Punkte in den spezifischen Fragen Binnen und
5 Punkte in den spezifischen Fragen Segeln.
Bearbeitungszeit: 60 Minuten (45 Minuten ohne Basisfragen)

Datum

Vor- / Nachname

Basisfragen

1. Wann müssen die Lichter von Fahrzeugen geführt oder gezeigt werden?

☐ A Bei Dunkelheit, schlechtem Wetter und verminderter Sicht.
☐ B Von Sonnenuntergang bis Sonnenaufgang und bei verminderter Sicht.
☐ C Von Sonnenaufgang bis Sonnenuntergang und bei verminderter Sicht.
☐ D Von abends 18 Uhr bis morgens 06 Uhr und bei verminderter Sicht.

2. Zwei Motorboote nähern sich auf kreuzenden Kursen. Es besteht die Gefahr eines Zusammenstoßes. Wer ist ausweichpflichtig?

☐ A Dasjenige Fahrzeug muss ausweichen, welches das Andere an seiner Backbordseite hat.
☐ B Es muss das luvwärtige Fahrzeug dem leewärtigen Fahrzeug ausweichen.
☐ C Es muss das leewärtige Fahrzeug dem luvwärtigen Fahrzeug ausweichen.
☐ D Dasjenige Fahrzeug muss ausweichen, welches das Andere an seiner Steuerbordseite hat.

3. Welche Bedeutung hat folgendes Tafelzeichen?

☐ A Verengung des Fahrwassers auf 40 m.
☐ B Mindestabstand in Metern, der in der nachfolgenden Strecke vom Aufstellungsort der Tafel an eingehalten werden muss.
☐ C Maximalgeschwindigkeit in km/h, die auf der in Fahrtrichtung rechten Fahrwasserseite nicht überschritten werden darf.
☐ D Maximalabstand in Metern, der in der nachfolgenden Strecke vom Aufstellungsort der Tafel an eingehalten werden muss.

4. Warum sollte man sich von Schilf- und Röhrichtzonen sowie von dicht bewachsenen Uferzonen möglichst weit fernhalten?

- [ ] A Weil diese Zonen vielfach Rast- und Brutplätze besonders schutzwürdiger Vögel oder Fischlaichplätze sind.
- [ ] B Weil in diesen Zonen die Gefahr von Grundberührungen besteht.
- [ ] C Weil durch die Pflanzen der Propeller blockiert werden könnte.
- [ ] D Weil in diesen Zonen badende Personen schwer zu erkennen sind.

5. Was ist unter der indirekten Ruderwirkung (Radeffekt) des Propellers zu verstehen?

- [ ] A Das seitliche Versetzen des Hecks.
- [ ] B Das Versetzen nach vorne.
- [ ] C Das Versetzen nach hinten.
- [ ] D Das seitliche Versetzen des Bugs.

6. Welcher Feuerlöscher ist für Sportboote zweckmäßig und wie oft muss man einen Feuerlöscher überprüfen lassen?

- [ ] A CO_2-Feuerlöscher, mindestens alle zwei Jahre.
- [ ] B ABC-Pulverlöscher, mindestens einmal pro Jahr.
- [ ] C ABC-Pulver- und Schaumlöscher, mindestens alle 2 Jahre.
- [ ] D Feuerlöscher mit Löschschaum, mindestens einmal pro Jahr.

7. In welcher Situation dürfen Notsignale gegeben werden?

- [ ] A Wenn Gefahr für Leib oder Leben von Personen besteht und daher Hilfe benötigt wird.
- [ ] B Wenn Gefahr für Leib oder Leben von Personen besteht oder das Schiff nicht mehr sicher manövriert werden kann.
- [ ] C Wenn Gefahr für Leib oder Leben von Personen oder erhebliche Sachwerte besteht und daher Hilfe benötigt wird.
- [ ] D Wenn Gefahr für Leib oder Leben von Personen, erhebliche Sachwerte oder die maritime Umwelt besteht.

Spezifische Fragen Binnen

8. Für welche Sportboote ist der Sportbootführerschein mit dem Geltungsbereich Binnenschifffahrtsstraßen vorgeschrieben?

- [ ] A Für Sportboote von weniger als 11,03 kW (15 PS) Nutzleistung bei Verwendung eines Verbrennungsmotors bzw. 7,5 kW bei Verwendung eines Elektromotors Betriebsart S1 (Dauerbetrieb) und mehr als 20 m Länge.
- [ ] B Für Sportboote von mehr als 11,03 kW (15 PS) Nutzleistung bei Verwendung eines Verbrennungsmotors bzw. 7,5 kW bei Verwendung eines Elektromotors Betriebsart S1 (Dauerbetrieb) und weniger als 20 m Länge.
- [ ] C Für Sportboote von mehr als 11,03 kW (15 PS) Nutzleistung bei Verwendung eines Verbrennungsmotors bzw. 7,5 kW bei Verwendung eines Elektromotors Betriebsart S1 (Dauerbetrieb) und mehr als 20 m Länge.
- [ ] D Für Sportboote von weniger als 11,03 kW (15 PS) Nutzleistung bei Verwendung eines Verbrennungsmotors bzw. 7,5 kW bei Verwendung eines Elektromotors Betriebsart S1 (Dauerbetrieb) und weniger als 20 m Länge.

9. Aus welchen Gründen muss der Sportbootführerschein mit dem Geltungsbereich Binnenschifffahrtsstraßen entzogen werden?

- [ ] A Bei zweifelhafter Tauglichkeit wegen Alkoholmissbrauch.
- [ ] B Bei zweifelhafter Zuverlässigkeit aus Altersgründen.
- [ ] C Bei fehlender Zuverlässigkeit nach einer begangenen Ordnungswidrigkeit.
- [ ] D Bei fehlender Tauglichkeit oder fehlender Zuverlässigkeit.

10. Wie wird die Schifffahrt vom Erreichen bestimmter Wasserstände und Hochwassermarken informiert?

- [ ] A Durch Nautischen Informationsfunk, Information im Rundfunk, im Fernsehen und im Internet.
- [ ] B Durch Aushang bei Hafenämtern und Schleusen.
- [ ] C Durch Aushang bei Wasserschutzpolizei-Stationen.
- [ ] D Durch Bekanntgaben der Hochwasserschutzzentrale.

11. In welche Richtung werden bei Flüssen die Uferseiten als rechtes bzw. linkes Ufer bezeichnet?

- [ ] A Von der Mündung bis zur Quelle.
- [ ] B Bei der Bergfahrt liegt die rechte Uferseite rechts.
- [ ] C Bei der Talfahrt liegt die rechte Uferseite links.
- [ ] D Von der Quelle bis zur Mündung.

12. Was bedeutet eine rot-grün gestreifte Tonne oder Schwimmstange und was ist zu beachten?

- [ ] A Fahrrinnenspaltung. In Fahrtrichtung rechts halten.
- [ ] B Fahrrinnenspaltung. Vorbeifahrt an beiden Seiten möglich.
- [ ] C Fahrrinnenspaltung. In Fahrtrichtung links halten.
- [ ] D Fahrrinnenspaltung. Vorbeifahrt nur an Steuerbord möglich.

13. Was bedeuten auf einem stillliegenden Fahrzeug zwei weiße Lichter übereinander?

- [ ] A Ein Ankerlieger, dessen Anker die Schifffahrt gefährden kann.
- [ ] B Ein stillliegender Schubverband.
- [ ] C Ein Ankerlieger, der zwei Anker ausgelegt hat.
- [ ] D Ein Fahrzeug über 135 m.

14. Wo besteht ohne besondere Bezeichnung der Stellen bzw. Strecken ein allgemeines Liegeverbot?

- [ ] A Vor Brücken und Hochspannungsleitungen.
- [ ] B Vor Brücken und nach Hochspannungsleitungen.
- [ ] C Auf Schifffahrtskanälen und Schleusenkanälen.
- [ ] D Auf Schifffahrtskanälen und vor Schleusenkanälen.

15. Was bedeutet auf einem Fahrzeug ein blaues Licht?

- ☐ A Fahrzeug hat brennbare Stoffe geladen, Abstand beim Stillliegen 10 m.
- ☐ B Fahrzeug hat gesundheitsschädliche Stoffe geladen, Abstand beim Stillliegen 50 m.
- ☐ C Fahrzeug hat explosive Stoffe geladen, Abstand beim Stillliegen 100 m.
- ☐ D Fahrzeug der Überwachungsbehörden im Einsatz.

16. Welches Fahrzeug führt die nachstehende Tagbezeichnung?

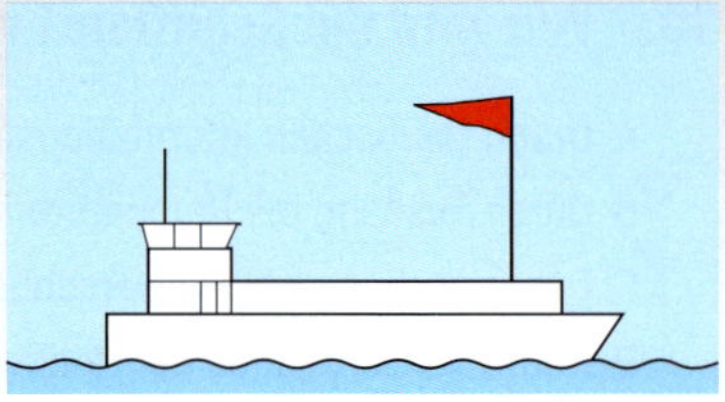

- ☐ A Ein Fahrzeug, dem die zuständige Behörde einen Vorrang zur Durchfahrt durch Stellen an denen eine bestimmte Reihenfolge gilt eingeräumt hat.
- ☐ B Fahrzeug unter 20 m Länge, für mehr als 12 Fahrgäste zugelassen.
- ☐ C Geschlepptes Fahrzeug eines Schleppverbandes.
- ☐ D Festgefahrenes Fahrzeug, das einseitig nicht passierbar ist.

17. Ein Kleinfahrzeug unter Segel fährt nachts auf einer Binnenschifffahrtsstraße und führt ein weißes Rundumlicht im Topp. Welche zusätzlichen Lichter müssen gesetzt werden, wenn der Motor angeworfen wird?

- ☐ A Es muss ein weißes Funkellicht geführt werden.
- ☐ B Es muss kein weiteres Licht geführt werden.
- ☐ C Es muss ein zweites weißes Topplicht geführt werden.
- ☐ D Seitenlichter unmittelbar nebeneinander oder in einer einzigen Laterne.

18. Welche Lichter muss ein geschlepptes Kleinfahrzeug führen?

- ☐ A Weißes Rundumlicht.
- ☐ B Lichter eines Kleinfahrzeugs mit Maschinenantrieb.
- ☐ C Zwei weiße Lichter übereinander.
- ☐ D Weißes Funkellicht.

19. Wie muss sich ein Fahrzeug mit Topplicht und Seitenlichtern gegenüber einem Kleinfahrzeug mit Seitenlichtern, welches sich auf Kollisionskurs befindet, verhalten?

- ☐ A Es muss ausweichen.
- ☐ B Es hält Kurs und Geschwindigkeit bei.
- ☐ C Es wechselt den Kurs nach steuerbord und reduziert die Geschwindigkeit.
- ☐ D Es hält Kurs und reduziert die Geschwindigkeit.

20. Was bedeuten diese Lichter?

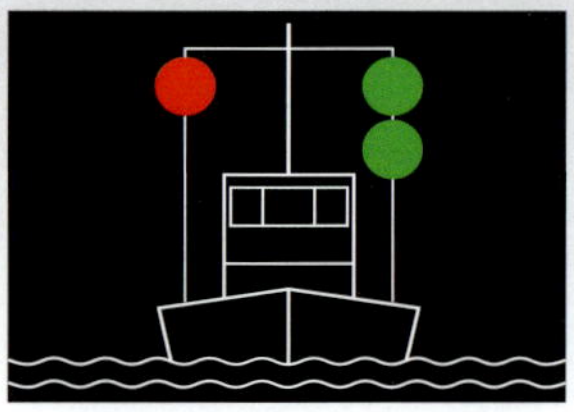

- ☐ A Schwimmendes Gerät bei der Arbeit. Vorbeifahrt an der grünen Seite gestattet. Vorbeifahrt an der roten Seite mit unverminderter Geschwindigkeit möglich.
- ☐ B Schwimmendes Gerät bei der Arbeit. Vorbeifahrt an der roten Seite gestattet; grüne Seite gesperrt.
- ☐ C Schwimmendes Gerät bei der Arbeit. Vorbeifahrt an der grünen Seite gestattet; rote Seite gesperrt.
- ☐ D Schwimmendes Gerät bei der Arbeit. Vorbeifahrt an der grünen Seite gestattet; rote Seite gesperrt. Sog und Wellenschlag vermeiden.

21. Was bedeutet dieses Schallsignal (— — •)?

- [ ] A Überholen an der Steuerbordseite des Vorausfahrenden.
- [ ] B Überholen an der Backbordseite des Vorausfahrenden.
- [ ] C Hafen oder Nebenwasserstraße; Ein- oder Ausfahrt mit Kursänderung nach Steuerbord.
- [ ] D Hafen oder Nebenwasserstraße; Ein- oder Ausfahrt mit Kursänderung nach Backbord.

22. Wie muss sich ein kreuzendes Kleinfahrzeug unter Segel am Wind in der Nähe eines Ufers gegenüber einem anderen Kleinfahrzeug verhalten?

- [ ] A Es darf ein anderes Kleinfahrzeug, das sein steuerbordseitiges Ufer anhält, zum Ausweichen zwingen.
- [ ] B Es darf ein anderes Kleinfahrzeug, das sein steuerbordseitiges Ufer anhält, nicht zum Ausweichen zwingen.
- [ ] C Es darf ein anderes Kleinfahrzeug, das sein steuerbordseitiges Ufer verlässt, nicht zum Ausweichen zwingen.
- [ ] D Es darf ein anderes Kleinfahrzeug, das sein backbordseitiges Ufer verlässt, zum Ausweichen zwingen.

23. Ein Kleinfahrzeug unter Segel und mit Maschinenantrieb kreuzt nachts stromauf. Ein Fahrzeug kommt entgegen, das nur ein weißes Licht führt. Was bedeutet dieses Licht?

- [ ] A Kleinfahrzeug unter Segel.
- [ ] B Kleinfahrzeug unter Segel mit Maschinenantrieb.
- [ ] C Kleinfahrzeug ohne Maschinenantrieb.
- [ ] D Kleinfahrzeug mit Maschinenantrieb.

24. Welche technische Einrichtung gegen einen Stromschlag muss in der Landstromversorgung unbedingt installiert sein?

- [ ] A Ein Überspannungsschutz.
- [ ] B Ein Schutzkleinspannungsschalter.
- [ ] C Ein Fehlerstromschutzschalter.
- [ ] D Ein geringer Ladungsstrom ist ungefährlich.

25. Wie müssen Abfälle entsorgt werden?

- [ ] A Nur Abfälle, die die Umwelt nicht gefährden, dürfen 300 m vom Ufer ins Wasser eingeleitet werden.
- [ ] B Auf Seen dürfen keine Abfälle ins Wasser gelangen, auf Binnenschifffahrtsstraßen gibt es Sonderregelungen.
- [ ] C Alle Schiffe müssen mit Fäkalientanks ausgerüstet sein und geeignete Behältnisse für die getrennte Aufnahme von Abfällen an Bord haben.
- [ ] D Es dürfen keinerlei Abfälle ins Wasser gelangen, Fäkalien und Öle sind an Land zu entsorgen.

26. Unter welchen Voraussetzungen darf außerhalb der ausgewiesenen Strecken/Wasserflächen Wassermotorrad gefahren werden?

- [ ] A Ab Hochwassermarke I nur im Fahrwasser.
- [ ] B Bei Touren- und Wanderfahrten mit klarem Geradeauskurs.
- [ ] C Bei großen Sonderveranstaltungen außerhalb der Fahrrinne.
- [ ] D Wenn kein anderer Verkehrsteilnehmer behindert wird.

27. Welcher Befähigungsnachweis berechtigt zum Führen eines Sportbootes mit einer Länge von 20 m bis 25 m auf den Binnenschifffahrtsstraßen außerhalb des Rheins?

- ☐ A Der Sportbootführerschein mit dem Geltungsbereich Seeschifffahrtsstraßen.
- ☐ B Der Sportbootführerschein mit dem Geltungsbereich Binnenschifffahrtsstraßen zum Führen von Sportbooten mit Antriebsmaschine oder das Sportpatent.
- ☐ C Das Sportschifferzeugnis oder das Sportpatent.
- ☐ D Der Sportbootführerschein mit dem Geltungsbereich Binnenschifffahrtsstraßen.

28. Welche Stellen sind für die Zuteilung eines amtlich anerkannten Kennzeichens für Sportboote zuständig?

- ☐ A Amtsgerichte, bei denen ein Schiffsregister geführt wird.
- ☐ B Der Deutsche Motoryachtverband, der Deutsche Segler-Verband, der Allgemeine Deutsche Automobilclub.
- ☐ C Die Wasserstraßen- und Schifffahrtsämter.
- ☐ D Die Wasserschutzpolizei.

29. Wie hat sich ein Schiffsführer bei Hochwasser zu verhalten?

- ☐ A Er muss die Geschwindigkeit anpassen und soweit wie möglich in der Fahrwassermitte bleiben, gegebenenfalls besondere Geschwindigkeitsbegrenzungen und Fahrtbeschränkungen beachten.
- ☐ B Er muss die Geschwindigkeit anpassen und soweit wie möglich in seiner Fahrtrichtung rechts fahren, gegebenenfalls besondere Geschwindigkeitsbegrenzungen und Fahrtbeschränkungen beachten.
- ☐ C Er muss die Geschwindigkeit anpassen und soweit wie möglich in seiner Fahrtrichtung links fahren, gegebenenfalls besondere Geschwindigkeitsbegrenzungen und Fahrtbeschränkungen beachten.
- ☐ D Er muss die Geschwindigkeit anpassen und soweit wie möglich in der Fahrwassermitte bleiben, besondere Geschwindigkeitsbegrenzungen und Fahrtbeschränkungen sind nicht zu beachten.

30. Ein Fahrzeug fährt zu Tal. Voraus liegt eine rote Tonne. Auf welcher Fahrrinnenseite befindet sich diese Tonne und an welcher Schiffsseite muss diese Tonne passiert werden?

- ☐ A Sie befindet sich auf der rechten Fahrrinnenseite und muss an der Backbordseite des Schiffes passiert werden.
- ☐ B Sie befindet sich auf der linken Fahrrinnenseite und muss an der Steuerbordseite des Schiffes passiert werden.
- ☐ C Sie befindet sich auf der linken Fahrrinnenseite und muss an Backbordseite des Schiffes passiert werden.
- ☐ D Sie befindet sich auf der rechten Fahrrinnenseite und muss an der Steuerbordseite des Schiffes passiert werden.

31. Was wird unter „Formstabilität“ verstanden?

- [ ] A Die Fähigkeit eines Schiffes beim Loslassen der Pinne den Kurs beizubehalten.
- [ ] B Die Fähigkeit eines Schiffes über Jahre die Rumpfform auch bei starker Beanspruchung beizubehalten.
- [ ] C Die Fähigkeit eines Schiffes, durch seine Rumpfform der Krängung entgegenzuwirken.
- [ ] D Die Fähigkeit eines Schiffes, sich nach einer Kenterung wieder von selbst aufzurichten.

32. Welche Boote sind vorwiegend „gewichtsstabil“?

- [ ] A Jollen sind vorwiegend „gewichtsstabil“.
- [ ] B Katamarane sind vorwiegend „gewichtsstabil“.
- [ ] C Trimarane sind vorwiegend „gewichtsstabil“.
- [ ] D Kielyachten sind vorwiegend „gewichtsstabil“.

33. Warum sollte Tauwerk an Bord stets ordentlich aufgeschossen werden?

- [ ] A Damit es nicht durch UV-Strahlung beschädigt wird.
- [ ] B Damit es im Gebrauchsfall klar liegt.
- [ ] C Damit es trocknen kann und nicht verrottet.
- [ ] D Damit die Reißfestigkeit erhalten bleibt.

34. Warum müssen auch kleine Schäden an den Segeln sofort repariert werden?

- [ ] A Weil es nur noch bei Flaute eingesetzt werden kann.
- [ ] B Weil Feuchtigkeit in das Segel eindringen kann.
- [ ] C Weil unter Winddruck daraus schnell große Schäden werden.
- [ ] D Weil dadurch der Vortrieb des Segels leidet.

35. Warum ist der scheinbare Wind auf einem Kurs hoch am Wind stärker als der wahre Wind?

- [ ] A Da sich auf diesem Kurs eine Düse zwischen Fock- und Großsegel bildet, die den Wind verstärkt.
- [ ] B Da der wahre Wind beim Amwindkurs stärker ist als bei raumen Kursen.
- [ ] C Da der scheinbare Wind unabhängig von der Windrichtung immer stärker als der wahre Wind ist.
- [ ] D Da sich auf diesem Kurs der wahre Wind und der Fahrtwind in Richtung und Stärke addieren.

36. Wie sollte das Schwert einer Jolle auf Vorwindkurs gefahren werden und warum?

- [ ] A Es sollte nie ganz aufgeholt werden, da es sonst bei einer Kenterung zum Aufrichten der Jolle nicht mehr greifbar ist.
- [ ] B Es sollte bei stärkerem Wind ganz aufgeholt werden, um die Steuerfähigkeit der Jolle zu verbessern.
- [ ] C Es sollte aufgeholt werden. Dadurch vermindert sich der Reibungswiderstand, aber auch die Gefahr der Kenterung bei einer unfreiwilligen Halse.
- [ ] D Es sollte gefiert werden. Dadurch wird das Boot stabiler und die Gefahr der Kenterung bei einer unfreiwilligen Halse reduziert.

37. Warum ist eine Patenthalse gefährlich?

- [ ] A Es kann zur plötzlichen Änderung der Ausweichpflicht kommen.
- [ ] B Es kann zum Verlust der Steuerfähigkeit des Fahrzeuges führen.
- [ ] C Es kann erneut eine Patenthalse folgen, wenn nicht sofort abgefallen wird.
- [ ] D Es kann zu Verletzungen der Crew, zu Riggschäden und zur Kenterung führen.

Sportbootführerschein Binnen – Segel + Motor

Übungsbogen 15

Pro Frage ist nur eine Antwort richtig. Für jede richtige Antwort gibt es einen Punkt.
Um die theoretische Prüfung zu bestehen, benötigen Sie mindestens
5 Punkte in den Basisfragen (wenn Sie nicht befreit sind),
18 Punkte in den spezifischen Fragen Binnen und
5 Punkte in den spezifischen Fragen Segeln.
Bearbeitungszeit: 60 Minuten (45 Minuten ohne Basisfragen)

Datum

Vor- / Nachname

Basisfragen

1. Was ist zu tun, wenn vor Antritt der Fahrt nicht feststeht, wer Schiffsführer ist?

- [ ] A Der verantwortliche Schiffsführer muss bestimmt werden.
- [ ] B Der verantwortliche Schiffsführer muss gewählt werden.
- [ ] C Ein Inhaber eines Sportbootführerscheins muss die Fahrzeugführung übernehmen.
- [ ] D Ein Inhaber eines Sportbootführerscheins muss die Verantwortung übernehmen.

2. Welche Seite wird als Leeseite bezeichnet?

- [ ] A Die Seite in Fahrtrichtung links.
- [ ] B Die dem Wind abgewandte Seite.
- [ ] C Die dem Wind zugekehrte Seite.
- [ ] D Die Seite in Fahrtrichtung rechts.

3. Welche Bedeutung hat folgendes Tafelzeichen?

- [ ] A Wasserstraße, die nicht jederzeit sicher befahren werden kann; Gefahr durch Seegang.
- [ ] B Sog und Wellenschlag vermeiden.
- [ ] C Gefährdeter Strandbereich, Überspülungsgefahr; Mindestpassierabstand 100 m.
- [ ] D Wasserstraße, die jederzeit sicher befahren werden kann; keine Gefahr durch Seegang.

4. Welches Merkblatt enthält Hinweise für das Verhalten zum Schutz seltener Tiere und Pflanzen sowie zur Reinhaltung der Gewässer?

- [ ] A Die 10 Grundregeln für Wassersportler.
- [ ] B Die 15 Verhaltensregeln für Wassersportler.
- [ ] C Die 10 goldenen Regeln für Wassersportler.
- [ ] D Die 15 goldenen Regeln für Wassersportler.

5. Was ist unter einem linksdrehenden Propeller zu verstehen?

- [ ] A Von achtern gesehen in Vorausfahrt Drehung des Propellers gegen den Uhrzeigersinn.
- [ ] B Von vorne gesehen in Vorausfahrt Drehung des Propellers gegen den Uhrzeigersinn.
- [ ] C Von achtern gesehen in Vorausfahrt Drehung des Propellers im Uhrzeigersinn.
- [ ] D Von vorne gesehen in Rückwärtsfahrt Drehung des Propellers im Uhrzeigersinn.

6. Die Temperatur der Antriebsmaschine überschreitet die zulässigen Grenzwerte. Was könnte die mögliche Ursache sein?

- [ ] A Defektes Thermostat, defekte Impellerpumpe, geschlossenes Seeventil, zu hohe Batteriespannung.
- [ ] B Defektes Thermostat, defekte Kupplung, geschlossenes Seeventil, zu niedriger Kühlwasserstand.
- [ ] C Defektes Thermostat, defekte Impellerpumpe, geschlossenes Seeventil, zu niedriger Kühlwasserstand.
- [ ] D Zu viel Motoröl, defekte Impellerpumpe, geschlossenes Seeventil, zu niedriger Kühlwasserstand.

7. Was ist zu beachten, wenn eine Flüssiggasanlage außer Betrieb gesetzt wird?

- [ ] A Gasflasche fachgerecht entsorgen.
- [ ] B Der Flüssiggasbehälter ist vollständig zu entleeren.
- [ ] C Haupthahn und Absperrventile sind zu schließen.
- [ ] D Die Anlage ist gasfrei zu machen.

Spezifische Fragen Binnen

8. Auf welchen Gewässern gilt der Sportbootführerschein mit dem Geltungsbereich Binnenschifffahrtsstraßen?

- [ ] A Auf allen Landesgewässern.
- [ ] B Auf den Bundeswasserstraßen und allen Landesgewässern.
- [ ] C Auf allen Seewasserstraßen.
- [ ] D Auf den Bundeswasserstraßen im Binnenbereich.

9. Was beinhaltet die allgemeine Sorgfaltspflicht?

- ☐ A Es ist alles zu tun, was zur Vermeidung von Beschädigungen an Fahrzeugen, Anlagen oder Ufern, Behinderung der Schifffahrt und Beeinträchtigung der Umwelt nötig ist.
- ☐ B Vermeidung der Gefährdung von Menschenleben, von Beschädigungen an Fahrzeugen, Anlagen oder Ufern, Behinderung der Schifffahrt und Beeinträchtigung der Umwelt.
- ☐ C Gefährdung von Menschenleben, Beschädigungen an Fahrzeugen, Anlagen oder Ufern und Beeinträchtigung der Umwelt.
- ☐ D Es ist alles zu tun, was zur Vermeidung der Gefährdung von Menschenleben, Behinderung der Schifffahrt und Beeinträchtigung der Umwelt nötig ist.

10. Welche Anforderungen neben der körperlichen und geistigen Tauglichkeit und fachlichen Eignung muss der Führer eines Sportbootes auf Binnenschifffahrtsstraßen erfüllen, wenn die größte Nutzleistung der Antriebsmaschine 11,03 kW bei Verbrennungsmotoren bzw. 7,5 kW bei Elektromotoren Betriebsart S 1 (Dauerbetrieb) oder weniger beträgt?

- ☐ A Mindestalter 16 Jahre.
- ☐ B Nachweis der Zuverlässigkeit.
- ☐ C Mindestalter 14 Jahre.
- ☐ D Besitz eines Sportbootführerscheins mit dem Geltungsbereich Binnenschifffahrtsstraßen für Sportboote mit Antriebsmaschine oder eines gleichgestellten Befähigungszeugnisses.

11. Wo erhält man Auskünfte über Verkehrsbeschränkungen und aktuelle Information über Binnenschifffahrtsstraßen?

- ☐ A Bei einem Wasserwirtschaftsamt und bei der Wasserschutzpolizei.
- ☐ B In der Binnenschifffahrtsstraßen-Ordnung Teil II.
- ☐ C In der Binnenschiffsuntersuchungsordnung.
- ☐ D Bei der Wasserstraßen- und Schifffahrtsverwaltung, im Internet unter www.elwis.de und bei der Wasserschutzpolizei.

12. Welche Maßnahmen sind zu treffen, wenn das Fahrzeug innerhalb des Fahrwassers bzw. der Fahrrinne Grundberührung hat?

- ☐ A Ein Baggerunternehmen ist zu verständigen, damit das Hindernis beseitigt wird.
- ☐ B Die Wasserstraßen- und Schifffahrtsverwaltung oder die Wasserschutzpolizei ist mit genauer Angabe der Hindernisstelle zu benachrichtigen.
- ☐ C Die Wasserschutzpolizei oder die Wasserstraßen- und Schifffahrtsverwaltung ist mit genauer Angabe der Schiffsdaten zu informieren.
- ☐ D Das Fahrzeug verbleibt vor Ort bis die Wasserschutzpolizei eintrifft.

13. Was versteht man unter „Fahrrinne"?

- ☐ A Es ist der Teil der Wasserstraße, in dem für den durchgehenden Schiffsverkehr bestimmte Breiten und Tiefen vorgehalten bzw. angestrebt werden.
- ☐ B Den Teil der Wasserstraße, der den örtlichen Umständen nach vom durchgehenden Schiffsverkehr benutzt wird.
- ☐ C Es ist der Teil der Wasserstraße, deren Breite mindestens 150 m und deren Tiefe mindestens 3,00 m beträgt.
- ☐ D Es ist der Teil der Wasserstraße, deren Breite mindestens 88 m und deren Tiefe mindestens 2,50 m beträgt.

14. Was bedeutet „zu Berg" oder „Bergfahrt" auf Flüssen?

- ☐ A Die Fahrt über Grund.
- ☐ B Die Fahrt mit der Strömung.
- ☐ C Die Fahrt in Richtung Mündung.
- ☐ D Die Fahrt in Richtung Quelle.

15. Was ist in Kanälen verboten?

- [ ] A Wenden.
- [ ] B Überholen.
- [ ] C Begegnen.
- [ ] D Ankern.

16. In welcher Reihenfolge fahren Fahrzeuge, die nicht Kleinfahrzeuge sind, und Kleinfahrzeuge, die gemeinsam geschleust werden sollen, in die Schleuse ein?

- [ ] A Kleinfahrzeuge fahren vor den Fahrzeugen, die nicht Kleinfahrzeuge sind und ohne Aufforderung durch die Schleusenaufsicht in die Schleuse ein.
- [ ] B Kleinfahrzeuge fahren nach den Fahrzeugen, die nicht Kleinfahrzeuge sind und ohne Aufforderung durch die Schleusenaufsicht in die Schleuse ein.
- [ ] C Kleinfahrzeuge fahren erst nach den Fahrzeugen, die nicht Kleinfahrzeuge sind und nach Aufforderung durch die Schleusenaufsicht in die Schleuse ein.
- [ ] D Kleinfahrzeuge fahren vor den Fahrzeugen, die nicht Kleinfahrzeuge sind und vor Aufforderung durch die Schleusenaufsicht in die Schleuse ein.

17. Was bedeuten diese Lichter?

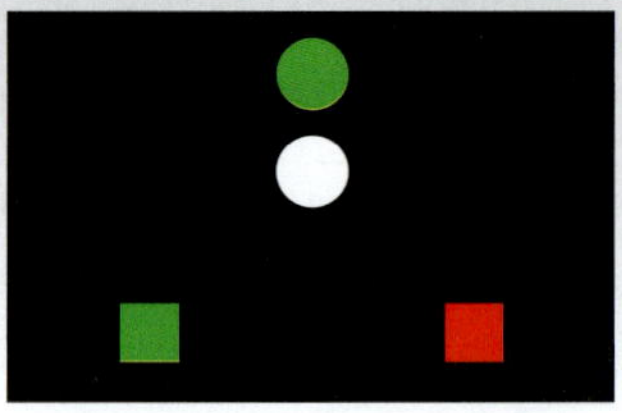

- [ ] A Nicht frei fahrende Fähre.
- [ ] B Schubverband von achtern.
- [ ] C Schubverband von Steuerbordseite.
- [ ] D Frei fahrende Fähre.

18. Was bedeutet dieses Sichtzeichen?

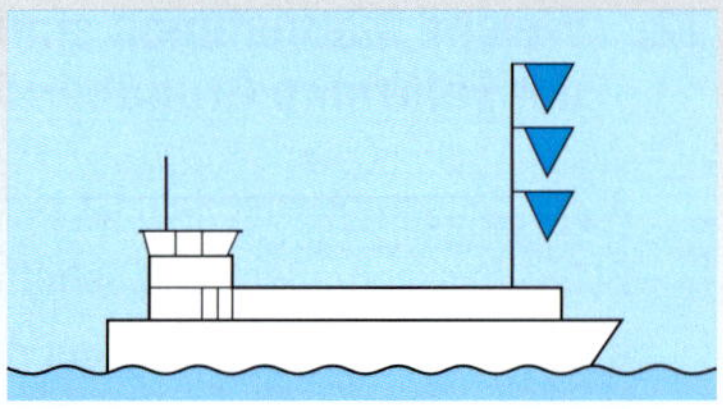

- [ ] A Fahrzeug der Überwachungsbehörden im Einsatz.
- [ ] B Fahrzeug hat explosive Stoffe geladen, Abstand beim Stillliegen 100 m.
- [ ] C Fahrzeug hat gesundheitsschädliche Stoffe geladen, Abstand beim Stillliegen 50 m.
- [ ] D Fahrzeug hat brennbare Stoffe geladen, Abstand beim Stillliegen 10 m.

19. Ein Kleinfahrzeug unter Segel fährt nachts auf einer Binnenschifffahrtsstraße und führt ein weißes Rundumlicht im Topp. Wie wird zweckmäßigerweise die weiße Handlampe, die bei Annäherung anderer Fahrzeuge gezeigt werden muss, benutzt?

- [ ] A Die eigenen Segel anleuchten.
- [ ] B Das Wasser anleuchten.
- [ ] C Das heranfahrende Fahrzeug anleuchten.
- [ ] D Die Handlampe nach oben halten.

20. Was bedeuten diese Sichtzeichen?

- [ ] A Festgefahrenes oder gesunkenes Fahrzeug. Vorbeifahrt an der roten Seite gestattet; rot-weiße Seite gesperrt. Vorbeifahrt mit unverminderter Geschwindigkeit möglich.
- [ ] B Festgefahrenes oder gesunkenes Fahrzeug. Vorbeifahrt an der rote Seite gestattet; rot-weiße Seite gesperrt. Sog und Wellenschlag vermeiden.
- [ ] C Festgefahrenes oder gesunkenes Fahrzeug. Vorbeifahrt an der rot-weißen Seite gestattet; rote Seite gesperrt. Sog und Wellenschlag vermeiden.
- [ ] D Festgefahrenes oder gesunkenes Fahrzeug. Vorbeifahrt an der rot-weißen Seite gestattet; rote Seite gesperrt. Vorbeifahrt mit unverminderter Geschwindigkeit möglich.

21. Was bedeutet dieses Schallsignal (— • •)?

- [ ] A Wenden über Steuerbord.
- [ ] B Kursänderung nach Backbord.
- [ ] C Kursänderung nach Steuerbord.
- [ ] D Wenden über Backbord.

22. Wann besteht die Gefahr eines Zusammenstoßes?

- [ ] A Wenn sich zwei Fahrzeuge einander nähern und sich der Kurs eines Fahrzeuges ändert.
- [ ] B Wenn sich zwei Fahrzeuge einander nähern und beide Fahrzeuge ihren Kurs nach steuerbord ändern.
- [ ] C Wenn sich zwei Fahrzeuge bei gleichbleibender Peilung einander nähern.
- [ ] D Wenn sich zwei Fahrzeuge einander nähern und sich der Kurs der Fahrzeuge nicht ändert.

23. Welche Fahrzeuge in Fahrt führen nachts nur ein weißes Rundumlicht?

- [ ] A Fahrzeuge die geschoben werden.
- [ ] B Geschleppte oder längsseits gekuppelte Kleinfahrzeuge.
- [ ] C Kleinfahrzeuge mit Maschinenantrieb unter 20 m Länge.
- [ ] D Kleinfahrzeuge mit Maschinenantrieb und geschleppte Fahrzeuge.

24. Ein Kleinfahrzeug unter Segel kreuzt nachts das Fahrwasser. An Backbord tauchen die nachstehenden Lichter eines Fahrzeugs auf, das in spitzem Winkel den Kurs des Kleinfahrzeugs unter Segel kreuzen will. Wer ist ausweichpflichtig?

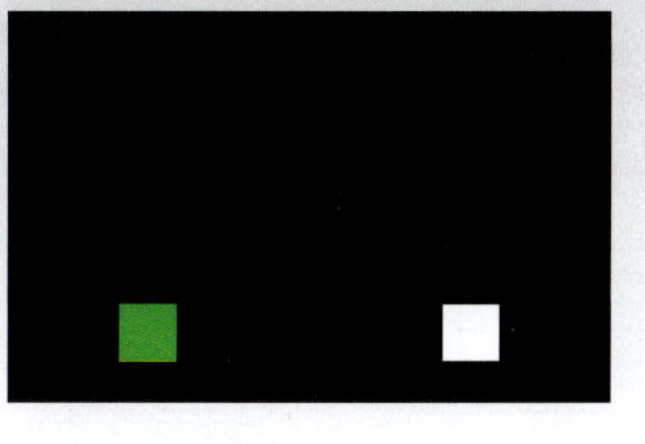

- [ ] A Kleinfahrzeug unter Segel.
- [ ] B Kleinfahrzeug, welches das Andere auf der Backbordseite hat.
- [ ] C Beide sind ausweichpflichtig.
- [ ] D Kleinfahrzeug mit Maschinenantrieb.

25. Was bedeutet dieses Tafelzeichen?

- [ ] A Gebot: Besondere Vorsicht walten lassen.
- [ ] B Gebot: Geradeaus zu fahren.
- [ ] C Gebot: Achtungssignal geben.
- [ ] D Gebot: Vor dem Schild anhalten.

26. Welchen Vorteil bietet ein Radarreflektor auf einem Sportboot?

- [ ] A Bessere Erkennbarkeit des Sportbootes bei unsichtigem Wetter.
- [ ] B Bessere Erkennbarkeit des Sportbootes auf Radarbildschirmen.
- [ ] C Bessere Erkennbarkeit des Sportbootes bei Nacht.
- [ ] D Bessere Erkennbarkeit des Sportbootes bei Taglicht.

27. Wie muss sich der Wasserskiläufer bei der Vorbeifahrt an Fahrzeugen, Schwimmkörpern oder Badenden verhalten?

- [ ] A Er darf bis zu 10 m beiderseits außerhalb des Kielwassers fahren.
- [ ] B Er darf bis zu 5 m beiderseits außerhalb des Kielwassers fahren.
- [ ] C Er muss uferseitig des Kielwassers fahren.
- [ ] D Er muss im Kielwasser des Zugbootes bleiben.

28. Wo sind umfangreiche Hinweise auf die Binnenschifffahrtsstraßen und deren Grenzen zu finden?

- [ ] A Im Teil II der Binnenschifffahrtsstraßen-Ordnung.
- [ ] B Im Teil I der Binnenschifffahrtsstraßen-Ordnung.
- [ ] C In der Binnenschiffsuntersuchungsordnung.
- [ ] D In der Kleinfahrzeugkennzeichenverordnung.

29. Wie hat sich ein Schiffsführer bei Erreichen der Hochwassermarke II zu verhalten?

- [ ] A Er hat das Verbot der Schifffahrt bei Nacht zu beachten.
- [ ] B Er hat die Fahrt unverzüglich einzustellen.
- [ ] C Er hat die Geschwindigkeit anzupassen.
- [ ] D Er hat das Fahrverbot für Fahrzeuge ohne Sprechfunk zu beachten.

30. Was bedeutet Radarfahrt?

- [ ] A Eine Fahrt bei unsichtigem Wetter mit Radar.
- [ ] B Eine Fahrt bei Nacht mit Radar.
- [ ] C Eine Fahrt mit Radar.
- [ ] D Eine Fahrt am Tage mit Radar.

31. Worin besteht der Vorteil eines Kimmkielers gegenüber anderen Kielbooten?

- ☐ A Die Abdrift ist geringer als bei anderen Kielbooten.
- ☐ B Der Kiel lässt sich aufholen.
- ☐ C Er kann problemlos aufrecht trocken fallen.
- ☐ D Sein Tiefgang ist größer.

32. Was wird unter „Gewichtsstabilität" verstanden?

- ☐ A Die Fähigkeit eines Schiffes, durch seinen tief liegenden Ballast der Krängung entgegenzuwirken.
- ☐ B Die Möglichkeit durch zusätzlichen Innenballast die Krängung zu verringern.
- ☐ C Die Möglichkeit durch ein hohes Crewgewicht der Krängung entgegenzuwirken.
- ☐ D Die Fähigkeit eines Schiffes, durch seine Rumpfform der Krängung entgegenzuwirken.

33. Warum sollten Fallen stets ordentlich aufgeschossen werden?

- ☐ A Damit sie im Gebrauchsfall schnell und sicher gefiert werden können.
- ☐ B Damit sie trocknen können und nicht verrotten.
- ☐ C Damit sie nicht durch UV-Strahlung beschädigt werden.
- ☐ D Damit sie nicht mit den Schoten verwechselt werden können.

34. Wann kommen wahrer Wind und scheinbarer Wind auf einem segelnden Boot aus der gleichen Richtung?

- ☐ A Auf Halbwindkurs.
- ☐ B Auf Amwindkurs.
- ☐ C Auf Raumschotkurs.
- ☐ D Auf Vorwindkurs.

35. Wie verändern sich Abdrift und Krängung, wenn das Schwert einer Jolle auf einem Amwindkurs etwas aufgeholt wird?

- ☐ A Die Abdrift wird kleiner, die Krängung nimmt ab.
- ☐ B Die Abdrift wird größer, die Krängung nimmt ab.
- ☐ C Die Abdrift wird größer, die Krängung nimmt zu.
- ☐ D Die Abdrift nimmt ab, das Boot wird aufgrund des geringeren Wasserwiderstandes schneller.

36. Wie wirkt sich ein Holepunkt, der zu weit vorne liegt, auf Stand und Beanspruchung des Vorsegels aus?

- [ ] A Das Vorliek killt, das Achterliek wird übermäßig gereckt.
- [ ] B Das Unterliek killt, das Achterliek wird übermäßig gereckt.
- [ ] C Das Achterliek killt, das Vorliek wird übermäßig gereckt
- [ ] D Das Vorliek killt, das Unterliek wird übermäßig gereckt.

37. Ein Segelboot segelt am Wind, plötzlich bricht das Luvwant. Welches Manöver ist sinnvoll?

- [ ] A Q-Wende.
- [ ] B Aufschießer.
- [ ] C Wende.
- [ ] D Halse.

Lösungen zum Übungsbogen 1

1 C **Welche Seite wird als Luvseite bezeichnet?**
Die dem Wind zugekehrte Seite.

2 B **Welche Bedeutung hat folgendes Schallsignal: (• — • — • — • — • —)?**
Bleib-weg-Signal, Gefahrenbereich sofort verlassen.

3 C **Welche Bedeutung hat folgendes Tafelzeichen?**
Überholverbot.

4 A **Wie kann mitgeholfen werden, die Lebensmöglichkeiten der Pflanzen- und Tierwelt in Gewässern und Feuchtgebieten zu bewahren und zu fördern?**
Durch umweltbewusstes Verhalten und Beachtung der „Zehn goldenen Regeln für das Verhalten von Wassersportlern in der Natur“.

5 B **Weshalb ist die Kenntnis der Propellerdrehrichtung von Bedeutung?**
Sie hilft beim Manövrieren.

6 D **Welche Vorkehrungen sind für das längere Verlassen des Fahrzeugs zu treffen?**
Alle Seeventile schließen und den Hauptschalter des Bordnetzes ausschalten.

7 D **Warum sind die Flüssiggase Propan und Butan an Bord besonders gefährlich?**
Beide Gase sind schwerer als Luft und bilden mit Luft ein explosives Gemisch.

8 B **Unter welchen Umständen darf von den geltenden Bestimmungen über das Verhalten im Verkehr auf den Binnenschifffahrtsstraßen abgewichen werden?**
Bei unmittelbar drohender Gefahr für sich oder andere.

9 D **Wo findet man die allgemeinen Verkehrsregeln für die Binnenschifffahrtsstraßen und den Rhein?**
Binnenschifffahrtsstraßen-Ordnung, Rheinschifffahrtspolizeiverordnung.

10 A **Wo findet man Regeln für den Verkehr von Wassermotorrädern und für das Wasserskilaufen?**
Wassermotorräderverordnung, Wasserskiverordnung.

11 B **Was versteht man unter „Fahrwasser“?**
Den Teil der Wasserstraße, der den örtlichen Umständen nach vom durchgehenden Schiffsverkehr benutzt wird.

12 D **Welche Auswirkungen kann das Erreichen der Hochwassermarke I für die Sportschifffahrt haben?**
Geschwindigkeitsbeschränkung und Fahrverbot für Fahrzeuge ohne Sprechfunk.

13 C **Welche Fahrrinnenseite hat ein Bergfahrer an seiner Steuerbordseite und wie ist diese gekennzeichnet?**
Die linke Fahrrinnenseite, gekennzeichnet durch grüne Spitztonnen oder Schwimmstangen.

14 B **Was kennzeichnet eine grün-weiß gestreifte Schwimmstange mit grünem Kegel, Spitze nach oben, oder eine grüne Tonne mit grünweiß gestreiftem Aufsatz mit grünem Kegel, Spitze nach oben?**
Hindernis an der linken Seite der Wasserstraße.

15 D **Was bedeuten diese Tafelzeichen an Brücken?**
Empfohlene Durchfahrt ohne Gegenverkehr.

16 D **In welcher Reihenfolge fahren Fahrzeuge, die nicht Kleinfahrzeuge sind, und Kleinfahrzeuge, die gemeinsam geschleust werden sollen, in die Schleuse ein?**
Kleinfahrzeuge fahren erst nach den Fahrzeugen, die nicht Kleinfahrzeuge sind und nach Aufforderung durch die Schleusenaufsicht in die Schleuse ein.

17 B **Was bedeutet dieses Sichtzeichen?**
Fahrzeug hat gesundheitsschädliche Stoffe geladen, Abstand beim Stillliegen 50 m.

18 A **Wann gilt ein Sportboot auf den Binnenschifffahrtsstraßen nicht mehr als Kleinfahrzeug?**
Wenn es 20 m oder länger ist.

19 C **Welches Licht muss ein Kleinfahrzeug ohne Maschinenantrieb mindestens führen?**
Ein von allen Seiten sichtbares weißes Licht.

20 A **Was bedeuten diese Lichter?**
Festgefahrenes oder gesunkenes Fahrzeug. Vorbeifahrt an der rot-weißen Seite gestattet; rote Seite gesperrt. Sog und Wellenschlag vermeiden.

21 D **Was bedeutet dieses Schallsignal (— •)?**
Wenden über Steuerbord.

22 **Was ist eine Folge sehr kurzer Töne?**
A Eine Folge von mindestens 6 Tönen von je etwa einer viertel Sekunde Dauer und mit je einer viertel Sekunde Pause.

23 **Zwei Kleinfahrzeuge unter Segel A und B liegen auf**
A **Kollisionskurs; A führt einen schwarzen Kegel. Wer ist ausweichpflichtig?**
Fahrzeug A ist ausweichpflichtig.

24 **Ein Segelboot gerät in das Feld einer Segelregatta, ohne selbst**
C **Teilnehmer zu sein. Welche Ausweichregeln sind zu beachten?**
Die der Binnenschifffahrtsstraßen-Ordnung.

25 **Was ist zu beachten, wenn während der Fahrt unsichtiges**
C **Wetter eintritt?**
Auf bestimmten Wasserstraßen ist ohne Radar und Sprechfunk die Fahrt unverzüglich einzustellen.

26 **Wem darf der Schiffsführer das Ruder eines motorisierten**
D **Sportbootes überlassen?**
Einer Person, die mindestens 16 Jahre alt, sowie körperlich und geistig geeignet ist.

27 **Zu welcher Tageszeit und bei welchen Sichtweiten darf auf den**
B **erlaubten Gewässerabschnitten Wasserski gelaufen werden?**
Sonnenaufgang bis -untergang, Sicht 1000 m und mehr.

28 **Wie hat sich ein Schiffsführer bei Hochwasser zu verhalten?**
C Er muss die Geschwindigkeit anpassen und soweit wie möglich in der Fahrwassermitte bleiben, gegebenenfalls besondere Geschwindigkeitsbegrenzungen und Fahrtbeschränkungen beachten.

29 **Was bedeutet dieses Tafelzeichen an einer Brückendurchfahrt?**
C Verbot der Durchfahrt und Sperrung der Schifffahrt.

30 **Welches optische Zeichen kann in der Nacht oder bei**
A **verminderter Sicht anstelle von vier kurzen Tönen gegeben werden?**
Ein rotes Licht im unteren Halbkreis schwenken.

31 **Was wird unter einem „Kimmkieler“ verstanden?**
B Eine Yacht mit zwei Seitenkielen.

32 **Wie verändert sich das aufrichtende Kraftmoment einer Kielyacht**
D **bei stetig zunehmender Krängung?**
Es nimmt zu und erreicht nach Überschreitung des Maximums seinen kritischen Winkel erst bei über 90°.

33 **Wie heißen die Ecken eines Segels?**
D Kopf, Hals, Schothorn.

34 **Auf einem Amwindkurs wurde gerefft. Ein entgegenkommendes**
A **Boot gleichen Typs segelt ungerefft. Wie lässt sich das erklären?**
Der scheinbare Wind ist auf Amwindkursen stärker, auf Raumschot- und Vorwindkursen schwächer als der wahre Wind.

35 **Mit welcher Krängung sollte eine Jolle üblicherweise gesegelt**
A **werden und weshalb?**
Möglichst aufrecht, da sonst Abdrift und Luvgierigkeit zunehmen.

36 **Welchen Einfluss hat zunehmende Krängung auf den Trimm**
B **des Bootes?**
Die Luvgierigkeit nimmt zu.

37 **Ein Segelboot segelt bei starkem Wind nur unter Großsegel auf**
B **Amwindkurs. Plötzlich bricht das Vorstag. Was ist sofort zu unternehmen?**
Abfallen auf Vorwindkurs.

Lösungen zum Übungsbogen 2

1 A **Welches Signal führt ein Fahrzeug unter Segel, das als Maschinenfahrzeug gilt, zusätzlich am Tage?**
Einen schwarzen Kegel, Spitze unten.

2 B **Zwei Motorboote nähern sich auf kreuzenden Kursen. Es besteht die Gefahr eines Zusammenstoßes. Wer ist ausweichpflichtig?**
Dasjenige Fahrzeug muss ausweichen, welches das Andere an seiner Steuerbordseite hat.

3 D **Welche Bedeutung hat folgendes Tafelzeichen?**
Verbot der Durchfahrt und Sperrung der Schifffahrt.

4 D **Woran kann man erkennen, ob der Anker hält?**
Wenn beim Handauflegen auf die Ankerkette oder -leine kein Rucken zu verspüren ist und sich die Ankerpeilung nicht ändert.

5 B **Welche Anlegeseite ist mit rechtsdrehendem Propeller empfehlenswert und warum?**
Die Backbordseite – der Radeffekt zieht das Fahrzeug an die Pier.

6 B **Wie oft muss man aufblasbare Rettungsmittel warten lassen?**
Entsprechend der Herstellerangabe, mindestens alle 2 Jahre.

7 C **Welche Faktoren sind hauptsächlich für das Wettergeschehen, also für Wind und Niederschläge, ausschlaggebend?**
Luftdruckänderung, Luftfeuchtigkeit und Temperatur.

8 C **Bis zu welcher Schiffslänge berechtigt der Sportbootführerschein mit dem Geltungsbereich Binnenschifffahrtsstraße zum Führen eines Sportbootes auf Binnenschifffahrtsstraßen?**
Bis zu einer Länge von weniger als 20 m (ohne Ruder und Bugspriet).

9 A **Welche Maßnahmen sind zu treffen, wenn das Fahrzeug innerhalb des Fahrwassers bzw. der Fahrrinne Grundberührung hat?**
Die Wasserstraßen- und Schifffahrtsverwaltung oder die Wasserschutzpolizei ist mit genauer Angabe der Hindernisstelle zu benachrichtigen.

10 D **Was versteht man unter „Fahrwasser"?**
Den Teil der Wasserstraße, der den örtlichen Umständen nach vom durchgehenden Schiffsverkehr benutzt wird.

11 B **Wie wird die Schifffahrt vom Erreichen bestimmter Wasserstände und Hochwassermarken informiert?**
Durch Nautischen Informationsfunk, Information im Rundfunk, im Fernsehen und im Internet.

12 B **Welche Zeichen begrenzen die Fahrrinne zum linken Ufer?**
Grüne Spitztonnen oder Schwimmstangen.

13 A **Mit welchen Zeichen werden Hindernisse wie zum Beispiel Buhnen und Kribben an der rechten Seite der Wasserstraße bezeichnet?**
Stangen mit Toppzeichen: roter Kegel, Spitze nach unten, oder rot-weiß gestreifte Schwimmstange mit rotem Zylinder.

14 D **Wie sind Anker am Tage bezeichnet, die die Schifffahrt behindern können?**
Mit einem gelben Döpper.

15 B **Welche Bedeutung haben die nachstehenden Tafelzeichen?**
Empfohlene Durchfahrt, Durchfahrt in Gegenrichtung verboten.

16 B **Welche Bedeutung haben vor einer Schleuse ein rotes oder ein rotes und ein grünes Licht?**
Einfahrt verboten, Öffnen der Schleuse wird vorbereitet.

17 A **Was bedeutet dieses Sichtzeichen?**
Schleppfahrzeug an der Spitze eines Schleppverbandes.

18 C **Was bedeuten auf einem Fahrzeug drei blaue Lichter übereinander?**
Fahrzeug hat explosive Stoffe geladen, Abstand beim Stillliegen 100 m.

19 D **Was bedeuten diese Sichtzeichen?**
Schwimmendes Gerät bei der Arbeit. Vorbeifahrt an jeder Seite gestattet. Sog und Wellenschlag vermeiden.

20 A **Was bedeutet dieses Schallsignal (— •)?**
Wenden über Steuerbord.

21 C **Wie müssen Ausweichmanöver durchgeführt werden?**
Rechtzeitig, klar erkennbar und entschlossen.

22 C **Ein Kleinfahrzeug unter Segel kreuzt nachts das Fahrwasser. An Backbord tauchen die nachstehenden Lichter eines Fahrzeugs auf, das in spitzem Winkel den Kurs des Kleinfahrzeugs unter Segel kreuzen will. Was bedeuten diese Lichter?**
Kleinfahrzeug mit Maschinenantrieb.

23 D **Wie muss ein Fahrzeug ausgerüstet sein, um bei unsichtigem Wetter zu fahren?**
Mit einer für die Binnenschifffahrt zugelassenen funktionsfähigen Radaranlage und einer Sprechfunkanlage für den Binnenschifffahrtsfunk.

24 A **Welches Schallsignal ist zu geben, wenn in einer Notsituation Hilfe gebraucht wird?**
Wiederholte lange Töne geben oder Gruppen von Glockenschlägen.

25 A **Wo darf auf Binnenschifffahrtsstraßen Wasserski gelaufen werden?**
Nur in durch Tafelzeichen freigegebenen Bereichen.

26 C **Was ist bei der Ausübung des Wassersports auf Gewässern außerhalb der Bundeswasserstraßen (z. B. Landeswasserstraßen, kommunale und private Gewässer) zu beachten?**
Es ist gegebenenfalls die Genehmigung des Eigentümers einzuholen sowie die jeweilige Befahrensordnung zu beachten.

27 D **Wann muss ein Wassersportfahrzeug in das Binnenschiffsregister eingetragen werden?**
Ab 10 cbm Wasserverdrängung.

28 C **Ein Fahrzeug fährt in der Fahrrinne gegen den Strom. Voraus liegt eine grüne Tonne. Auf welcher Fahrrinnenseite befindet sich diese Tonne und an welcher Schiffsseite muss diese Tonne passiert werden?**
Sie befindet sich auf der linken Fahrrinnenseite und muss an der Steuerbordseite des Schiffes passiert werden.

29 B **Wann gilt ein Sportboot auf den Binnenschifffahrtsstraßen als Kleinfahrzeug?**
Wenn das Fahrzeug eine Länge von weniger als 20 m hat.

30 C **Was bedeutet Radarfahrt?**
Eine Fahrt bei unsichtigem Wetter mit Radar.

31 D **Worin besteht der Vorteil eines Kimmkielers gegenüber anderen Kielbooten?**
Er kann problemlos aufrecht trocken fallen.

32 C **Welche Maßnahme ist bei Ruderbruch auf einer Jolle zu treffen?**
Notruder oder Paddel als Ersatz nehmen, Fahrwasser verlassen, sich als manövrierunfähig zu erkennen geben.

33 B **Wie heißen die Kanten eines Segels?**
Vorliek, Unterliek, Achterliek.

34 A **Warum raumt beim Einfallen einer Bö auf Amwindkurs der scheinbare Wind?**
Da der Fahrtwind zunächst gleich bleibt, der wahre Wind jedoch zunimmt, kommt der daraus resultierende scheinbare Wind raumer.

35 D **Wie wirkt sich auf einem Halbwindkurs ein zu dicht geholtes Großsegel auf die Geschwindigkeit des Bootes aus?**
Die Krängung nimmt zu, die Geschwindigkeit nimmt ab.

36 A **Welche Manöver hat das Boot auf dem eingezeichneten Kurs an den Punkten 1, 2 und 3 gefahren?**
1 Wende, 2 Halse, 3 Q-Wende.

37 C **Ein Segelboot segelt bei starkem Wind nur unter Großsegel auf Amwindkurs. Plötzlich bricht das Vorstag. Womit kann das gebrochene Vorstag schnell provisorisch ersetzt werden?**
Durch die Fock oder ein Fall.

Lösungen zum Übungsbogen 3

1 **Wann gilt ein Fahrzeug unter Segel als Maschinenfahrzeug?**
C Wenn es gleichzeitig mit Maschinenkraft fährt.

2 **Welche Bedeutung hat folgendes Tafelzeichen?**
D Begegnungsverbot an einer Engstelle.

3 **Welches Merkblatt enthält Hinweise für das Verhalten zum Schutz seltener Tiere und Pflanzen sowie zur Reinhaltung der Gewässer?**
C Die 10 goldenen Regeln für Wassersportler.

4 **Welche Gefahren können entstehen, wenn ein kleines von einem größeren Fahrzeug überholt wird?**
C Das kleinere Fahrzeug kann durch Stau, Sog oder Schwell aus dem Kurs laufen und kollidieren oder querschlagen, in flachen Gewässern auf Grund laufen.

5 **Welches ist der günstigste Anlaufwinkel beim Anlegen?**
A Ein möglichst spitzer Winkel.

6 **Die Temperatur der Antriebsmaschine überschreitet die zulässigen Grenzwerte. Was könnte die mögliche Ursache sein?**
A Defektes Thermostat, defekte Impellerpumpe, geschlossenes Seeventil, zu niedriger Kühlwasserstand.

7 **Wie ist ein enges Gewässer zu befahren, wenn man sich am Ufer festgemachten Fahrzeugen nähert?**
B Verringerung der Geschwindigkeit, um schädlichen Sog und Wellenschlag zu vermeiden.

8 **Für welche Sportboote ist der Sportbootführerschein mit dem Geltungsbereich Binnenschifffahrtsstraßen vorgeschrieben?**
A Für Sportboote von mehr als 11,03 kW (15 PS) Nutzleistung bei Verwendung eines Verbrennungsmotors bzw. 7,5 kW bei Verwendung eines Elektromotors Betriebsart S1 (Dauerbetrieb) und weniger als 20 m Länge.

9 **Wo findet man Regeln für den Verkehr von Wassermotorrädern und für das Wasserskilaufen?**
D Wassermotorräderverordnung, Wasserskiverordnung.

10 **Was versteht man unter „Fahrrinne“?**
C Es ist der Teil der Wasserstraße, in dem für den durchgehenden Schiffsverkehr bestimmte Breiten und Tiefen vorgehalten bzw. angestrebt werden.

11 **Mit welchen Zeichen werden Hindernisse wie zum Beispiel Buhnen und Kribben an der rechten Seite der Wasserstraße bezeichnet?**
D Stangen mit Toppzeichen: roter Kegel, Spitze nach unten, oder rot-weiß gestreifte Schwimmstange mit rotem Zylinder.

12 **Was bedeuten auf einem stillliegenden Fahrzeug zwei weiße Lichter übereinander?**
B Ein Ankerlieger, dessen Anker die Schifffahrt gefährden kann.

13 **Wie sind Anker am Tage bezeichnet, die die Schifffahrt behindern können?**
C Mit einem gelben Döpper.

14 **Was bedeutet dieses Tafelzeichen im Bereich eines Wehres?**
A Verbot der Durchfahrt und Sperrung der Schifffahrt.

15 **Was bedeutet dieses Sichtzeichen?**
D Fahrzeug eines Schleppverbandes.

16 **Was bedeuten diese Lichter?**
D Frei fahrende Fähre.

17 **Was bedeuten auf einem Fahrzeug drei blaue Lichter übereinander?**
C Fahrzeug hat explosive Stoffe geladen, Abstand beim Stillliegen 100 m.

18 **Was bedeuten diese Lichter?**
B Schwimmendes Gerät bei der Arbeit. Vorbeifahrt an jeder Seite gestattet. Sog und Wellenschlag vermeiden.

19 **Was bedeuten vier kurze Töne?**
D Fahrzeug ist manövrierunfähig.

20 **Wann besteht die Gefahr eines Zusammenstoßes?**
C Wenn sich zwei Fahrzeuge bei gleichbleibender Peilung einander nähern.

21 **Ein Kleinfahrzeug und ein Fahrzeug über 20 m Länge nähern sich auf kreuzenden Kursen. Es besteht die Gefahr eines Zusammenstoßes. Wer ist ausweichpflichtig?**
C Ausweichpflichtig ist das Kleinfahrzeug.

22 **Zwei Kleinfahrzeuge A und B unter Segel liegen auf Kollisionskurs (Skizze). Wer ist ausweichpflichtig?**
A A ist ausweichpflichtig. Segelfahrzeuge mit Wind von Backbord müssen Segelfahrzeugen mit Wind von Steuerbord ausweichen.

23 **Was ist vorrangig zu beachten, wenn eine Jolle gekentert ist und**
A **sie nicht wieder aufgerichtet werden kann?**
Vollständigkeit der Crew überprüfen, gegebenenfalls Hilfe leisten. Am Boot festhalten oder gegebenenfalls aufs Boot legen, Hilfe abwarten.

24 **Welche Sichtbeeinträchtigungen führen zu unsichtigem Wetter?**
B Nebel, Schneefall, starker Regen.

25 **Welches Wetter ist zu erwarten, wenn der Luftdruck langsam,**
C **aber stetig steigt?**
Besseres Wetter, Sonne.

26 **Ein Fahrzeug fährt zu Berg. Voraus liegt eine rote Tonne. Auf**
D **welcher Fahrrinnenseite befindet sich diese Tonne und an welcher Schiffsseite muss diese Tonne passiert werden?**
Sie befindet sich auf der rechten Fahrrinnenseite und muss an der Backbordseite des Schiffes passiert werden.

27 **Welche Funktion haben gelbe Tonnen mit einem Radarreflektor**
A **vor Brückenpfeiler?**
Kenntlichmachung der Brückenpfeiler auf dem Radarschirm.

28 **Welche Bedeutung haben diese Tafeln an der nachstehenden**
A **gekennzeichneten Brücke?**
Empfohlene Durchfahrt mit Gegenverkehr und seitlicher Begrenzung der erlaubten Brückendurchfahrt.

29 **Welche Bedeutung hat die Bezeichnung eines Fahrzeuges mit**
B **einer rot-weißen Flagge und was ist zu beachten?**
Schutzbedürftiges Fahrzeug, Geschwindigkeit vermindern und Sog und Wellenschlag vermeiden.

30 **Welches optische Zeichen kann am Tage anstelle von vier kurzen**
B **Tönen gegeben werden?**
Eine rote Flagge im unteren Halbkreis schwenken.

31 **Was wird unter einer „Kielschwertyacht" verstanden?**
D Eine Yacht mit flach gehendem Ballastkiel und zusätzlichem aufholbarem Schwert.

32 **Warum sollte Tauwerk an Bord stets ordentlich**
B **aufgeschossen werden?**
Damit es im Gebrauchsfall klar liegt.

33 **Wozu dienen Segellatten?**
A Der Formgebung und Aussteifung des Segels.

34 **Wie sollte das Schwert einer Jolle auf Vorwindkurs gefahren**
A **werden und warum?**
Es sollte aufgeholt werden. Dadurch vermindert sich der Reibungswiderstand, aber auch die Gefahr der Kenterung bei einer unfreiwilligen Halse.

35 **Wie wirkt sich ein Holepunkt, der zu weit vorne liegt, auf Stand**
B **und Beanspruchung des Vorsegels aus?**
Das Unterliek killt, das Achterliek wird übermäßig gereckt.

36 **Warum ist eine Patenthalse gefährlich?**
D Es kann zu Verletzungen der Crew, zu Riggschäden und zur Kenterung führen.

37 **Ein Segelboot segelt bei starkem Wind nur unter Großsegel**
A **auf Amwindkurs. Plötzlich bricht das Vorstag. Womit kann das gebrochene Vorstag schnell provisorisch ersetzt werden?**
Durch die Fock oder ein Fall.

Lösungen zum Übungsbogen 4

1 **Wie lang ist die Dauer eines langen Tons (—)?**
A Etwa 4–6 Sekunden.

2 **Welche Bedeutung hat folgendes Tafelzeichen?**
B Haltegebot vor beweglichen Brücken, Sperrwerken und Schleusen.

3 **Wie kann mitgeholfen werden, die Lebensmöglichkeiten der Pflanzen- und Tierwelt in Gewässern und Feuchtgebieten zu bewahren und zu fördern?**
A Durch umweltbewusstes Verhalten und Beachtung der „Zehn goldenen Regeln für das Verhalten von Wassersportlern in der Natur“.

4 **Wo finden Sie Informationen über umweltfreundliche Farben, Lacke und Antifouling-Beschichtungen für Ihr Boot?**
B Beim Umweltbundesamt.

5 **Die Ladekontrolllampe erlischt nach dem Starten nicht. Was könnte die mögliche Ursache sein?**
B Lichtmaschine bzw. Regler der Lichtmaschine defekt.

6 **Unter welchen Voraussetzungen darf ein Sportboot mit Elektromotor ohne Fahrerlaubnis geführt werden?**
D Die Antriebsleistung beträgt höchstens 7,5 Kilowatt Betriebsart S1 (Dauerbetrieb).

7 **Welcher Feuerlöscher ist für Sportboote zweckmäßig und wie oft muss man einen Feuerlöscher überprüfen lassen?**
A ABC-Pulver- und Schaumlöscher, mindestens alle 2 Jahre.

8 **Was beinhaltet die allgemeine Sorgfaltspflicht?**
B Vermeidung der Gefährdung von Menschenleben, von Beschädigungen an Fahrzeugen, Anlagen oder Ufern, Behinderung der Schifffahrt und Beeinträchtigung der Umwelt.

9 **Wozu muss der Rudergänger eines Sportbootes zur sicheren Steuerung in der Lage sein?**
B Alle Informationen und Weisungen zu empfangen und zu geben, alle Schallzeichen wahrzunehmen und nach allen Seiten genügend freie Sicht zu haben.

10 **Welche Zeichen begrenzen die Fahrrinne zum rechten Ufer?**
C Rote Stumpftonnen oder Schwimmstangen.

11 **Was ist in Kanälen verboten?**
B Ankern.

12 **Was bedeutet dieses Tafelzeichen an Brücken?**
B Empfohlene Durchfahrt mit Gegenverkehr.

13 **Welche Bedeutung haben vor einer Schleuse ein rotes oder ein rotes und ein grünes Licht?**
C Einfahrt verboten, Öffnen der Schleuse wird vorbereitet.

14 **Was bedeuten diese Lichter?**
A Fahrzeug mit Maschinenantrieb länger als 110 m.

15 **Was bedeutet dieses Sichtzeichen?**
D Fahrzeug hat brennbare Stoffe geladen, Abstand beim Stillliegen 10 m.

16 **Ein Kleinfahrzeug unter Segel fährt nachts auf einer Binnenschifffahrtsstraße und führt ein weißes Rundumlicht im Topp. Wie wird zweckmäßigerweise die weiße Handlampe, die bei Annäherung anderer Fahrzeuge gezeigt werden muss, benutzt?**
C Die eigenen Segel anleuchten.

17 **Welche Lichter muss ein geschlepptes Kleinfahrzeug führen?**
D Weißes Rundumlicht.

18 **Wie lautet eine der drei Grundregeln der Binnenschifffahrtsstraßen-Ordnung, nach denen Kleinfahrzeuge unter Segel einander ausweichen?**
B Wenn sie den Wind nicht von derselben Seite haben, muss das Segelfahrzeug mit Wind von Backbord dem Segelfahrzeug mit Wind von Steuerbord ausweichen.

19 **Was bedeutet ein langer Ton?**
C Achtung!

20 **Was bedeutet dieses Schallsignal (— — •)?**
A Überholen an der Steuerbordseite des Vorausfahrenden.

21 **Wie ist ein Überholmanöver durchzuführen?**
B Zügig überholen. Beteiligte Fahrzeuge nicht behindern. Verkehrslage und eventuelle Schallzeichen beachten. Ausreichend Abstand halten.

22 **Der seitliche Abstand zwischen den Booten A, B und C verringert sich ständig. Welches Boot kann seinen Kurs beibehalten?**
D Boot A, weil leeseitig.

23 A **Was bedeutet dieses Tafelzeichen?**
Wehr.

24 D **Mit welcher Wetterentwicklung ist bei schnellem und stetig fallendem Luftdruck zu rechnen?**
Schlechtes Wetter, Starkwind oder Sturm.

25 D **Wie hat sich der Führer eines Wassermotorrades außerhalb der ausgewiesenen Strecken/Wasserflächen zu verhalten?**
Klaren Geradeauskurs fahren.

26 B **Weshalb muss sich der Schiffsführer vor dem Befahren fremder Gewässer über die dort geltenden Vorschriften informieren?**
Um die jeweils geltenden Vorschriften einhalten zu können.

27 C **Welcher Befähigungsnachweis berechtigt zum Führen eines Sportbootes bis zu einer Länge von 25 m auf dem Rhein?**
Das Sportpatent.

28 C **Woraus bestehen die amtlich anerkannten Kennzeichen?**
Nummer des Internationalen Bootsscheins, gefolgt vom Kennbuchstaben für die ausstellende Organisation.

29 D **Wie hat sich ein Schiffsführer bei Erreichen der Hochwassermarke II zu verhalten?**
Er hat die Fahrt unverzüglich einzustellen.

30 D **Welche Lichter führt ein Schubverband?**
Drei weiße Topplichter in einem Dreieck angebracht, die Seitenlichter und drei weiße Hecklichter waagerecht nebeneinander.

31 A **Wodurch wirken die Bodenlenzventile einer Jolle, die unterhalb der Wasserlinie liegen?**
Durch den Sog, der bei Fahrt durchs Wasser entsteht.

32 C **Was wird unter „Gewichtsstabilität" verstanden?**
Die Fähigkeit eines Schiffes, durch seinen tief liegenden Ballast der Krängung entgegenzuwirken.

33 A **Wodurch kann eine Pinnensteuerung auch bei Krängung des Bootes sicher erreicht und bedient werden?**
Durch einen Pinnenausleger.

34 D **Weshalb dürfen Segel nicht über einen längeren Zeitraum killen?**
Killen schädigt das Tuch und lässt Nähte aufgehen.

35 C **Beim Einfallen einer Bö auf Amwindkurs raumt der scheinbare Wind. Welchen Nutzen kann auf der Kreuz daraus gezogen werden?**
Mitluven, um weitere Höhe zu gewinnen.

36 D **Wie wirkt sich ein Holepunkt, der zu weit achtern liegt, auf Stand und Beanspruchung des Vorsegels aus?**
Das Achterliek killt, das Unterliek wird übermäßig gereckt.

37 A **Was ist mit Schwert und Ruder einer Jolle zu tun, wenn das Boot an einer Boje liegen gelassen wird?**
Schwert und Ruderblatt aufholen, damit das Boot frei schwojen kann.

Lösungen zum Übungsbogen 5

1 **Wie lang ist die Dauer eines kurzen Tons (•)?**
A Etwa 1 Sekunde.

2 **Welche Bedeutung haben folgende Tafelzeichen?**
C Festmache- und Liegeverbot.

3 **Welches Merkblatt enthält Hinweise für das Verhalten zum Schutz seltener Tiere und Pflanzen sowie zur Reinhaltung der Gewässer?**
A Die 10 goldenen Regeln für Wassersportler.

4 **Was ist unter einem rechtsdrehenden Propeller zu verstehen?**
A Von achtern gesehen in Vorausfahrt Drehung des Propellers im Uhrzeigersinn.

5 **Welche Veröffentlichungen enthalten wichtige Regeln und Tipps für Wassersportler, Empfehlungen zur Ausrüstung von Sportbooten sowie Hinweise zu umweltgerechtem Verhalten auf dem Wasser?**
A Nautische Publikationen wie „Sicherheit auf dem Wasser“ und „Sicher auf See“.

6 **Was ist vor Inbetriebnahme einer Flüssiggasanlage zu prüfen?**
C Die Anlage muss abgenommen sein, Leitungen und Anschlüsse müssen dicht sein. Haupthahn und andere Absperrventile sind zu öffnen.

7 **In welcher Situation dürfen Notsignale gegeben werden?**
B Wenn Gefahr für Leib oder Leben von Personen besteht und daher Hilfe benötigt wird.

8 **Welche Anforderungen neben der körperlichen und geistigen Tauglichkeit und fachlichen Eignung muss der Führer eines Sportbootes auf dem Rhein erfüllen, wenn die Nutzleistung der Antriebsmaschine mehr als 11,03 kW bei Verbrennungsmotoren bzw. 7,5 kW bei Elektromotoren Betriebsart S 1 (Dauerbetrieb) beträgt?**
D Besitz eines Sportbootführerscheins mit dem Geltungsbereich Binnenschifffahrtsstraßen für Sportboote mit Antriebsmaschine oder eines gleichgestellten Befähigungszeugnisses.

9 **Wo findet man die allgemeinen Verkehrsregeln für die Binnenschifffahrtsstraßen und den Rhein?**
C Binnenschifffahrtsstraßen-Ordnung, Rheinschifffahrtspolizeiverordnung.

10 **Wo kann der Sportbootfahrer vor Ort das Erreichen bestimmter Wasserstände und Hochwassermarken feststellen?**
D An den Pegeln und ausgewiesenen Hochwassermarken.

11 **Welche Fahrrinnenseite hat ein Bergfahrer an seiner Steuerbordseite und wie ist diese gekennzeichnet?**
D Die linke Fahrrinnenseite, gekennzeichnet durch grüne Spitztonnen oder Schwimmstangen.

12 **Was bedeuten diese Tafelzeichen an Brücken?**
B Empfohlene Durchfahrt nur zwischen den beiden Tafeln.

13 **Mehrere Kleinfahrzeuge sollen gemeinsam vom Oberwasser in das Unterwasser geschleust werden. Worauf ist bei deren Einfahrt in die Schleuse und während des Schleusens besonders zu achten?**
A Das letzte Kleinfahrzeug muss so weit einfahren, dass es beim Leeren der Schleuse nicht auf den Drempel aufsetzen kann. Die Festmacherleinen sind so zu bedienen, dass Stöße gegen Schleusenwände, Schleusentore, andere Fahrzeuge vermieden werden und ein sicheres Fieren der Leinen möglich ist.

14 **Was bedeuten auf einem Fahrzeug zwei blaue Lichter übereinander?**
D Fahrzeug hat gesundheitsschädliche Stoffe geladen, Abstand beim Stillliegen 50 m.

15 **Welches Fahrzeug führt die nachstehende Tagbezeichnung?**
C Ein Fahrzeug, dem die zuständige Behörde einen Vorrang zur Durchfahrt durch Stellen an denen eine bestimmte Reihenfolge gilt eingeräumt hat.

16 **Wie muss sich ein Kleinfahrzeug mit Maschinenantrieb gegenüber einem Segelsurfer, der auf Kollisionskurs liegt, verhalten?**
A Es muss ausweichen.

17 **Was bedeutet diese Tag- und Nachtbezeichnung?**
A Schutzbedürftiges Fahrzeug, Vorbeifahrt in möglichst weitem Abstand, Geschwindigkeit vermindern, Sog und Wellenschlag vermeiden.

18 **Wie ist eine geschützte Badezone gekennzeichnet?**
C Durch gelbe Tonnen.

19 **Was bedeutet eine Folge sehr kurzer Töne?**
B Gefahr eines Zusammenstoßes.

20 **Wo kann man von bestehenden Höchstgeschwindigkeiten auf den Binnenschifffahrtsstraßen Kenntnis erhalten?**
D In der Binnenschifffahrtsstraßen-Ordnung, bei der Wasserstraßen- und Schifffahrtsverwaltung und der Wasserschutzpolizei.

21 **Der seitliche Abstand zwischen den Booten A, B und C verringert**
A **sich ständig. Welches Boot kann seinen Kurs beibehalten?**
Boot A, weil leeseitig.

22 **Was bedeuten nachts auf einer Binnenschifffahrtsstraße die**
B **nachstehenden Lichter?**
Sog und Wellenschlag vermeiden.

23 **Was bedeutet dieses Tafelzeichen?**
D Empfohlener Wendeplatz. Stillliegen für alle Fahrzeuge verboten.

24 **Welche technische Einrichtung gegen einen Stromschlag muss in**
A **der Landstromversorgung unbedingt installiert sein?**
Ein Fehlerstromschutzschalter.

25 **Welche Notsignale kann ein Segelsurfer auf**
B **Binnenschifffahrtsstraßen geben?**
Kreisförmiges Schwenken der Arme oder eines Gegenstandes.

26 **Was ist mit Abfällen jeglicher Art zu tun, die an Bord anfallen?**
C An Bord sammeln und an Land in den entsprechenden
Abfallsammelbehältern umweltgerecht entsorgen.

27 **Zu welcher Tageszeit und bei welchen Sichtweiten darf auf den**
A **erlaubten Gewässerabschnitten Wasserski gelaufen werden?**
Sonnenaufgang bis -untergang, Sicht 1000 m und mehr.

28 **Wo sind umfangreiche Hinweise auf die**
D **Binnenschifffahrtsstraßen und deren Grenzen zu finden?**
Im Teil II der Binnenschifffahrtsstraßen-Ordnung.

29 **Welche Stelle ist für die Zuteilung eines amtlichen Kennzeichens**
D **für Sportboote zuständig?**
Jedes Wasserstraßen- und Schifffahrtsamt.

30 **Wann gilt ein Sportboot auf den Binnenschifffahrtsstraßen**
B **als Kleinfahrzeug?**
Wenn das Fahrzeug eine Länge von weniger als 20 m hat.

31 **Was wird unter „Formstabilität" verstanden?**
B Die Fähigkeit eines Schiffes, durch seine Rumpfform der
Krängung entgegenzuwirken.

32 **Wie verändert sich das aufrichtende Kraftmoment einer Jolle bei**
A **Krängung?**
Es nimmt anfangs zu bis zu einem Maximum, von da wieder ab,
bis Auftriebs- und Gewichtsschwerpunkt übereinander liegen,
anschließend kentert die Jolle.

33 **Warum müssen auch kleine Schäden an den Segeln sofort**
B **repariert werden?**
Weil unter Winddruck daraus schnell große Schäden werden.

34 **Warum ist der scheinbare Wind auf einem Kurs hoch am Wind**
A **stärker als der wahre Wind?**
Da sich auf diesem Kurs der wahre Wind und der Fahrtwind in
Richtung und Stärke addieren.

35 **Wie muss ein Segel bei leichtem Wind getrimmt werden?**
D Das Segel soll bauchig stehen.

36 **Warum soll ein gut getrimmtes Segelboot leicht luvgierig sein?**
D Weil es im Notfall von selbst in den Wind schießt.

37 **Ein Segelboot segelt am Wind, plötzlich bricht das Luvwant.**
B **Welches Manöver ist sinnvoll?**
Wende.

Sportbootführerschein Binnen – Segel + Motor

Lösungen zum Übungsbogen 6

1 **Wann ist ein Fahrzeug in Fahrt?**
B Wenn es weder vor Anker liegt noch an Land festgemacht ist noch auf Grund sitzt.

2 **Welche Seite wird als Luvseite bezeichnet?**
A Die dem Wind zugekehrte Seite.

3 **Welche Bedeutung hat folgendes Tafelzeichen?**
A Abgabe eines langen Tons.

4 **Wie verhält sich im Allgemeinen das Schiff im Rückwärtsgang**
D **bei einem rechtsdrehenden Propeller?**
Das Heck dreht nach Backbord.

5 **Was muss beim Tanken beachtet werden?**
C Motor abstellen, keine elektrischen Schalter betätigen, Vorbereitung gegen das Überlaufen von Kraftstoff treffen, kein offenes Feuer.

6 **Wo sollen die Gasbehälter einer Flüssiggasanlage**
D **gelagert werden?**
Möglichst an Deck, geschützt vor Sonneneinstrahlung, sonst in einem besonders abgeschlossenen Raum für Gasbehälter, der in Bodenhöhe eine Öffnung nach außenbords hat.

7 **Wie hat man sich nach einem Zusammenstoß zu verhalten?**
A Hilfe leisten und so lange am Unfallort bleiben, bis ein weiterer Beistand nicht mehr erforderlich ist; alle erforderlichen Daten austauschen.

8 **Bis zu welcher Schiffslänge berechtigt der Sportbootführerschein**
B **mit dem Geltungsbereich Binnenschifffahrtsstraße zum Führen eines Sportbootes auf Binnenschifffahrtsstraßen?**
Bis zu einer Länge von weniger als 20 m (ohne Ruder und Bugspriet).

9 **Welche Zeichen begrenzen die Fahrrinne zum linken Ufer?**
C Grüne Spitztonnen oder Schwimmstangen.

10 **Was bedeuten diese Tafelzeichen an Brücken?**
B Empfohlene Durchfahrt nur zwischen den beiden Tafeln.

11 **Was bedeutet dieses Sichtzeichen?**
D Fahrzeug hat brennbare Stoffe geladen, Abstand beim Stillliegen 10 m.

12 **Welchen Sichtwinkel und welche Farben haben die**
A **vorgeschriebenen Lichter an Bord?**
Topplicht: weiß 225°, Hecklicht 135° weiß, Seitenlichter: Backbord rot und Steuerbord grün, jeweils 112,5°.

13 **Wer ist ausweichpflichtig, wenn ein Segler mit Wind von**
B **Backbord einer Segelyacht, mit Wind von Steuerbord und einem schwarzen Kegel, auf Kollisionskurs begegnet?**
Die Segelyacht mit Wind von Steuerbord, weil sie als Kleinfahrzeug mit Maschinenantrieb gilt.

14 **Was bedeuten diese Lichter?**
D Festgefahrenes oder gesunkenes Fahrzeug. Vorbeifahrt an der rot-weißen Seite gestattet; rote Seite gesperrt. Sog und Wellenschlag vermeiden.

15 **Was bedeuten im Fahrwasser nachstehende Zeichen?**
B Schwimmendes Gerät bei der Arbeit. Vorbeifahrt an der Seite mit dem grün-weiß-grünen Tafelzeichen gestattet; rot-weiß-rote Seite gesperrt.

16 **Was bedeutet dieses Tafelzeichen?**
B Fahrverbot für Fahrzeuge mit Maschinenantrieb.

17 **Was bedeutet dieses Schallsignal (— • •)?**
C Wenden über Backbord.

18 **Ein Sportfahrzeug fährt hinter einem Fahrzeug, das nicht**
A **Kleinfahrzeug ist, in den Schleusenvorhafen ein. Aus der Schleusenkammer kommt ein Fahrzeug, das an Steuerbord eine blaue Tafel mit einem weißen Funkellicht zeigt. Was bedeutet dieses Zeichen?**
Das aus- und die einfahrenden Fahrzeuge passieren sich an der Steuerbordseite, das Kleinfahrzeug ist nur zu erhöhter Aufmerksamkeit verpflichtet.

19 **Ein Kleinfahrzeug und ein Fahrzeug über 20 m Länge nähern**
B **sich auf kreuzenden Kursen. Es besteht die Gefahr eines Zusammenstoßes. Wer ist ausweichpflichtig?**
Ausweichpflichtig ist das Kleinfahrzeug.

20 **Wer ist ausweichpflichtig bzw. wer ist nicht ausweichpflichtig?**
A Das Fahrzeug unter Segel ist ausweichpflichtig.

21 **Ein Kleinfahrzeug A segelt nachts auf Vorwindkurs stromab, Großsegel an Steuerbord. Backbord querab kommt ein grünes Seitenlicht eines Bootes B immer näher, das kein Topplicht führt. Wer ist ausweichpflichtig?**
D Das Kleinfahrzeug A ist ausweichpflichtig. Ein Boot mit Wind von Backbord muss ausweichen, wenn es nicht klar ausmachen kann, ob das luvseitige Boot den Wind von Steuerbord hat.

22 **Ein Kleinfahrzeug unter Segel kreuzt nachts im Fahrwasser. Von achtern kommt ein Fahrzeug auf das eine Zweifarbenlaterne und ein Topplicht führt. Was bedeuten diese Lichter?**
C Kleinfahrzeug mit Maschinenantrieb.

23 **Wo ist die Geschwindigkeit zu vermindern, um Sog und Wellenschlag zu vermeiden?**
C Vor Hafenmündungen, an Lade-, Lösch- und Liegeplätzen, in der Nähe nicht frei fahrender Fähren, auf gekennzeichneten Strecken, in der Nähe schwimmender Geräte bei der Arbeit.

24 **Was bedeutet dieses Tafelzeichen?**
A Vorgeschriebene Fahrtrichtung.

25 **Was bedeutet dieses Tafelzeichen?**
D Wendeverbot.

26 **Was ist bei Sturmwarnung vom Schiffsführer eines Sportbootes unter Segel auf einem größeren Gewässer zu veranlassen?**
C Rettungsweste anlegen. Segel bergen, versuchen einen Hafen oder eine geschützte Bucht anzulaufen.

27 **Mit welcher Wetterentwicklung ist bei schnellem und stetig fallendem Luftdruck zu rechnen?**
C Schlechtes Wetter, Starkwind oder Sturm.

28 **Wie muss sich der Wasserskiläufer bei der Vorbeifahrt an Fahrzeugen, Schwimmkörpern oder Badenden verhalten?**
D Er muss im Kielwasser des Zugbootes bleiben.

29 **Welche Kennzeichnungsarten für Sportboote gibt es?**
A Amtliche Kennzeichen und amtlich anerkannte Kennzeichen.

30 **Welches Fahrzeug führt am Bug einen roten Wimpel?**
C Ein Fahrzeug mit Vorrang beim Schleusen.

31 **Was wird unter einem „Kimmkieler“ verstanden?**
B Eine Yacht mit zwei Seitenkielen.

32 **Was wird unter „Gewichtsstabilität“ verstanden?**
B Die Fähigkeit eines Schiffes, durch seinen tief liegenden Ballast der Krängung entgegenzuwirken.

33 **Wie heißen die Ecken eines Segels?**
D Kopf, Hals, Schothorn.

34 **Woran kann während der Fahrt die Richtung des wahren Windes erkannt werden?**
B An Flaggen oder anderen Anzeichen an Land.

35 **Mit welcher Krängung sollte eine Jolle üblicherweise gesegelt werden und weshalb?**
D Möglichst aufrecht, da sonst Abdrift und Luvgierigkeit zunehmen.

36 **Wie muss ein Segel bei starkem Wind getrimmt werden?**
D Das Segel soll flach getrimmt werden.

37 **Ein Segelboot segelt bei starkem Wind nur unter Großsegel auf Amwindkurs. Plötzlich bricht das Vorstag. Was ist sofort zu unternehmen?**
A Abfallen auf Vorwindkurs.

Sportbootführerschein Binnen – Segel + Motor

Lösungen zum Übungsbogen 7

1 D **In welchen Fällen darf weder ein Sportboot geführt noch dessen Kurs oder Geschwindigkeit selbstständig bestimmt werden?**
Wenn man infolge körperlicher oder geistiger Mängel oder infolge des Genusses alkoholischer Getränke oder anderer berauschender Mittel in der sicheren Führung behindert ist oder wenn eine Blutalkoholkonzentration von 0,5 ‰ oder mehr im Körper vorhanden ist.

2 B **Welches Signal führt ein Fahrzeug unter Segel, das als Maschinenfahrzeug gilt, zusätzlich am Tage?**
Einen schwarzen Kegel, Spitze unten.

3 C **Welche Bedeutung haben folgende Tafelzeichen?**
Wasserflächen, auf denen mit Wasserski oder Wassermotorrädern gefahren werden darf.

4 A **Was bewirkt der Quickstopp?**
Unterbrechung von Zündkontakt bzw. Kraftstoffzufuhr.

5 B **Was ist unter einem linksdrehenden Propeller zu verstehen?**
Von achtern gesehen in Vorausfahrt Drehung des Propellers gegen den Uhrzeigersinn.

6 A **Unter welchen Voraussetzungen darf ein Sportboot mit Elektromotor ohne Fahrerlaubnis geführt werden?**
Die Antriebsleistung beträgt höchstens 7,5 Kilowatt Betriebsart S1 (Dauerbetrieb).

7 C **Welche Maßnahmen muss man ergreifen, um einen Brand mit dem Feuerlöscher wirksam zu bekämpfen?**
Luftzufuhr verhindern, Feuerlöscher erst am Brandherd einsetzen und das Feuer möglichst von unten bekämpfen.

8 B **Aus welchen Gründen muss der Sportbootführerschein mit dem Geltungsbereich Binnenschifffahrtsstraßen entzogen werden?**
Bei fehlender Tauglichkeit oder fehlender Zuverlässigkeit.

9 C **Wozu muss der Rudergänger eines Sportbootes zur sicheren Steuerung in der Lage sein?**
Alle Informationen und Weisungen zu empfangen und zu geben, alle Schallzeichen wahrzunehmen und nach allen Seiten genügend freie Sicht zu haben.

10 C **Welche Zeichen begrenzen die Fahrrinne zum rechten Ufer?**
Rote Stumpftonnen oder Schwimmstangen.

11 D **Welche Bedeutung haben die nachstehenden Tafelzeichen?**
Empfohlene Durchfahrt, Durchfahrt in Gegenrichtung verboten.

12 C **Was bedeutet auf einem Fahrzeug ein blaues Licht?**
Fahrzeug hat brennbare Stoffe geladen, Abstand beim Stillliegen 10 m.

13 D **Ein Kleinfahrzeug unter Segel fährt nachts auf einer Binnenschifffahrtsstraße und führt ein weißes Rundumlicht im Topp. Welche zusätzlichen Lichter müssen gesetzt werden, wenn der Motor angeworfen wird?**
Seitenlichter unmittelbar nebeneinander oder in einer einzigen Laterne.

14 B **Wie muss sich ein Fahrzeug mit Topplicht und Seitenlichtern gegenüber einem Kleinfahrzeug mit Seitenlichtern, welches sich auf Kollisionskurs befindet, verhalten?**
Es hält Kurs und Geschwindigkeit bei.

15 B **Was bedeutet dieses Tafelzeichen?**
Gesperrte Wasserfläche, jedoch für Kleinfahrzeuge ohne Antriebsmaschine befahrbar.

16 C **Was bedeutet dieses Tafelzeichen?**
Fahrverbot für Fahrzeuge mit Maschinenantrieb.

17 D **Wie ist eine geschützte Badezone gekennzeichnet?**
Durch gelbe Tonnen.

18 A **Was bedeuten vier kurze Töne?**
Fahrzeug ist manövrierunfähig.

19 D **Was bedeutet dieses Schallsignal (— — — •)?**
Hafen oder Nebenwasserstraße; Ein- oder Ausfahrt mit Kursänderung nach Steuerbord.

20 A **Ein Fahrzeug zeigt an der Steuerbordseite seines Ruderhauses eine blaue Tafel mit weißem Funkellicht. Welche Bedeutung hat dieses Zeichen?**
Fahrzeuge begegnen sich an Steuerbord. Dieses Zeichen gilt nicht für Kleinfahrzeuge, verpflichtet aber zu erhöhter Aufmerksamkeit.

21 C **Von Backbord kommend kreuzt ein Fahrzeug unter Segel mit einem schwarzen Kegel, Spitze nach unten, den Kurs eines Fahrzeuges mit Maschinenantrieb. Wer ist ausweichpflichtig?**
Das Fahrzeug unter Segel mit einem schwarzen Kegel ist ausweichpflichtig.

22 **Zwei Kleinfahrzeuge unter Segel liegen auf Kollisionskurs.**
D **Wer ist ausweichpflichtig?**
B ist ausweichpflichtig. Das luvseitige Boot muss dem leeseitigen ausweichen.

23 **Ein Kleinfahrzeug unter Segel und mit Maschinenantrieb kreuzt**
B **nachts stromauf. Ein Fahrzeug kommt entgegen, das nur ein weißes Licht führt. Was bedeutet dieses Licht?**
Kleinfahrzeug ohne Maschinenantrieb.

24 **Was bedeutet dieses Tafelzeichen?**
B Gebot: Besondere Vorsicht walten lassen.

25 **Was bedeutet dieses Tafelzeichen?**
A Wehr.

26 **Wie muss ein Fahrzeug ausgerüstet sein, um bei unsichtigem**
A **Wetter zu fahren?**
Mit einer für die Binnenschifffahrt zugelassenen funktionsfähigen Radaranlage und einer Sprechfunkanlage für den Binnenschifffahrtsfunk.

27 **Was ist beim Neuanstrich des Unterwasserschiffs und bei der**
B **Entfernung des alten Anstrichs zu beachten?**
Der Arbeitsbereich ist großzügig abzudecken und der anfallende Abfall ist als Sondermüll zu behandeln und entsprechend zu entsorgen.

28 **Unter welchen Voraussetzungen darf außerhalb der**
D **ausgewiesenen Strecken/Wasserflächen Wassermotorrad gefahren werden?**
Bei Touren- und Wanderfahrten mit klarem Geradeauskurs.

29 **Was ist bei der Ausübung des Wassersports auf Gewässern**
A **außerhalb der Bundeswasserstraßen (z. B. Landeswasserstraßen, kommunale und private Gewässer) zu beachten?**
Es ist gegebenenfalls die Genehmigung des Eigentümers einzuholen sowie die jeweilige Befahrensordnung zu beachten.

30 **Welche Lichter führt ein Schubverband?**
A Drei weiße Topplichter in einem Dreieck angebracht, die Seitenlichter und drei weiße Hecklichter waagerecht nebeneinander.

31 **Worin besteht der Vorteil eines Kimmkielers gegenüber**
B **anderen Kielbooten?**
Er kann problemlos aufrecht trocken fallen.

32 **Welche Boote sind vorwiegend „gewichtsstabil"?**
C Kielyachten sind vorwiegend „gewichtsstabil".

33 **Wie heißen die Kanten eines Segels?**
A Vorliek, Unterliek, Achterliek.

34 **Welcher Wind wird in Fahrt von Standern bzw.**
A **Verklickern angezeigt?**
Der scheinbare Wind.

35 **Wie wirkt sich auf einem Halbwindkurs ein zu dicht geholtes**
D **Großsegel auf die Geschwindigkeit des Bootes aus?**
Die Krängung nimmt zu, die Geschwindigkeit nimmt ab.

36 **Wie beeinflusst ein Unterliekstrecker den Trimm des Segels?**
A Je nach Zugkraft wird der untere Teil des Großsegels bauchiger oder flacher.

37 **Ein Segelboot segelt bei starkem Wind nur unter Großsegel**
D **auf Amwindkurs. Plötzlich bricht das Vorstag. Womit kann das gebrochene Vorstag schnell provisorisch ersetzt werden?**
Durch die Fock oder ein Fall.

Lösungen zum Übungsbogen 8

1 C **Was ist zu tun, wenn vor Antritt der Fahrt nicht feststeht, wer Schiffsführer ist?**
Der verantwortliche Schiffsführer muss bestimmt werden.

2 D **Welche Bedeutung hat folgendes Tafelzeichen?**
Ende einer Gebots- oder Verbotsstrecke.

3 C **Warum soll man möglichst gegen Strom und Wind anlegen?**
Weil sich das Fahrzeug dabei sicherer manövrieren lässt.

4 B **Was bewirkt der Quickstopp?**
Unterbrechung von Zündkontakt bzw. Kraftstoffzufuhr.

5 B **Die Ölkontrollleuchte leuchtet nach dem Starten weiter. Was könnte die mögliche Ursache sein?**
Druckschalter bzw. Öldruckpumpe defekt.

6 C **Was ist zu tun, wenn Flüssiggas in das Innere des Bootes gelangt?**
Gaszuführung absperren und für Lüftung sorgen. Außerdem keine elektrischen Schalter betätigen und keinen Funk und keine Mobiltelefone benutzen.

7 A **Wie hat man sich nach einem Zusammenstoß zu verhalten?**
Hilfe leisten und so lange am Unfallort bleiben, bis ein weiterer Beistand nicht mehr erforderlich ist; alle erforderlichen Daten austauschen.

8 C **Wo erhält man Auskünfte über Verkehrsbeschränkungen und aktuelle Information über Binnenschifffahrtsstraßen?**
Bei der Wasserstraßen- und Schifffahrtsverwaltung, im Internet unter www.elwis.de und bei der Wasserschutzpolizei.

9 D **Was bedeutet „zu Berg“ oder „Bergfahrt“ auf Kanälen?**
Die Fahrt, die in Teil II der Binnenschifffahrtsstraßen-Ordnung als Fahrt „zu Berg“ oder „Bergfahrt“ festgelegt ist.

10 C **Was bedeuten diese Tafelzeichen?**
Liegestelle für Fahrzeuge ohne gefährliche Güter, auch für Kleinfahrzeuge.

11 C **Welche Bedeutung hat das nachstehende Tafelzeichen?**
Empfohlene Durchfahrtsöffnung, Durchfahrt in beide Richtungen erlaubt.

12 B **Was bedeutet dieses Tafelzeichen im Bereich eines Wehres?**
Verbot der Durchfahrt und Sperrung der Schifffahrt.

13 B **Was bedeuten diese Lichter?**
Frei fahrende Fähre.

14 A **Wie muss sich ein Segelfahrzeug auf einer Binnenschifffahrtsstraße, welches sich auf Kollisionskurs mit einem Kleinfahrzeug mit Maschinenantrieb befindet, verhalten?**
Es hält Kurs und Geschwindigkeit bei.

15 B **Was bedeuten diese Lichter?**
Schwimmendes Gerät bei der Arbeit. Vorbeifahrt an der grünen Seite gestattet; rote Seite gesperrt.

16 B **Was bedeutet diese Tag- und Nachtbezeichnung?**
Schutzbedürftiges Fahrzeug, Vorbeifahrt in möglichst weitem Abstand, Geschwindigkeit vermindern, Sog und Wellenschlag vermeiden.

17 D **Was bedeutet dieses Schallsignal (— — • •)?**
Überholen an der Backbordseite des Vorausfahrenden.

18 C **Was bedeutet eine Folge sehr kurzer Töne?**
Gefahr eines Zusammenstoßes.

19 A **Welche Schallsignale bzw. Zeichen sind zu geben, wenn das Boot manövrierunfähig geworden ist?**
Vier kurze Töne. Bei Tag eine rote Flagge, bei Nacht ein rotes Licht im unteren Halbkreis schwenken.

20 A **Wann besteht die Gefahr eines Zusammenstoßes?**
Wenn sich zwei Fahrzeuge bei gleichbleibender Peilung einander nähern.

21 B **Wie muss sich ein kreuzendes Kleinfahrzeug unter Segel am Wind in der Nähe eines Ufers gegenüber einem anderen Kleinfahrzeug verhalten?**
Es darf ein anderes Kleinfahrzeug, das sein steuerbordseitiges Ufer anhält, nicht zum Ausweichen zwingen.

22 A **Was hat der Schiffsführer eines Kleinfahrzeugs beim Begegnen mit Fahrzeugen, die nicht Kleinfahrzeuge sind, zu beachten?**
Kleinfahrzeuge sind gegenüber Fahrzeugen, die nicht Kleinfahrzeuge sind, ausweichpflichtig. Sie müssen für deren Kurs und zum Manövrieren notwendigen Raum lassen.

23 **Zwei Kleinfahrzeuge A und B unter Segel liegen auf**
C **Kollisionskurs (Skizze). Wer ist ausweichpflichtig?**
A ist ausweichpflichtig. Segelfahrzeuge mit Wind von Backbord müssen Segelfahrzeugen mit Wind von Steuerbord ausweichen.

24 **Wer ist wem gegenüber kurshaltepflichtig?**
B A gegenüber B und C, B gegenüber C.

25 **Ein Kleinfahrzeug unter Segel kreuzt nachts das Fahrwasser. An**
D **Backbord tauchen die nachstehenden Lichter eines Fahrzeugs auf, das in spitzem Winkel den Kurs des Kleinfahrzeugs unter Segel kreuzen will. Wer ist ausweichpflichtig?**
Kleinfahrzeug mit Maschinenantrieb.

26 **Was bedeutet dieses Tafelzeichen?**
D 10 km/h Höchstgeschwindigkeit gegenüber dem Ufer.

27 **Was bedeutet dieses Tafelzeichen?**
A Empfohlener Wendeplatz. Stillliegen für alle Fahrzeuge verboten.

28 **Wie müssen Abfälle entsorgt werden?**
B Es dürfen keinerlei Abfälle ins Wasser gelangen, Fäkalien und Öle sind an Land zu entsorgen.

29 **Auf welchen Gewässern ist die Fahrerlaubnis für Sportboote**
C **unter Segeln erforderlich?**
Auf bestimmten Wasserstraßen in Berlin und Brandenburg.

30 **Warum ist es bei der Schleusendurchfahrt verboten, Autoreifen**
A **als Fender zu benutzen?**
Autoreifen sind nicht schwimmfähig und können in den Schleusen zu erheblichen Störungen führen.

31 **Was wird unter „Formstabilität" verstanden?**
A Die Fähigkeit eines Schiffes, durch seine Rumpfform der Krängung entgegenzuwirken.

32 **Welche Boote sind vorwiegend „formstabil"?**
D Jollen sind vorwiegend „formstabil".

33 **Wozu dienen Segellatten?**
D Der Formgebung und Aussteifung des Segels.

34 **Wann kommen wahrer Wind und scheinbarer Wind auf einem**
A **segelnden Boot aus der gleichen Richtung?**
Auf Vorwindkurs.

35 **Warum raumt beim Einfallen einer Bö auf Amwindkurs der**
A **scheinbare Wind?**
Da der Fahrtwind zunächst gleich bleibt, der wahre Wind jedoch zunimmt, kommt der daraus resultierende scheinbare Wind raumer.

36 **Wie muss ein Segel bei starkem Wind getrimmt werden?**
B Das Segel soll flach getrimmt werden.

37 **Um auf Amwindkursen eine Jolle auf Kurs zu halten, muss die**
B **Pinne stets stark von der Seite der Segel weggezogen werden. Wie kann der Trimmfehler behoben werden?**
Großsegel flacher trimmen; Gewichtsverlagerung nach achtern.

Sportbootführerschein Binnen – Segel + Motor

Lösungen zum Übungsbogen 9

1 **Wann ist ein Fahrzeug in Fahrt?**
A Wenn es weder vor Anker liegt noch an Land festgemacht ist noch auf Grund sitzt.

2 **Zwei Motorboote nähern sich auf kreuzenden Kursen. Es besteht die Gefahr eines Zusammenstoßes. Wer ist ausweichpflichtig?**
D Dasjenige Fahrzeug muss ausweichen, welches das Andere an seiner Steuerbordseite hat.

3 **Welche Bedeutung hat folgendes Tafelzeichen?**
C Verbot der Durchfahrt und Sperrung der Schifffahrt.

4 **Wo finden Sie Informationen über umweltfreundliche Farben, Lacke und Antifouling-Beschichtungen für Ihr Boot?**
C Beim Umweltbundesamt.

5 **Was ist zu unternehmen, wenn Treibstoff oder Öl in die Bilge gelangt?**
B Mit Lappen aufnehmen und umweltgerecht entsorgen.

6 **Welche Anlegeseite ist mit rechtsdrehendem Propeller empfehlenswert und warum?**
C Die Backbordseite – der Radeffekt zieht das Fahrzeug an die Pier.

7 **Wodurch wird bei einem Fahrzeug mit Außenbordmotor und ohne Ruderanlage die Ruderwirkung erzielt?**
C Durch Schraubenstrom und Richtung des Propellers.

8 **Welche Anforderungen werden an die Person gestellt, mit der der Schiffsführer das Ruder eines Sportbootes mit Antriebsmaschine auf Binnenschifffahrtsstraßen besetzen will?**
A Sie muss mindestens 16 Jahre alt und körperlich, geistig und fachlich geeignet sein.

9 **Wo findet man die allgemeinen Verkehrsregeln für die Mosel und die Donau?**
C Moselschifffahrtspolizeiverordnung, Donauschifffahrtspolizeiverordnung.

10 **Was bedeutet „zu Berg“ oder „Bergfahrt“ auf Flüssen?**
D Die Fahrt in Richtung Quelle.

11 **Wo besteht ohne besondere Bezeichnung der Stellen bzw. Strecken ein allgemeines Liegeverbot?**
B Auf Schifffahrtskanälen und Schleusenkanälen.

12 **Was bedeuten diese Lichter?**
D Nicht frei fahrende Fähre.

13 **Welches Licht muss ein Kleinfahrzeug ohne Maschinenantrieb mindestens führen?**
B Ein von allen Seiten sichtbares weißes Licht.

14 **Was bedeuten diese Sichtzeichen?**
D Schwimmendes Gerät bei der Arbeit. Vorbeifahrt an der grünen Seite gestattet; rote Seite gesperrt.

15 **Was bedeuten diese Sichtzeichen?**
B Schwimmendes Gerät bei der Arbeit. Vorbeifahrt an jeder Seite gestattet.

16 **Was bedeutet dieses Tafelzeichen?**
C Gesperrte Wasserfläche, jedoch für Kleinfahrzeuge ohne Antriebsmaschine befahrbar.

17 **Was bedeutet dieses Schallsignal (— — — • •)?**
A Hafen oder Nebenwasserstraße; Ein- oder Ausfahrt mit Kursänderung nach Backbord.

18 **Wie ist ein Überholmanöver durchzuführen?**
D Zügig überholen. Beteiligte Fahrzeuge nicht behindern. Verkehrslage und eventuelle Schallzeichen beachten. Ausreichend Abstand halten.

19 **Wie müssen Ausweichmanöver durchgeführt werden?**
D Rechtzeitig, klar erkennbar und entschlossen.

20 **Was hat der Schiffsführer eines Kleinfahrzeugs beim Begegnen mit Fahrzeugen, die nicht Kleinfahrzeuge sind, zu beachten?**
B Kleinfahrzeuge sind gegenüber Fahrzeugen, die nicht Kleinfahrzeuge sind, ausweichpflichtig. Sie müssen für deren Kurs und zum Manövrieren notwendigen Raum lassen.

21 **Ein Fahrzeug unter Segel kreuzt eine Binnenschifffahrtsstraße. In der Fahrwassermitte kommt ihm ein Kleinfahrzeug mit Maschinenantrieb zu Berg entgegen. Wer ist ausweichpflichtig?**
B Fahrzeug mit Maschinenantrieb.

22 C **Ein Kleinfahrzeug A segelt nachts auf Vorwindkurs stromab, Großsegel an Steuerbord. Backbord querab kommt ein grünes Seitenlicht eines Bootes B immer näher, das kein Topplicht führt. Wer ist ausweichpflichtig?**
Das Kleinfahrzeug A ist ausweichpflichtig. Ein Boot mit Wind von Backbord muss ausweichen, wenn es nicht klar ausmachen kann, ob das luvseitige Boot den Wind von Steuerbord hat.

23 A **Was ist vorrangig zu beachten, wenn eine Jolle gekentert ist und sie nicht wieder aufgerichtet werden kann?**
Vollständigkeit der Crew überprüfen, gegebenenfalls Hilfe leisten. Am Boot festhalten oder gegebenenfalls aufs Boot legen, Hilfe abwarten.

24 A **Ein Kleinfahrzeug unter Segel kreuzt nachts das Fahrwasser. An Backbord tauchen die nachstehenden Lichter eines Fahrzeugs auf, das in spitzem Winkel den Kurs des Kleinfahrzeugs unter Segel kreuzen will. Was bedeuten diese Lichter?**
Kleinfahrzeug mit Maschinenantrieb.

25 B **Was bedeuten nachts auf einer Binnenschifffahrtsstraße die nachstehenden Lichter?**
Sog und Wellenschlag vermeiden.

26 A **Welchen Vorteil bietet ein Radarreflektor auf einem Sportboot?**
Bessere Erkennbarkeit des Sportbootes auf Radarbildschirmen.

27 B **Was ist mit Abfällen jeglicher Art zu tun, die an Bord anfallen?**
An Bord sammeln und an Land in den entsprechenden Abfallsammelbehältern umweltgerecht entsorgen.

28 D **Welcher Befähigungsnachweis berechtigt zum Führen eines Sportbootes mit einer Länge von 20 m bis 25 m auf den Binnenschifffahrtsstraßen außerhalb des Rheins?**
Das Sportschifferzeugnis oder das Sportpatent.

29 A **Wann muss ein Wassersportfahrzeug in das Binnenschiffsregister eingetragen werden?**
Ab 10 cbm Wasserverdrängung.

30 D **Welche Bedeutung hat die Bezeichnung eines Fahrzeuges mit einer rot-weißen Flagge und was ist zu beachten?**
Schutzbedürftiges Fahrzeug, Geschwindigkeit vermindern und Sog und Wellenschlag vermeiden.

31 C **Was wird unter einer „Kielschwertyacht“ verstanden?**
Eine Yacht mit flach gehendem Ballastkiel und zusätzlichem aufholbarem Schwert.

32 B **Wodurch kann bei formstabilen Booten bei viel Wind die Stabilität erhöht werden?**
Durch Ausreiten bzw. durch Benutzung der Trapezeinrichtung.

33 C **Warum ist der scheinbare Wind auf einem Vorwindkurs schwächer als der wahre Wind?**
Der wahre Wind vermindert sich um den entgegenstehenden Fahrtwind.

34 A **Warum raumt beim Einfallen einer Bö auf Amwindkurs der scheinbare Wind?**
Da der Fahrtwind zunächst gleich bleibt, der wahre Wind jedoch zunimmt, kommt der daraus resultierende scheinbare Wind raumer.

35 C **Um auf Amwindkursen eine Jolle auf Kurs zu halten, muss die Pinne stets stark zur Seite der Segel hingedrückt werden. Wie kann der Trimmfehler behoben werden?**
Großsegel bauchiger trimmen, Gewichtsverlagerung nach vorn.

36 D **Was ist mit Schwert und Ruder einer Jolle zu tun, wenn das Boot an einer Boje liegen gelassen wird?**
Schwert und Ruderblatt aufholen, damit das Boot frei schwojen kann.

37 B **Ein Segelboot segelt bei starkem Wind nur unter Großsegel auf Amwindkurs. Plötzlich bricht das Vorstag. Womit kann das gebrochene Vorstag schnell provisorisch ersetzt werden?**
Durch die Fock oder ein Fall.

Lösungen zum Übungsbogen 10

1 A **Wie weichen zwei Motorboote aus, die sich auf entgegen gesetzten Kursen nähern?**
Jedes Fahrzeug muss seinen Kurs nach Steuerbord ändern.

2 B **Welche Bedeutung hat folgendes Tafelzeichen?**
Verbot der Durchfahrt und Sperrung der Schifffahrt.

3 D **Welche Bedeutung haben folgende Schifffahrtszeichen?**
Brücke, Sperrwerk oder Schleuse geschlossen.

4 B **Woran kann man erkennen, ob der Anker hält?**
Wenn beim Handauflegen auf die Ankerkette oder -leine kein Rucken zu verspüren ist und sich die Ankerpeilung nicht ändert.

5 D **Weshalb setzt bei einem Fahrzeug mit Einbaumaschine und starrer Welle bei Aufnahme der Rückwärtsfahrt die Ruderwirkung erst relativ spät ein?**
Weil sie erst mit Anströmung des Ruderblattes einsetzt.

6 A **Wie oft muss man aufblasbare Rettungsmittel warten lassen?**
Entsprechend der Herstellerangabe, mindestens alle 2 Jahre.

7 B **Welche Faktoren sind hauptsächlich für das Wettergeschehen, also für Wind und Niederschläge, ausschlaggebend?**
Luftdruckänderung, Luftfeuchtigkeit und Temperatur.

8 D **Welche Anforderungen neben der körperlichen und geistigen Tauglichkeit und fachlichen Eignung muss der Führer eines Sportbootes auf dem Rhein erfüllen, wenn die Nutzleistung der Antriebsmaschine mehr als 11,03 kW bei Verbrennungsmotoren bzw. 7,5 kW bei Elektromotoren Betriebsart S 1 (Dauerbetrieb) beträgt?**
Besitz eines Sportbootführerscheins mit dem Geltungsbereich Binnenschifffahrtsstraßen für Sportboote mit Antriebsmaschine oder eines gleichgestellten Befähigungszeugnisses.

9 C **In welche Richtung werden bei Flüssen die Uferseiten als rechtes bzw. linkes Ufer bezeichnet?**
Von der Quelle bis zur Mündung.

10 C **Was bedeuten diese Tafelzeichen?**
Liegestelle für Fahrzeuge ohne gefährliche Güter, auch für Kleinfahrzeuge.

11 B **Was bedeuten diese Lichter?**
Schubverband in Fahrt von vorne.

12 D **Welche Lichter muss ein Kleinfahrzeug unter Motor führen, wenn es ein anderes Kleinfahrzeug ohne Maschinenantrieb schleppt?**
Lichter eines Kleinfahrzeugs mit Maschinenantrieb.

13 C **Welchen Sichtwinkel und welche Farben haben die vorgeschriebenen Lichter an Bord?**
Topplicht: weiß 225°, Hecklicht 135° weiß, Seitenlichter: Backbord rot und Steuerbord grün, jeweils 112,5°.

14 C **Was bedeuten diese Sichtzeichen?**
Schwimmendes Gerät bei der Arbeit. Vorbeifahrt an jeder Seite gestattet.

15 D **Was bedeutet ein langer Ton?**
Achtung!

16 A **Was bedeuten fünf kurze Töne?**
Überholen nicht möglich.

17 D **Was ist eine Folge sehr kurzer Töne?**
Eine Folge von mindestens 6 Tönen von je etwa einer viertel Sekunde Dauer und mit je einer viertel Sekunde Pause.

18 C **Ein Sportfahrzeug fährt hinter einem Fahrzeug, das nicht Kleinfahrzeug ist, in den Schleusenvorhafen ein. Aus der Schleusenkammer kommt ein Fahrzeug, das an Steuerbord eine blaue Tafel mit einem weißen Funkellicht zeigt. Was bedeutet dieses Zeichen?**
Das aus- und die einfahrenden Fahrzeuge passieren sich an der Steuerbordseite, das Kleinfahrzeug ist nur zu erhöhter Aufmerksamkeit verpflichtet.

19 B **Wo kann man von bestehenden Höchstgeschwindigkeiten auf den Binnenschifffahrtsstraßen Kenntnis erhalten?**
In der Binnenschifffahrtsstraßen-Ordnung, bei der Wasserstraßen- und Schifffahrtsverwaltung und der Wasserschutzpolizei.

20 A **Zwei Kleinfahrzeuge unter Segel A und B liegen auf Kollisionskurs; A führt einen schwarzen Kegel. Wer ist ausweichpflichtig?**
Fahrzeug A ist ausweichpflichtig.

21 C **Wer ist wem gegenüber kurshaltepflichtig?**
A gegenüber B und C, B gegenüber C.

22 A **Was bedeutet dieses Tafelzeichen?**
Vorgeschriebene Fahrtrichtung.

23 A **Welche Bedeutung hat das nachstehende Tafelzeichen, wenn das rote Licht leuchtet?**
Verbot der Einfahrt in einen Hafen oder eine Nebenwasserstraße.

24 **Was ist zu beachten, wenn während der Fahrt unsichtiges**
B **Wetter eintritt?**
Auf bestimmten Wasserstraßen ist ohne Radar und Sprechfunk die Fahrt unverzüglich einzustellen.

25 **Welche Bedeutung hat am Tag das Kreisen einer roten Flagge auf**
A **einem Wasserfahrzeug?**
Ein in Not befindliches Fahrzeug, das durch Sichtzeichen Hilfe herbeirufen will.

26 **Wo darf auf Binnenschifffahrtsstraßen Wasserski**
D **gelaufen werden?**
Nur in durch Tafelzeichen freigegebenen Bereichen.

27 **Welcher Befähigungsnachweis berechtigt zum Führen eines**
C **Sportbootes bis zu einer Länge von 25 m auf dem Rhein?**
Das Sportpatent.

28 **Welche Stellen sind für die Zuteilung eines amtlich anerkannten**
C **Kennzeichens für Sportboote zuständig?**
Der Deutsche Motoryachtverband, der Deutsche Segler-Verband, der Allgemeine Deutsche Automobilclub.

29 **Welche Bedeutung haben diese Tafeln an der nachstehenden**
A **gekennzeichneten Brücke?**
Empfohlene Durchfahrt mit Gegenverkehr und seitlicher Begrenzung der erlaubten Brückendurchfahrt.

30 **Welcher Befähigungsnachweis ist zur Teilnahme am**
B **Binnenschifffahrtsfunk erforderlich?**
Das UKW-Sprechfunkzeugnis für den Binnenschifffahrtsfunk.

31 **Worin besteht der Vorteil eines Kimmkielers gegenüber**
C **anderen Kielbooten?**
Er kann problemlos aufrecht trocken fallen.

32 **Welche Boote sind vorwiegend „gewichtsstabil"?**
D Kielyachten sind vorwiegend „gewichtsstabil".

33 **Wie verändert sich das aufrichtende Kraftmoment einer Jolle bei**
A **Krängung?**
Es nimmt anfangs zu bis zu einem Maximum, von da wieder ab, bis Auftriebs- und Gewichtsschwerpunkt übereinander liegen, anschließend kentert die Jolle.

34 **Warum ist der scheinbare Wind auf einem Kurs hoch am Wind**
B **stärker als der wahre Wind?**
Da sich auf diesem Kurs der wahre Wind und der Fahrtwind in Richtung und Stärke addieren.

35 **Mit welcher Krängung sollte eine Jolle üblicherweise gesegelt**
B **werden und weshalb?**
Möglichst aufrecht, da sonst Abdrift und Luvgierigkeit zunehmen.

36 **Warum soll ein gut getrimmtes Segelboot leicht luvgierig sein?**
D Weil es im Notfall von selbst in den Wind schießt.

37 **Warum ist eine Patenthalse gefährlich?**
D Es kann zu Verletzungen der Crew, zu Riggschäden und zur Kenterung führen.

Lösungen zum Übungsbogen 11

1 **Welche Seite wird als Leeseite bezeichnet?**
C Die dem Wind abgewandte Seite.

2 **Welche Lichter muss ein Fahrzeug unter Segel, das gleichzeitig mit Maschinenkraft fährt, führen?**
B Die für ein Maschinenfahrzeug vorgeschriebenen Lichter.

3 **Was bedeuten diese Lichter vor einer Schleuse?**
A Einfahrt frei, Gegenverkehr gesperrt.

4 **Welches ist der günstigste Anlaufwinkel beim Anlegen?**
A Ein möglichst spitzer Winkel.

5 **Wodurch wird bei einem Fahrzeug mit Außenbordmotor und ohne Ruderanlage die Ruderwirkung erzielt?**
C Durch Schraubenstrom und Richtung des Propellers.

6 **Ein Außenborder mit gefülltem Tank bleibt während der Fahrt stehen. Was könnten die Ursachen sein?**
A Belüftungsschraube geschlossen; verstopfte Kraftstoffleitung.

7 **Was ist zu tun, wenn Flüssiggas in das Innere des Bootes gelangt?**
C Gaszuführung absperren und für Lüftung sorgen. Außerdem keine elektrischen Schalter betätigen und keinen Funk und keine Mobiltelefone benutzen.

8 **Welche Anforderungen neben der körperlichen und geistigen Tauglichkeit und fachlichen Eignung muss der Führer eines Sportbootes auf Binnenschifffahrtsstraßen erfüllen, wenn die größte Nutzleistung der Antriebsmaschine 11,03 kW bei Verbrennungsmotoren bzw. 7,5 kW bei Elektromotoren Betriebsart S 1 (Dauerbetrieb) oder weniger beträgt?**
C Mindestalter 16 Jahre.

9 **Welche Auswirkungen hat das Erreichen der Hochwassermarke II für die Sportschifffahrt?**
B Einstellung der Schifffahrt.

10 **Was bedeutet dieses Tafelzeichen?**
A Liegestelle für Fahrzeuge mit explosiven Stoffen, für Kleinfahrzeuge verboten.

11 **Was bedeutet dieses Sichtzeichen?**
D Fahrzeug eines Schleppverbandes.

12 **Was bedeutet dieses Sichtzeichen?**
B Fahrzeug hat gesundheitsschädliche Stoffe geladen, Abstand beim Stillliegen 50 m.

13 **Wann gilt ein Sportboot auf den Binnenschifffahrtsstraßen nicht mehr als Kleinfahrzeug?**
B Wenn es 20 m oder länger ist.

14 **Wie lautet eine der drei Grundregeln der Binnenschifffahrtsstraßen-Ordnung, nach denen Kleinfahrzeuge unter Segel einander ausweichen?**
C Wenn sie den Wind nicht von derselben Seite haben, muss das Segelfahrzeug mit Wind von Backbord dem Segelfahrzeug mit Wind von Steuerbord ausweichen.

15 **Was bedeuten diese Lichter?**
B Schwimmendes Gerät bei der Arbeit. Vorbeifahrt an jeder Seite gestattet.

16 **Was bedeutet dieses Schallsignal (— — — • •)?**
A Hafen oder Nebenwasserstraße; Ein- oder Ausfahrt mit Kursänderung nach Backbord.

17 **Ein Fahrzeug zeigt an der Steuerbordseite seines Ruderhauses eine blaue Tafel mit weißem Funkellicht. Welche Bedeutung hat dieses Zeichen?**
C Fahrzeuge begegnen sich an Steuerbord. Dieses Zeichen gilt nicht für Kleinfahrzeuge, verpflichtet aber zu erhöhter Aufmerksamkeit.

18 **Von Backbord kommend kreuzt ein Fahrzeug unter Segel mit einem schwarzen Kegel, Spitze nach unten, den Kurs eines Fahrzeuges mit Maschinenantrieb. Wer ist ausweichpflichtig?**
D Das Fahrzeug unter Segel mit einem schwarzen Kegel ist ausweichpflichtig.

19 **Wo ist die Geschwindigkeit zu vermindern, um Sog und Wellenschlag zu vermeiden?**
B Vor Hafenmündungen, an Lade-, Lösch- und Liegeplätzen, in der Nähe nicht frei fahrender Fähren, auf gekennzeichneten Strecken, in der Nähe schwimmender Geräte bei der Arbeit.

20 **Was bedeutet dieses Tafelzeichen?**
A Wendeverbot.

21 **Welche Sichtbeeinträchtigungen führen zu unsichtigem Wetter?**
D Nebel, Schneefall, starker Regen.

22 **Welche Notsignale kann ein Segelsurfer auf Binnenschifffahrtsstraßen geben?**
D Kreisförmiges Schwenken der Arme oder eines Gegenstandes.

23 A **Was ist bei Sturmwarnung vom Schiffsführer eines Sportbootes unter Segel auf einem größeren Gewässer zu veranlassen?**
Rettungsweste anlegen. Segel bergen, versuchen einen Hafen oder eine geschützte Bucht anzulaufen.

24 D **Welche Fahrrinnenseite hat ein Talfahrer an seiner Backbordseite?**
Die linke Fahrrinnenseite, gekennzeichnet durch grüne Spitztonnen oder Schwimmstangen.

25 D **Welches Wetter ist zu erwarten, wenn der Luftdruck langsam, aber stetig steigt?**
Besseres Wetter, Sonne.

26 A **Zu welcher Tageszeit und bei welchen Sichtweiten darf auf den erlaubten Gewässerabschnitten Wasserski gelaufen werden?**
Sonnenaufgang bis -untergang, Sicht 1000 m und mehr.

27 D **Weshalb muss sich der Schiffsführer vor dem Befahren fremder Gewässer über die dort geltenden Vorschriften informieren?**
Um die jeweils geltenden Vorschriften einhalten zu können.

28 C **Woraus bestehen die amtlich anerkannten Kennzeichen?**
Nummer des Internationalen Bootsscheins, gefolgt vom Kennbuchstaben für die ausstellende Organisation.

29 D **Welche Funktion haben gelbe Tonnen mit einem Radarreflektor vor Brückenpfeiler?**
Kenntlichmachung der Brückenpfeiler auf dem Radarschirm.

30 C **Welches optische Zeichen kann in der Nacht oder bei verminderter Sicht anstelle von vier kurzen Tönen gegeben werden?**
Ein rotes Licht im unteren Halbkreis schwenken.

31 B **Was wird unter „Formstabilität" verstanden?**
Die Fähigkeit eines Schiffes, durch seine Rumpfform der Krängung entgegenzuwirken.

32 A **Wie verändert sich das aufrichtende Kraftmoment einer Kielyacht bei stetig zunehmender Krängung?**
Es nimmt zu und erreicht nach Überschreitung des Maximums seinen kritischen Winkel erst bei über 90°.

33 D **Wie heißen die Ecken eines Segels?**
Kopf, Hals, Schothorn.

34 B **Auf einem Amwindkurs wurde gerefft. Ein entgegenkommendes Boot gleichen Typs segelt ungerefft. Wie lässt sich das erklären?**
Der scheinbare Wind ist auf Amwindkursen stärker, auf Raumschot- und Vorwindkursen schwächer als der wahre Wind.

35 C **Wie verändern sich Abdrift und Krängung, wenn das Schwert einer Jolle auf einem Amwindkurs etwas aufgeholt wird?**
Die Abdrift wird größer, die Krängung nimmt ab.

36 B **Welchen Einfluss hat zunehmende Krängung auf den Trimm des Bootes?**
Die Luvgierigkeit nimmt zu.

37 A **Ein Segelboot segelt bei starkem Wind nur unter Großsegel auf Amwindkurs. Plötzlich bricht das Vorstag. Was ist sofort zu unternehmen?**
Abfallen auf Vorwindkurs.

Lösungen zum Übungsbogen 12

1 B **In welchen Fällen darf weder ein Sportboot geführt noch dessen Kurs oder Geschwindigkeit selbstständig bestimmt werden?**
Wenn man infolge körperlicher oder geistiger Mängel oder infolge des Genusses alkoholischer Getränke oder anderer berauschender Mittel in der sicheren Führung behindert ist oder wenn eine Blutalkoholkonzentration von 0,5 ‰ oder mehr im Körper vorhanden ist.

2 A **Was für eine Laterne kann ein Segelfahrzeug von weniger als 20 m Länge anstelle der Seitenlichter und des Hecklichtes führen?**
Eine Dreifarbenlaterne an oder nahe der Mastspitze.

3 B **Welche Bedeutung haben folgende Schifffahrtszeichen?**
Anlage dauerhaft gesperrt.

4 D **Wie verhält man sich beim Begegnen mit anderen Fahrzeugen in einem engen Fahrwasser?**
Geschwindigkeit herabsetzen und ausreichenden Passierabstand halten.

5 A **Was ist unter einem rechtsdrehenden Propeller zu verstehen?**
Von achtern gesehen in Vorausfahrt Drehung des Propellers im Uhrzeigersinn.

6 D **Während der Fahrt sollte die Maschinenanlage ständig überwacht werden. Worauf muss besonders geachtet werden?**
Motortemperatur, Öldruck, Ladekontrolle.

7 C **In welcher Situation dürfen Notsignale gegeben werden?**
Wenn Gefahr für Leib oder Leben von Personen besteht und daher Hilfe benötigt wird.

8 B **Unter welchen Umständen darf von den geltenden Bestimmungen über das Verhalten im Verkehr auf den Binnenschifffahrtsstraßen abgewichen werden?**
Bei unmittelbar drohender Gefahr für sich oder andere.

9 D **Welche Auswirkungen kann das Erreichen der Hochwassermarke I für die Sportschifffahrt haben?**
Geschwindigkeitsbeschränkung und Fahrverbot für Fahrzeuge ohne Sprechfunk.

10 C **Was bedeutet eine rot-grün gestreifte Tonne oder Schwimmstange und was ist zu beachten?**
Fahrrinnenspaltung. Vorbeifahrt an beiden Seiten möglich.

11 D **Welches Licht setzt ein stillliegendes Fahrzeug?**
Ein von allen Seiten sichtbares weißes Rundumlicht auf der Fahrwasserseite.

12 D **Was bedeuten diese Tafelzeichen an Brücken?**
Durchfahrt nur zwischen den beiden Tafeln erlaubt.

13 A **Was bedeutet dieses Sichtzeichen?**
Schleppfahrzeug an der Spitze eines Schleppverbandes.

14 A **Was bedeuten diese Lichter?**
Schubverband in Fahrt von vorne.

15 B **Was bedeuten diese Lichter?**
Nicht frei fahrende Fähre.

16 C **Was bedeutet dieses Sichtzeichen?**
Fahrzeug hat explosive Stoffe geladen, Abstand beim Stillliegen 100 m.

17 C **Welche Lichter muss ein geschlepptes Kleinfahrzeug führen?**
Weißes Rundumlicht.

18 B **Wie muss sich ein Fahrzeug mit Topplicht und Seitenlichtern gegenüber einem Kleinfahrzeug mit Seitenlichtern, welches sich auf Kollisionskurs befindet, verhalten?**
Es hält Kurs und Geschwindigkeit bei.

19 C **Wer ist ausweichpflichtig, wenn ein Segler mit Wind von Backbord einer Segelyacht, mit Wind von Steuerbord und einem schwarzen Kegel, auf Kollisionskurs begegnet?**
Die Segelyacht mit Wind von Steuerbord, weil sie als Kleinfahrzeug mit Maschinenantrieb gilt.

20 D **Was bedeuten im Fahrwasser nachstehende Zeichen?**
Schwimmendes Gerät bei der Arbeit. Vorbeifahrt an der Seite mit dem grün-weiß-grünen Tafelzeichen gestattet; rot-weiß-rote Seite gesperrt.

21 B **Was bedeutet dieses Schallsignal (— — — •)?**
Hafen oder Nebenwasserstraße; Ein- oder Ausfahrt mit Kursänderung nach Steuerbord.

22 D **Was hat der Schiffsführer eines Kleinfahrzeugs beim Begegnen mit Fahrzeugen, die nicht Kleinfahrzeuge sind, zu beachten?**
Kleinfahrzeuge sind gegenüber Fahrzeugen, die nicht Kleinfahrzeuge sind, ausweichpflichtig. Sie müssen für deren Kurs und zum Manövrieren notwendigen Raum lassen.

23 **Welche Bedeutung hat das nachstehende Tafelzeichen, wenn das**
A **rote Licht leuchtet?**
Verbot der Einfahrt in einen Hafen oder eine Nebenwasserstraße.

24 **Welche Bedeutung hat am Tag das Kreisen einer roten Flagge auf**
A **einem Wasserfahrzeug?**
Ein in Not befindliches Fahrzeug, das durch Sichtzeichen Hilfe herbeirufen will.

25 **Was ist beim Neuanstrich des Unterwasserschiffs und bei der**
B **Entfernung des alten Anstrichs zu beachten?**
Der Arbeitsbereich ist großzügig abzudecken und der anfallende Abfall ist als Sondermüll zu behandeln und entsprechend zu entsorgen.

26 **Auf welchen Gewässern ist die Fahrerlaubnis für Sportboote**
B **unter Segeln erforderlich?**
Auf bestimmten Wasserstraßen in Berlin und Brandenburg.

27 **Welche Kennzeichnungsarten für Sportboote gibt es?**
A Amtliche Kennzeichen und amtlich anerkannte Kennzeichen.

28 **Ein Fahrzeug fährt in der Fahrrinne gegen den Strom. Voraus**
C **liegt eine grüne Tonne. Auf welcher Fahrrinnenseite befindet sich diese Tonne und an welcher Schiffsseite muss diese Tonne passiert werden?**
Sie befindet sich auf der linken Fahrrinnenseite und muss an der Steuerbordseite des Schiffes passiert werden.

29 **Warum ist es bei der Schleusendurchfahrt verboten, Autoreifen**
C **als Fender zu benutzen?**
Autoreifen sind nicht schwimmfähig und können in den Schleusen zu erheblichen Störungen führen.

30 **Welches optische Zeichen kann am Tage anstelle von vier kurzen**
D **Tönen gegeben werden?**
Eine rote Flagge im unteren Halbkreis schwenken.

31 **Wodurch wirken die Bodenlenzventile einer Jolle, die unterhalb**
C **der Wasserlinie liegen?**
Durch den Sog, der bei Fahrt durchs Wasser entsteht.

32 **Was wird unter „Gewichtsstabilität" verstanden?**
A Die Fähigkeit eines Schiffes, durch seinen tief liegenden Ballast der Krängung entgegenzuwirken.

33 **Welche Maßnahme ist bei Ruderbruch auf einer Jolle zu treffen?**
B Notruder oder Paddel als Ersatz nehmen, Fahrwasser verlassen, sich als manövrierunfähig zu erkennen geben.

34 **Wann kommen wahrer Wind und scheinbarer Wind auf einem**
A **segelnden Boot aus der gleichen Richtung?**
Auf Vorwindkurs.

35 **Warum raumt beim Einfallen einer Bö auf Amwindkurs der**
A **scheinbare Wind?**
Da der Fahrtwind zunächst gleich bleibt, der wahre Wind jedoch zunimmt, kommt der daraus resultierende scheinbare Wind raumer.

36 **Wie verändern sich Abdrift und Krängung, wenn das Schwert**
B **einer Jolle auf einem Amwindkurs etwas aufgeholt wird?**
Die Abdrift wird größer, die Krängung nimmt ab.

37 **Welche Manöver hat das Boot auf dem eingezeichneten Kurs an**
C **den Punkten 1, 2 und 3 gefahren?**
1 Wende, 2 Halse, 3 Q-Wende.

Lösungen zum Übungsbogen 13

1 **Wozu dient die Lichterführung?**
D Sie zeigt Fahrtrichtung und Lage eines Fahrzeugs an.

2 **Welche Bedeutung hat folgendes Schallsignal:**
B **(• — • — • — • — • —)?**
Bleib-weg-Signal, Gefahrenbereich sofort verlassen.

3 **Welche Bedeutung hat folgendes Tafelzeichen?**
D Ankern verboten für alle Fahrzeuge.

4 **Warum soll ein kleines Fahrzeug nicht dicht an ein großes in**
D **Fahrt befindliches Fahrzeug heranfahren?**
Es kann durch dessen Bug- oder Heckwelle kentern oder durch den Sog mit dem Fahrzeug kollidieren.

5 **Was ist unter der indirekten Ruderwirkung (Radeffekt) des**
A **Propellers zu verstehen?**
Das seitliche Versetzen des Hecks.

6 **Der Motor ist gestartet worden. Was kann die Ursache sein, wenn**
C **nach dem Einkuppeln der Antriebswelle der Motor stehenbleibt?**
Blockierter Propeller.

7 **Was ist vor Inbetriebnahme einer Flüssiggasanlage zu prüfen?**
A Die Anlage muss abgenommen sein, Leitungen und Anschlüsse müssen dicht sein. Haupthahn und andere Absperrventile sind zu öffnen.

8 **Auf welchen Gewässern gilt der Sportbootführerschein mit dem**
C **Geltungsbereich Binnenschifffahrtsstraßen?**
Auf den Bundeswasserstraßen im Binnenbereich.

9 **Wo kann der Sportbootfahrer vor Ort das Erreichen bestimmter**
C **Wasserstände und Hochwassermarken feststellen?**
An den Pegeln und ausgewiesenen Hochwassermarken.

10 **Was kennzeichnet eine grün-weiß gestreifte Schwimmstange**
A **mit grünem Kegel, Spitze nach oben, oder eine grüne Tonne mit grünweiß gestreiftem Aufsatz mit grünem Kegel, Spitze nach oben?**
Hindernis an der linken Seite der Wasserstraße.

11 **Welches Licht setzt ein stillliegendes Fahrzeug?**
B Ein von allen Seiten sichtbares weißes Rundumlicht auf der Fahrwasserseite.

12 **Was bedeutet dieses Tafelzeichen?**
B Liegestelle für Fahrzeuge mit explosiven Stoffen, für Kleinfahrzeuge verboten.

13 **Was bedeutet dieses Tafelzeichen an Brücken?**
C Empfohlene Durchfahrt mit Gegenverkehr.

14 **Was bedeuten diese Lichter?**
B Fahrzeug mit Maschinenantrieb länger als 110 m.

15 **Was bedeuten auf einem Fahrzeug zwei blaue**
C **Lichter übereinander?**
Fahrzeug hat gesundheitsschädliche Stoffe geladen, Abstand beim Stillliegen 50 m.

16 **Welche Lichter muss ein Kleinfahrzeug unter Motor führen, wenn**
A **es ein anderes Kleinfahrzeug ohne Maschinenantrieb schleppt?**
Lichter eines Kleinfahrzeugs mit Maschinenantrieb.

17 **Was bedeuten diese Sichtzeichen?**
B Schwimmendes Gerät bei der Arbeit. Vorbeifahrt an der grünen Seite gestattet; rote Seite gesperrt.

18 **Was bedeuten fünf kurze Töne?**
A Überholen nicht möglich.

19 **Was bedeutet dieses Schallsignal (— — • •)?**
C Überholen an der Backbordseite des Vorausfahrenden.

20 **Ein Sportfahrzeug fährt hinter einem Fahrzeug, das nicht**
B **Kleinfahrzeug ist, in den Schleusenvorhafen ein. Aus der Schleusenkammer kommt ein Fahrzeug, das an Steuerbord eine blaue Tafel mit einem weißen Funkellicht zeigt. Was bedeutet dieses Zeichen?**
Das aus- und die einfahrenden Fahrzeuge passieren sich an der Steuerbordseite, das Kleinfahrzeug ist nur zu erhöhter Aufmerksamkeit verpflichtet.

21 **Wer ist ausweichpflichtig bzw. wer ist nicht ausweichpflichtig?**
D Das Fahrzeug unter Segel ist ausweichpflichtig.

22 **Ein Kleinfahrzeug unter Segel kreuzt nachts im Fahrwasser. Von**
D **achtern kommt ein Fahrzeug auf das eine Zweifarbenlaterne und ein Topplicht führt. Was bedeuten diese Lichter?**
Kleinfahrzeug mit Maschinenantrieb.

23 **Was bedeutet dieses Tafelzeichen?**
A 10 km/h Höchstgeschwindigkeit gegenüber dem Ufer.

24 C **Welches Schallsignal ist zu geben, wenn in einer Notsituation Hilfe gebraucht wird?**
Wiederholte lange Töne geben oder Gruppen von Glockenschlägen.

25 C **Welche Fahrrinnenseite hat ein Talfahrer an seiner Backbordseite?**
Die linke Fahrrinnenseite, gekennzeichnet durch grüne Spitztonnen oder Schwimmstangen.

26 A **Wie hat sich der Führer eines Wassermotorrades außerhalb der ausgewiesenen Strecken/Wasserflächen zu verhalten?**
Klaren Geradeauskurs fahren.

27 D **Welche Stelle ist für die Zuteilung eines amtlichen Kennzeichens für Sportboote zuständig?**
Jedes Wasserstraßen- und Schifffahrtsamt.

28 A **Ein Fahrzeug fährt zu Berg. Voraus liegt eine rote Tonne. Auf welcher Fahrrinnenseite befindet sich diese Tonne und an welcher Schiffsseite muss diese Tonne passiert werden?**
Sie befindet sich auf der rechten Fahrrinnenseite und muss an der Backbordseite des Schiffes passiert werden.

29 C **Welches Fahrzeug führt am Bug einen roten Wimpel?**
Ein Fahrzeug mit Vorrang beim Schleusen.

30 A **Welcher Befähigungsnachweis ist zur Teilnahme am Binnenschifffahrtsfunk erforderlich?**
Das UKW-Sprechfunkzeugnis für den Binnenschifffahrtsfunk.

31 A **Was wird unter einem „Kimmkieler" verstanden?**
Eine Yacht mit zwei Seitenkielen.

32 B **Welche Boote sind vorwiegend „gewichtsstabil"?**
Kielyachten sind vorwiegend „gewichtsstabil".

33 D **Wodurch kann eine Pinnensteuerung auch bei Krängung des Bootes sicher erreicht und bedient werden?**
Durch einen Pinnenausleger.

34 A **Wozu dienen Segellatten?**
Der Formgebung und Aussteifung des Segels.

35 C **Beim Einfallen einer Bö auf Amwindkurs raumt der scheinbare Wind. Welchen Nutzen kann auf der Kreuz daraus gezogen werden?**
Mitluven, um weitere Höhe zu gewinnen.

36 B **Was ist mit Schwert und Ruder einer Jolle zu tun, wenn das Boot an einer Boje liegen gelassen wird?**
Schwert und Ruderblatt aufholen, damit das Boot frei schwojen kann.

37 D **Ein Segelboot segelt am Wind, plötzlich bricht das Luvwant. Welches Manöver ist sinnvoll?**
Wende.

Lösungen zum Übungsbogen 14

1 B **Wann müssen die Lichter von Fahrzeugen geführt oder gezeigt werden?**
Von Sonnenuntergang bis Sonnenaufgang und bei verminderter Sicht.

2 D **Zwei Motorboote nähern sich auf kreuzenden Kursen. Es besteht die Gefahr eines Zusammenstoßes. Wer ist ausweichpflichtig?**
Dasjenige Fahrzeug muss ausweichen, welches das Andere an seiner Steuerbordseite hat.

3 B **Welche Bedeutung hat folgendes Tafelzeichen?**
Mindestabstand in Metern, der in der nachfolgenden Strecke vom Aufstellungsort der Tafel an eingehalten werden muss.

4 A **Warum sollte man sich von Schilf- und Röhrichtzonen sowie von dicht bewachsenen Uferzonen möglichst weit fernhalten?**
Weil diese Zonen vielfach Rast- und Brutplätze besonders schutzwürdiger Vögel oder Fischlaichplätze sind.

5 A **Was ist unter der indirekten Ruderwirkung (Radeffekt) des Propellers zu verstehen?**
Das seitliche Versetzen des Hecks.

6 C **Welcher Feuerlöscher ist für Sportboote zweckmäßig und wie oft muss man einen Feuerlöscher überprüfen lassen?**
ABC-Pulver- und Schaumlöscher, mindestens alle 2 Jahre.

7 A **In welcher Situation dürfen Notsignale gegeben werden?**
Wenn Gefahr für Leib oder Leben von Personen besteht und daher Hilfe benötigt wird.

8 B **Für welche Sportboote ist der Sportbootführerschein mit dem Geltungsbereich Binnenschifffahrtsstraßen vorgeschrieben?**
Für Sportboote von mehr als 11,03 kW (15 PS) Nutzleistung bei Verwendung eines Verbrennungsmotors bzw. 7,5 kW bei Verwendung eines Elektromotors Betriebsart S1 (Dauerbetrieb) und weniger als 20 m Länge.

9 D **Aus welchen Gründen muss der Sportbootführerschein mit dem Geltungsbereich Binnenschifffahrtsstraßen entzogen werden?**
Bei fehlender Tauglichkeit oder fehlender Zuverlässigkeit.

10 A **Wie wird die Schifffahrt vom Erreichen bestimmter Wasserstände und Hochwassermarken informiert?**
Durch Nautischen Informationsfunk, Information im Rundfunk, im Fernsehen und im Internet.

11 D **In welche Richtung werden bei Flüssen die Uferseiten als rechtes bzw. linkes Ufer bezeichnet?**
Von der Quelle bis zur Mündung.

12 B **Was bedeutet eine rot-grün gestreifte Tonne oder Schwimmstange und was ist zu beachten?**
Fahrrinnenspaltung. Vorbeifahrt an beiden Seiten möglich.

13 A **Was bedeuten auf einem stillliegenden Fahrzeug zwei weiße Lichter übereinander?**
Ein Ankerlieger, dessen Anker die Schifffahrt gefährden kann.

14 C **Wo besteht ohne besondere Bezeichnung der Stellen bzw. Strecken ein allgemeines Liegeverbot?**
Auf Schifffahrtskanälen und Schleusenkanälen.

15 A **Was bedeutet auf einem Fahrzeug ein blaues Licht?**
Fahrzeug hat brennbare Stoffe geladen,
Abstand beim Stillliegen 10 m.

16 A **Welches Fahrzeug führt die nachstehende Tagbezeichnung?**
Ein Fahrzeug, dem die zuständige Behörde einen Vorrang zur Durchfahrt durch Stellen an denen eine bestimmte Reihenfolge gilt eingeräumt hat.

17 D **Ein Kleinfahrzeug unter Segel fährt nachts auf einer Binnenschifffahrtsstraße und führt ein weißes Rundumlicht im Topp. Welche zusätzlichen Lichter müssen gesetzt werden, wenn der Motor angeworfen wird?**
Seitenlichter unmittelbar nebeneinander oder in einer einzigen Laterne.

18 A **Welche Lichter muss ein geschlepptes Kleinfahrzeug führen?**
Weißes Rundumlicht.

19 B **Wie muss sich ein Fahrzeug mit Topplicht und Seitenlichtern gegenüber einem Kleinfahrzeug mit Seitenlichtern, welches sich auf Kollisionskurs befindet, verhalten?**
Es hält Kurs und Geschwindigkeit bei.

20 C **Was bedeuten diese Lichter?**
Schwimmendes Gerät bei der Arbeit. Vorbeifahrt an der grünen Seite gestattet; rote Seite gesperrt.

21 A **Was bedeutet dieses Schallsignal (— — •)?**
Überholen an der Steuerbordseite des Vorausfahrenden.

22 B **Wie muss sich ein kreuzendes Kleinfahrzeug unter Segel am Wind in der Nähe eines Ufers gegenüber einem anderen Kleinfahrzeug verhalten?**
Es darf ein anderes Kleinfahrzeug, das sein steuerbordseitiges Ufer anhält, nicht zum Ausweichen zwingen.

23 C **Ein Kleinfahrzeug unter Segel und mit Maschinenantrieb kreuzt nachts stromauf. Ein Fahrzeug kommt entgegen, das nur ein weißes Licht führt. Was bedeutet dieses Licht?**
Kleinfahrzeug ohne Maschinenantrieb.

24 C **Welche technische Einrichtung gegen einen Stromschlag muss in der Landstromversorgung unbedingt installiert sein?**
Ein Fehlerstromschutzschalter.

25 D **Wie müssen Abfälle entsorgt werden?**
Es dürfen keinerlei Abfälle ins Wasser gelangen, Fäkalien und Öle sind an Land zu entsorgen.

26 B **Unter welchen Voraussetzungen darf außerhalb der ausgewiesenen Strecken/Wasserflächen Wassermotorrad gefahren werden?**
Bei Touren- und Wanderfahrten mit klarem Geradeauskurs.

27 C **Welcher Befähigungsnachweis berechtigt zum Führen eines Sportbootes mit einer Länge von 20 m bis 25 m auf den Binnenschifffahrtsstraßen außerhalb des Rheins?**
Das Sportschifferzeugnis oder das Sportpatent.

28 B **Welche Stellen sind für die Zuteilung eines amtlich anerkannten Kennzeichens für Sportboote zuständig?**
Der Deutsche Motoryachtverband, der Deutsche Segler-Verband, der Allgemeine Deutsche Automobilclub.

29 A **Wie hat sich ein Schiffsführer bei Hochwasser zu verhalten?**
Er muss die Geschwindigkeit anpassen und soweit wie möglich in der Fahrwassermitte bleiben, gegebenenfalls besondere Geschwindigkeitsbegrenzungen und Fahrtbeschränkungen beachten.

30 D **Ein Fahrzeug fährt zu Tal. Voraus liegt eine rote Tonne. Auf welcher Fahrrinnenseite befindet sich diese Tonne und an welcher Schiffsseite muss diese Tonne passiert werden?**
Sie befindet sich auf der rechten Fahrrinnenseite und muss an der Steuerbordseite des Schiffes passiert werden.

31 C **Was wird unter „Formstabilität" verstanden?**
Die Fähigkeit eines Schiffes, durch seine Rumpfform der Krängung entgegenzuwirken.

32 D **Welche Boote sind vorwiegend „gewichtsstabil"?**
Kielyachten sind vorwiegend „gewichtsstabil".

33 B **Warum sollte Tauwerk an Bord stets ordentlich aufgeschossen werden?**
Damit es im Gebrauchsfall klar liegt.

34 C **Warum müssen auch kleine Schäden an den Segeln sofort repariert werden?**
Weil unter Winddruck daraus schnell große Schäden werden.

35 D **Warum ist der scheinbare Wind auf einem Kurs hoch am Wind stärker als der wahre Wind?**
Da sich auf diesem Kurs der wahre Wind und der Fahrtwind in Richtung und Stärke addieren.

36 C **Wie sollte das Schwert einer Jolle auf Vorwindkurs gefahren werden und warum?**
Es sollte aufgeholt werden. Dadurch vermindert sich der Reibungswiderstand, aber auch die Gefahr der Kenterung bei einer unfreiwilligen Halse.

37 D **Warum ist eine Patenthalse gefährlich?**
Es kann zu Verletzungen der Crew, zu Riggschäden und zur Kenterung führen.

Sportbootführerschein Binnen – Segel + Motor

Lösungen zum Übungsbogen 15

1
A
Was ist zu tun, wenn vor Antritt der Fahrt nicht feststeht, wer Schiffsführer ist?
Der verantwortliche Schiffsführer muss bestimmt werden.

2
B
Welche Seite wird als Leeseite bezeichnet?
Die dem Wind abgewandte Seite.

3
B
Welche Bedeutung hat folgendes Tafelzeichen?
Sog und Wellenschlag vermeiden.

4
C
Welches Merkblatt enthält Hinweise für das Verhalten zum Schutz seltener Tiere und Pflanzen sowie zur Reinhaltung der Gewässer?
Die 10 goldenen Regeln für Wassersportler.

5
A
Was ist unter einem linksdrehenden Propeller zu verstehen?
Von achtern gesehen in Vorausfahrt Drehung des Propellers gegen den Uhrzeigersinn.

6
C
Die Temperatur der Antriebsmaschine überschreitet die zulässigen Grenzwerte. Was könnte die mögliche Ursache sein?
Defektes Thermostat, defekte Impellerpumpe, geschlossenes Seeventil, zu niedriger Kühlwasserstand.

7
C
Was ist zu beachten, wenn eine Flüssiggasanlage außer Betrieb gesetzt wird?
Haupthahn und Absperrventile sind zu schließen.

8
D
Auf welchen Gewässern gilt der Sportbootführerschein mit dem Geltungsbereich Binnenschifffahrtsstraßen?
Auf den Bundeswasserstraßen im Binnenbereich.

9
B
Was beinhaltet die allgemeine Sorgfaltspflicht?
Vermeidung der Gefährdung von Menschenleben, von Beschädigungen an Fahrzeugen, Anlagen oder Ufern, Behinderung der Schifffahrt und Beeinträchtigung der Umwelt.

10
A
Welche Anforderungen neben der körperlichen und geistigen Tauglichkeit und fachlichen Eignung muss der Führer eines Sportbootes auf Binnenschifffahrtsstraßen erfüllen, wenn die größte Nutzleistung der Antriebsmaschine 11,03 kW bei Verbrennungsmotoren bzw. 7,5 kW bei Elektromotoren Betriebsart S 1 (Dauerbetrieb) oder weniger beträgt?
Mindestalter 16 Jahre.

11
D
Wo erhält man Auskünfte über Verkehrsbeschränkungen und aktuelle Information über Binnenschifffahrtsstraßen?
Bei der Wasserstraßen- und Schifffahrtsverwaltung, im Internet unter www.elwis.de und bei der Wasserschutzpolizei.

12
B
Welche Maßnahmen sind zu treffen, wenn das Fahrzeug innerhalb des Fahrwassers bzw. der Fahrrinne Grundberührung hat?
Die Wasserstraßen- und Schifffahrtsverwaltung oder die Wasserschutzpolizei ist mit genauer Angabe der Hindernisstelle zu benachrichtigen.

13
A
Was versteht man unter „Fahrrinne"?
Es ist der Teil der Wasserstraße, in dem für den durchgehenden Schiffsverkehr bestimmte Breiten und Tiefen vorgehalten bzw. angestrebt werden.

14
D
Was bedeutet „zu Berg" oder „Bergfahrt" auf Flüssen?
Die Fahrt in Richtung Quelle.

15
D
Was ist in Kanälen verboten?
Ankern.

16
C
In welcher Reihenfolge fahren Fahrzeuge, die nicht Kleinfahrzeuge sind, und Kleinfahrzeuge, die gemeinsam geschleust werden sollen, in die Schleuse ein?
Kleinfahrzeuge fahren erst nach den Fahrzeugen, die nicht Kleinfahrzeuge sind und nach Aufforderung durch die Schleusenaufsicht in die Schleuse ein.

17
D
Was bedeuten diese Lichter?
Frei fahrende Fähre.

18
B
Was bedeutet dieses Sichtzeichen?
Fahrzeug hat explosive Stoffe geladen, Abstand beim Stillliegen 100 m.

19
A
Ein Kleinfahrzeug unter Segel fährt nachts auf einer Binnenschifffahrtsstraße und führt ein weißes Rundumlicht im Topp. Wie wird zweckmäßigerweise die weiße Handlampe, die bei Annäherung anderer Fahrzeuge gezeigt werden muss, benutzt?
Die eigenen Segel anleuchten.

20
C
Was bedeuten diese Sichtzeichen?
Festgefahrenes oder gesunkenes Fahrzeug. Vorbeifahrt an der rot-weißen Seite gestattet; rote Seite gesperrt. Sog und Wellenschlag vermeiden.

21
D
Was bedeutet dieses Schallsignal (— • •)?
Wenden über Backbord.

22 **Wann besteht die Gefahr eines Zusammenstoßes?**
C Wenn sich zwei Fahrzeuge bei gleichbleibender Peilung einander nähern.

23 **Welche Fahrzeuge in Fahrt führen nachts nur ein**
B **weißes Rundumlicht?**
Geschleppte oder längsseits gekuppelte Kleinfahrzeuge.

24 **Ein Kleinfahrzeug unter Segel kreuzt nachts das Fahrwasser. An**
D **Backbord tauchen die nachstehenden Lichter eines Fahrzeugs auf, das in spitzem Winkel den Kurs des Kleinfahrzeugs unter Segel kreuzen will. Wer ist ausweichpflichtig?**
Kleinfahrzeug mit Maschinenantrieb.

25 **Was bedeutet dieses Tafelzeichen?**
A Gebot: Besondere Vorsicht walten lassen.

26 **Welchen Vorteil bietet ein Radarreflektor auf einem Sportboot?**
B Bessere Erkennbarkeit des Sportbootes auf Radarbildschirmen.

27 **Wie muss sich der Wasserskiläufer bei der Vorbeifahrt an**
D **Fahrzeugen, Schwimmkörpern oder Badenden verhalten?**
Er muss im Kielwasser des Zugbootes bleiben.

28 **Wo sind umfangreiche Hinweise auf die**
A **Binnenschifffahrtsstraßen und deren Grenzen zu finden?**
Im Teil II der Binnenschifffahrtsstraßen-Ordnung.

29 **Wie hat sich ein Schiffsführer bei Erreichen der**
B **Hochwassermarke II zu verhalten?**
Er hat die Fahrt unverzüglich einzustellen.

30 **Was bedeutet Radarfahrt?**
A Eine Fahrt bei unsichtigem Wetter mit Radar.

31 **Worin besteht der Vorteil eines Kimmkielers gegenüber**
C **anderen Kielbooten?**
Er kann problemlos aufrecht trocken fallen.

32 **Was wird unter „Gewichtsstabilität" verstanden?**
A Die Fähigkeit eines Schiffes, durch seinen tief liegenden Ballast der Krängung entgegenzuwirken.

33 **Warum sollten Fallen stets ordentlich aufgeschossen werden?**
A Damit sie im Gebrauchsfall schnell und sicher gefiert werden können.

34 **Wann kommen wahrer Wind und scheinbarer Wind auf einem**
D **segelnden Boot aus der gleichen Richtung?**
Auf Vorwindkurs.

35 **Wie verändern sich Abdrift und Krängung, wenn das Schwert**
B **einer Jolle auf einem Amwindkurs etwas aufgeholt wird?**
Die Abdrift wird größer, die Krängung nimmt ab.

36 **Wie wirkt sich ein Holepunkt, der zu weit vorne liegt, auf Stand**
B **und Beanspruchung des Vorsegels aus?**
Das Unterliek killt, das Achterliek wird übermäßig gereckt.

37 **Ein Segelboot segelt am Wind, plötzlich bricht das Luvwant.**
C **Welches Manöver ist sinnvoll?**
Wende.